곽선희 목사 설교집
29

자기 결단의 허실

곽선희 지음

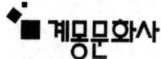

머 리 말

'복음은 들음에서' — 이는 진리이며 우리의 경험입니다. 하나님께서 우리에게 주신 복 가운데 가장 큰 복은 말씀을 주신 것입니다. '말씀이 육신을 입어서 오신 것' 입니다. 말씀을 주셨고 들을 수 있게 하셨고 마음문을 열고 받아 믿게 하신 것, 참 놀라운 은혜입니다.

    말씀은 단순한 지식이 아닙니다. 추상적인 이론이 아닙니다. 말씀은 선포되는 하나님의 계시적 능력인 것입니다. 말씀의 권능, 그 능력을 알고 체험하면서 비로소 '말씀 안에서 태어나는 생명적 기적' 이 나타나게 됩니다. 오늘도 그 말씀이 증거되고 새롭게 선포되고 있습니다. 설교가 곧 말씀입니다. 성령의 역사와 함께 끊임없이 이루어지는 생명의 역사입니다. 이 선포되는 말씀, 증거되는 진리를 통하여 구원의 능력은 항상 새로워집니다. 말씀 안에서 새 새명이 탄생하고 말씀 안에서 영혼이 소생하며, 그 큰 능력 안에서 우리는 강건해집니다. 우상을 이기는 능력의 사람으로 성장해가는 신비롭고 놀라운 사건을 강단에서 늘 경험하고 있습니다.

    여기에 또다시 설교말씀을 모아 책자로 내어놓습니다. 소망교회 강단을 통하여 하나님께서 우리에게 주신 말씀입니다. 이제 그 말씀을 책자로 엮어 내어놓음으로써 우리가 시간과 공간을 초월하여 개별적으로 하나님을 만나게 되는 '말씀의 역사' 에 귀중한 방편이 되고자 합니다. 책자라는 그릇에 담긴 이 말씀들은 읽는 자의 마음 안에서 또다른 '말씀의 신비한 기적' 을 낳게 되리라 확신합니다.

    한 시간 한 시간의 설교를 위하여 간절히 기도해주신 소망교회 성도들과 이 책자를 출간하기까지 수고해주신 여러분께 진심으로 감사를 드립니다. 그리고 또다시 영광을 오직 하나님께 돌리면서……

곽선희

차례

머리말 —————— 3
자기결단의 허실(마 26: 31-35) —————— 8
나귀새끼를 타신 왕(마 21: 1-11) —————— 18
부활의 첫 증인(요 20: 11-18) —————— 29
제 2의 소명(요 21: 1-14) —————— 40
주가 쓰시겠다 하라(마 21: 1-5) —————— 52
실종된 평강의 길(사 59: 1-8) —————— 64
농부의 인내(약 5: 7-11) —————— 75
돌이켜 어린이같이(마 18: 1-10) —————— 85
효도의 지혜(잠 23: 22-26) —————— 96
내 증인이 되리라(행 1: 4-8) —————— 106
하나님의 말씀으로(살전 2: 13-16) —————— 119
너는 내 앞에서 완전하라(창 17: 1-8) —————— 131
환난 중에 즐거움(롬 5: 1-6) —————— 143

선으로 악을 이기라(롬 12: 14-21) ——— 153
긍휼의 뜻을 배우라(마 9: 9-13) ——— 163
가까이하여 듣는 사람(전 5: 1-7) ——— 174
종말론적 지혜(눅 16: 1-8) ——— 186
누구의 죄 때문입니까(요 9: 1-7) ——— 196
여호와를 기뻐하라(시 37: 1-11) ——— 208
두려워 말고 믿기만 하라(눅 8: 49-56) ——— 219
예수의 휴가 방법(요 4: 27-28) ——— 232
목이 곧은 백성(출 32: 1-10) ——— 244
이제는 안심하라(행 27: 18-26) ——— 257
사람의 믿음(막 2: 1-12) ——— 268
하나님의 비밀(골 2: 1-5) ——— 280
화목하게 하는 직책(고후 5: 15-19) ——— 291
노아의 아들들(창 9: 18-29) ——— 303

곽선희 목사

장로회 신학대학 졸업
프린스턴 신학석사
풀러신학 선교신학박사
인천제일교회 목사
장로회 신학대학 교수 역임
숭의여자전문대학 학장 역임
서울장로회신학교 교장 역임
소망교회 목사

곽선희 목사 설교집 제29권

자기 결단의 허실

인쇄 · 2002년 7월 5일
발행 · 2002년 7월 10일
지은이 · 곽선희
펴낸이 · 김종호
펴낸곳 · 계몽문화사
등록일 · 1993년 10월 11일
등록번호 · 제16-765호
전화 · (02) 917-0656
정가 · 13,000원
총판 · 비전북/(031) 907-3927

ISBN 89-89628-03-2 03230

* 잘못 만들어진 책은 바꾸어드립니다.

자기 결단의 허실

자기결단의 허실

때에 예수께서 제자들에게 이르시되 오늘 밤에 너희가 다 나를 버리리라 기록된바 내가 목자를 치리니 양의 떼가 흩어지리라 하였느니라 그러나 내가 살아난 후에 너희보다 먼저 갈릴리로 가리라 베드로가 대답하여 가로되 다 주를 버릴지라도 나는 언제든지 버리지 않겠나이다 예수께서 가라사대 내가 진실로 네게 이르노니 오늘 밤 닭 울기 전에 네가 세 번 나를 부인하리라 베드로가 가로되 내가 주와 함께 죽을지언정 주를 부인하지 않겠나이다 하고 모든 제자도 이와 같이 말하니라
(마태복음 26 : 31 - 35)

자기결단의 허실

　마크 빅터 한센 박사는 미국을 대표하는 카운셀러요 저술가이자 세미나 강사입니다. 이 한센 박사와 잭 켄필드라고 하는 분이 공저로 「Chicken Soup for the Soul」이라고 하는 유명한 책을 썼습니다. 이것은 출간된 지 일 년만에 백만 부가 팔리고 「뉴욕 타임즈」에서 계속해서 베스트셀러로 소개된 책입니다. 그 책 중에 나오는 이야기입니다. 한센 박사가 어느날 전화 한 통을 받습니다. "나는 지금 덴마크로 내 고향집에 가는 길이다. 애야, 그냥 너한테 사랑한다는 말을 하려고 전화했다. 특별한 일이 있는 것은 아니다. 그냥 전화했다"라고만 말하는 아버지의 전화였습니다. 아버지는 반 시간 동안 전화통을 붙들고 띄엄띄엄 똑같은 말을 반복하는 것이었습니다. 일곱 번이나 되풀이했습니다. 그냥 걸었다, 내가 너를 사랑한다는 말을 하고 싶어서 전화걸었다, 별일은 없다—아들은 이 전화를 받으면서 조금 짜증스러웠습니다. 바쁜 시간에 그 한마디를 하느라고 30분이나 전화통에 매달리시다니…아버지의 형님되는 큰아버지가 107세까지 살았으므로 내 아버지도 족히 100세 넘게 사실 것이라고 생각하며 그는 평소 아버지의 건강에 대해서는 염려하지 않았습니다. 그는 별로 깊은 생각 없이 조금 짜증스러운 마음으로 건성 전화를 받았습니다. 그 며칠 후에 그의 동생으로부터 전화가 왔습니다. "아버지가 돌아가셨습니다. 아버지는 고향 덴마크로 돌아가셔서 당신이 태어나신 침상에 누워서 세상을 떠나셨습니다"하는 것이 그 전화의 내용이었습니다. 한센은 가슴이 철렁 내려앉았습니다. 그 날의 전화가 아버지의 마지막 음성이었는데 듣기싫은 전화인 양 건성으로 받았던 것입니다. 뒤에 후회했지만 도리가 없었습니다. 기가막혔습니다. "그냥 전화했다. 너를 사랑한다는 말 하고 싶어서 걸었다"—좀더 정신차려 들었어야 하는 것을…그는 가슴을 치며 후회했다고 합니다.

 예수님께서 십자가 지시기 바로 몇시간 전에 마지막으로 제자들을 불러놓고 간곡하게 밤이 늦도록 길게길게 설교하십니다. 요한복음 13, 14, 15, 16, 17장의 다섯 장에 걸친 긴 설교를 하시고, 성찬예식을 행하시고, 그리고 제자들에게 당부하십니다. 굳세게 하시고, 정신차리라 하시고, 경고도 하셨습니다. 제자들은 이 시간이 마지막 시간이라는 것을 몰랐습니다. 마지막이라고 말씀하시는데도 마지막이라고 듣지를 못했습니다. 그리고 좀더 확실하게 결단을 했어야 하는데 저들은 나름나름으로 몽롱한 가운데서 여느날처럼 무심히 지내고 있었습니다. 말로는 결심을 한다고 했습니다마는 어떻게 되었습니까. 베드로가 결심하고 죽을지언정 따르겠습니다, 하니까 다른 제자들도 나도 나도 나도…뒤따라서 헛된 맹세를 했습니다. 베드로는 그렇게 장담하고 맹세했지마는 그 결심은 여지없이 무너졌습니다. 결단은 헛것으로 돌아갔습니다. 예수를 세 번이나 모른다고 하고 맹세하고 저주까지 했습니다. 형편없이 무너졌습니다. 왜 이런 일이 있어야 했습니까. 먼저, 베드로는 아무것도 몰랐습니다. 무지했습니다. 무지한 자의 용기는 만용입니다. 멍청한 사람이 큰소리를 쳐보아야 소용이 없습니다. 아무것도 모르는 사람이 고집만 부려보았자 소용없습니다. 무지한 고집이라는 것은 자기도 남도 망하게 하는 것입니다. 몰랐습니다. 아무것도 모르는 채 이 멍청한 사람이 큰소리만 쳤습니다. 마침내 나약함으로 그의 실상이 노출되었습니다. 우선 자기자신을 몰랐습니다. 내가 얼마나 어리석은지, 아직도 내 마음속에 얼마나 비겁함이 있는지, 얼마나 교만한 마음이 있는지, 내 욕심이 얼마나 큰지, 내가 얼마나 못된놈인지, 그리고 자신의 무지함과 나약함, 비겁함을, 형편없는 자임을 모르고 있었습니다.

　여러분은 자신을 어떻게 생각하십니까? 잘났다고 생각하십니까? 아직도 잘났습니까? 아직도 무엇을 안다고 생각하십니까? 무엇을 할 수 있다고 생각하십니까? 속히 꿈을 깹시다. 형편없는 사람이라는 것을 좀더 빨리 인정했으면 좋겠는데 너나할것없이 철이 못나서 일났습니다. 형편없으면서 무엇을 안다고 자처합니다. 무엇을 했다고 과시합니다. 보아하니 나이자랑 하는 사람이 있습니다. 나이가 벼슬입니까. 부끄러운 생을 오래 산 것도 욕이지, 무얼 자랑할 것입니까. 제발 정신 좀 차리십시오. 뭐, 돈 좀 있다고요? 하나님께서 훅 불어버리시면 그만입니다. 도대체 무얼 가졌다는 것입니까. 건강입니까. 하루아침에 거꾸러지는 것 못보았습니까. 그것이 남의 얘기입니까. 아무것도 아닙니다. 특별히 오늘성경을 자세히 읽어보면 여기에 난센스가 있습니다. 베드로가 어쩌면 이런 말을 할 수 있나요? "다 주를 버릴지라도 나는 언제든지 버리지 않겠나이다"―이 말 한마디 한 것이 또한번 바보짓을 한 것입니다. 다른 사람보다 내가 낫습니다, 설사 여기 있는 열한 제자가 다 모른다고 해도 나는 아닙니다, 나는 저들보다 낫습니다, 조금이라도 더 낫습니다, 내가 수제자가 아닙니까―뭐, 이런 얘기 같은데 이것이 또 형편없는 것이거든요. 낫긴 뭐가 나아요? 사실 좀더 깊이 연구해보면 베드로는 다른 사람만 못했습니다. 다른 제자들은 차라리 예수님 잡혔을 때 도망가버렸지 않습니까. 그러나 베드로는 보십시오. 줄레줄레 뒤따라가는 것은 또 뭡니까. 따라가려면 바짝 따라가든지, 아니면 말 것이지 멀찌

거니 뒤따라갔습니다. 비겁한 사람이지요. 예수님의 제자 가운데 요한은 재판정 앞에까지 들어가 있었습니다. 베드로는 저 문밖에 있었습니다. 요한은 예수님 십자가 지실 때 같이 지지는 못했지만 십자가 밑에서 예수님 하시는 말씀을 들었습니다. 요한은 이렇게 끝까지 주님을 따랐는데 베드로는 그것도 아니었습니다. 그러고보니 다른 제자만 못했습니다. 확실히 다른 제자만 못했습니다. 그런데 다른 사람은 버릴지라도 나는 아닙니다, 했으니 바로 그 마음이 얼마나 어리석습니까. 자기를 몰랐거든요.

사도 바울은 위대한 하나님의 사람입니다. 그러나 그는 늘 말씀합니다. 나는 죄인의 괴수다, 모든 사도보다 가장 작은 사람이다, 라고. 특별히 로마서 7장에서 그는 고백합니다. 자기의 마음속에 있는 자기자신을 고백합니다. 나는 원하는 선은 행할 수 없고 원치 않는 악만 범하는 사람이다, 오호라, 나는 곤고한 사람이로다, 이 사망의 몸에서 누가 나를 건져내랴, 하고 자기의 비참한 모습을 그대로 드러냅니다. 그러기에 고린도전서 15장에서 나의 나됨은 하나님의, 오직 하나님의 은혜라고 고백하는 것입니다. 베드로는 자기를 너무 몰랐습니다. 어느 외과의사의 말입니다. 맹장수술법 가르치는 데는 10분이면 충분하다고 합니다. 10분이면 충분히 맹장수술 하는 법을 다 가르칠 수 있습니다. 그러나 맹장수술 하면서 발생할 수 있는 예측 불허의 사태, 실수하기 쉬운 것, 생각지 않은 이변에 관한 것을 다 가르치는 데는 4년 걸린다고 합니다. 이와 같습니다. 한번 소리지르고 맹세하는 것이야 누군들 못하겠습니까. 이 맹세를 가지고 나아가서 부딪치며 현실 속에서 살아가는 것은 하루아침에 될 것이 아니거든요. 여기서 평가받아야 되는 것입니다.

여러분은 얼마나 굳은 결심을 해보았습니까? 또 내 결심한 바를 내가 얼마나 실천에 옮겨보았습니까? 역시 우리는 무능합니다. 아무것도 아닙니다. 그러나 중요한 것은 무능하고 나약하다는 사실을 아는 것입니다. 그것을 인정해야 됩니다. 또한 베드로는 상황을 몰랐습니다. 예수님께서 그렇듯 누누이 말씀하셔도 정말 십자가를 지실 것인가, 정말로 로마사람들이 우리를 죽일 것인가, 아, 예수님이 그렇게 능력많으신 분인데 어찌 이런 일이 있을 수 있겠는가, 했습니다. 저들은 앞에 다가오고 있는, 시시각각으로 다가오고 있는 저 십자가의 의미를 몰랐습니다. 상황변화에 대해서 베드로는 아무것도 모르고 있었습니다. 그리고 큰소리만 친 것입니다. 특별히 중요한 것은 예수님의 말씀을 바로 알아듣지 못했다는 것입니다. 자기 속에 또다른 욕심이 있고 욕망이 있고 나름대로의 어떤 소원이 있었기 때문에, 정치적 소원, 정치적 메시야에 대한 기대, 이것이 가슴속에 있었기 때문에 예수님께서 십자가를 지신다 어떻게 하신다 하신 말씀이 하나도 귀에 들어오지 않았습니다. 예수님께서 오늘이 마지막이라는 말씀을 하셨는데도 저들은 알아들을 수가 없었습니다. 조금 후에는 나를 못보겠고 조금 후에는 나를 보리라—그 귀한 말씀도 귀에 들리지 않았습니다. 예수님의 말씀을 바로 알아들을 수 없었던 것입니다. 바로 믿고 바로 깨닫고 바로 들었어야 하는데 그렇지 못했더란말입니다. 정욕이 그 마음을 가로막고 있었기 때문에 들려지는 것이 없었습니다.

좀더 나아가서는 기도 없이 맹세했다는 것입니다. 기도 많이 하고, 하나님과의 관계에서, 하나님과 나와의 관계에서 그렇게 결심을 하여야 하는 것이고 또 기도하고야 이 결심을 지켜갈 수 있는 것이 아니겠습니까. 세상에 자기마음을 믿는 것처럼 어리석은 일이 없습니다. 자기결심, 자기의지라는 것이 도대체 무엇입니까. 아무것도 아니지 않습니까. 저는 결혼주례 할 때 꼭 빠뜨리지 않고 한마디 하는 것이 있습니다. 맨마지막에 '사랑은 은사'라고, 그대들 마음대로 사랑할 수 있다고 생각하지 말라고, 내가 사랑하는 것이라고 생각하지 말라고 말해주는 것입니다. 여러분 잘 아시는대로 남편을 사랑하고 아내를 사랑하는 것, 그거 쉬운 일 아닙니다. 이것도 기도하지 않고는 할 수가 없는 것입니다. 기도해서 힘을 얻지 않으면, 사랑의 영을 얻지 않으면 제 아내 하나 똑바로 사랑할 수가 없는 것입니다. 어찌 쉬운 일입니까. 심지어는 자식을 사랑하는 것도 쉬운 일이 아닙니다. 그 빛나가는 자식을 사랑하려면 기도 많이 해야 됩니다. 그런데 하물며 북한동포겠습니까. 그 비참한 형편에 처해 있는 저분들을 두고 우리가 무엇을 물어볼 것입니까. 기도 많이 해야 됩니다. 그리고야 사랑할 수 있는 것입니다. 자기마음을 믿고, 자기의지를 믿고, 자기결심을 믿고, 자기 의를 믿는다는 것처럼 바보스러운 것이 없습니다. 그런고로 예수님 말씀하십니다. 깨어 기도하라고. 깨어 기도하라, 시험에 들지 않게 깨어 기도하라고. 정신차리고 기도하지 않으면 바로 결심할 수도 없고 결심한 바를 실천할 수도 없다는 말씀입니다. 기도하여라, 더 많은 기도를, 또, 함께 기도하자, 나와 함께 깨어 기도하자—예수님께서 제자들을 위하여 기도하시고 제자들이 예수님 위하여 마음을 합해서 함께 기도하는 시간이 있고야 이 어려운 시련을 넘어설 수 있다는 말씀입니다.

좀더 나아가서는 중요한 헌신이 없는 결단이었습니다. 적어도 예수를 따르려면 비상한 각오가 필요합니다. 내 욕심을 다 비워야 합니다. 세상을 사랑하는 마음 다 버려야 했습니다. 깊이 뿌리박고 있는 정욕도 다 버려야 합니다. 생명을 주님 앞에 깨끗이 맡기고 자기십자가를 지고야 주님을 따라갈 수 있었다는 말씀입니다. 그런데 아직도 베드로는 자기목숨에 대한 사랑, 세상적인 영달에 대한 욕구를 버리지 못하고 있었다는 것입니다. 어떤 분은 '내 주여 뜻대로' 하는 찬송에서 3절 끝에 있는 '살든지 죽든지 뜻대로 하소서' 라는 가사에 이르면 '살든지' 까지만 부르고 '죽든지' 는 안부릅니다. 마음에 안들어, 아, 살기 위해 예수지 죽자고 예수냐, 잘살기 위해 하나님이지 죽기 위해 찬송을 왜 부르느냐입니다. 바로 이런 사람은 예수를 따를 수가 없는 것입니다. 예수의 뜻도 모르고 그 신비한 능력도 알 수가 없는 것입니다. 줄리어스 시저가 군대를 이끌고 보르도 해협에 상륙했을 때 군대가 육지에 다 오르자 타고왔던 군함을 다 모아놓고 불질러버렸습니다. 군사들은 깜짝놀랐습니다. 형세가 불리하면 그 배들을 타고 도망가야 되는데 그걸 다 불질러버리다니…걱정들을 합니다. 시저는 그들을 보고 말합니다. "퇴로는 없다. 전진만이 있을 뿐이다. 승리하든지 죽든지 둘 중에 하나다." 그러고는 앞으로 내몰아서 전쟁에 승리를 했다고 하는 일화가 전해집니다.

십자가의 길에 후퇴는 없습니다. 베드로 이 사람은 지금 완전한 헌신을 못하고 있는 것입니다. 죽을지언정 주님을 버리지 않겠다고 한 큰소리는 헛소리였습니다. 베드로는 이렇게 실패를 합니다마는 예수를 세 번이나 모른다 하고나서 "닭이 울기 전에 네가 세 번 나를 부인하리라"하신 주님의 말씀이 생각나서 마침내 통곡을 합니다. 전설에 따르면 그 후 그는 아침에 닭 우는 소리가 날 때마다 무릎을 꿇었다고 합니다. 그때 예수를 모른다고 했던 죄를 자복하고 눈물을 흘렸다고 합니다. 이렇게 닭 우는 소리를 들으면 새벽마다 하나님 앞에 기도하더니, 그래도 로마에서 예수믿는 사람들이 잡혀 죽을 때 그는 다른 성으로 도망을 갑니다. 그런 그를 가로막고 예수님께서 말씀하셨다고 하지 않습니까. 베드로가 주님을 향하여 "쿠오 바디스 도미네(주여 어디로 가십니까?)"하고 여쭙자 예수님 대답하시기를 "네가 버리고 나온 로마로 가서 다시 십자가에 죽겠다"하십니다. 그제야 베드로는 "아닙니다. 제가 가겠습니다"하고 회개하고 다시 로마로 들어가서 거꾸로 십자가에 못박혀 죽었다는 전설입니다. 십자가를 진다는 것이 얼마나 어렵고 힘든 결단이라는 것을 다시 알게 해줍니다.

예수님 말씀하십니다. 밀알 하나가 땅에 떨어져 죽지 아니하면 열매를 맺을 수 없다, 썩어서 죽어야 열매를 맺는다, 나를 따르는 자는 자기십자가를 지고, 나를 가장 사랑하고, 나와 함께 죽는 자라야 한다고 말씀하십니다. 그래야 십자가 뒤에 있는 영광을 함께 누릴 수 있기 때문입니다. 희생의 결단 없이 되어지는 일이란 아무것도 없습니다. 이런 의미에서 신앙적 모험이 없이는 되는 일이란 아무것도 없습니다. 황장엽씨 사건이 있었을 때 제가 북녘땅에 들어간다고 하니까 걱정들이 많았습니다. 많은 사람이 걱정을 했습니다. 많이 기도도 한 줄 압니다. 못돌아올 것이라고, 붙들어놓고 귀순했다, 하면서 황장엽씨하고 맞바꾸자고 나오면 어떡하나 하고. 웃으십니까? 웃을 이야기가 아닙니다. 정말로 위험한 일입니다. 그것 때문에 걱정하는 사람들에게 제가 대답했습니다. "돌아오지 못하면 거기 살지 뭐." 그러지 않고는 갈 수가 없습니다. 그들도 대단히 기뻐하는 것입니다. "이 어려운 때에 이렇게 오셨습네까. 결심이 대단하십네다."

그러더라고요. 뭐, 이 정도 가지고 얘기하겠습니까. 참으로 참으로 우리가 해야 될 일은 많습니다. 우리는 거듭거듭 실패했습니다. 주님의 뜻대로 살아보고자 애 많이 썼으나 너무 많이 상처를 입었고, 휘청거렸습니다. 이제 최후의 결단이 필요합니다. 네가 나를 사랑하느냐, 예, 나는 주님을 사랑합니다―이제는 깊은 뜻을 알고 대답해야 될 것입니다. △

나귀새끼를 타신 왕

저희가 예루살렘에 가까이 와서 감람산 벳바게에 이르렀을 때에 예수께서 두 제자를 보내시며 이르시되 너희 맞은편 마을로 가라 곧 매인 나귀와 나귀새끼가 함께 있는 것을 보리니 풀어 내게로 끌고 오너라 만일 누가 무슨 말을 하거든 주가 쓰시겠다 하라 그리하면 즉시 보내리라 하시니 이는 선지자로 하신 말씀을 이루려 하심이라 일렀으되 시온 딸에게 이르기를 네 왕이 네게 임하나니 그는 겸손하여 나귀, 곧 멍에 메는 짐승의 새끼를 탔도다 하라 하였느니라 제자들이 가서 예수의 명하신대로 하여 나귀와 나귀새끼를 끌고 와서 자기들의 겉옷을 그 위에 얹으매 예수께서 그 위에 타시니 무리의 대부분은 그 겉옷을 길에 펴며 다른 이는 나무가지를 베어 길에 펴고 앞에서 가고 뒤에서 따르는 무리가 소리질러 가로되 호산나 다윗의 자손이여 찬송하리로다 주의 이름으로 오시는 이여 가장 높은 곳에서 호산나 하더라 예수께서 예루살렘에 들어가시니 온 성이 소동하여 가로되 이는 누구뇨 하거늘 무리가 가로되 갈릴리 나사렛에서 나온 선지자 예수라 하니라
(마태복음 21 : 1-11)

나귀새끼를 타신 왕

　몇해 전 북한에 갔을 때 들은 얘기입니다. 아무리 보아도 북한에 있는 분들이 담배를 많이 피우는 것같습니다. 그저 담배가 제일 좋은 선물이고, 트럭을 타고 가는 사람들에게도 담배 한 갑 흔들어보이면 담배 한 갑을 줄 테니 나 좀 태워달라, 하는 얘기가 됩니다. 어쨌든 담배가 가장 큰 선물로 통하고 또 많이들 피웁니다. 앉으나 서나 담배를 피웁니다. 그런 중에 이런 얘기가 있습니다. 일곱 살난 아이가 담배를 피우더랍니다. 그래서 "너는 왜 담배를 피우느냐?" 물었더니 "마음이 답답해서 그럽니다" 하더랍니다. "니가 뭘 안다고 그렇게 답답하냐" 했더니 "남북통일이 안돼서 그럽니다." 지나가는 얘기, 우스갯소리같지마는 깊은 의미가 여기 있습니다. 무슨 말인고 하니, 모든것이 답답한데, 그 모든것이 전부 정치적 문제라고 생각을 합니다. 통일이 그렇습니다. 사실은 잘살아야 통일이 되지, 통일이 되어야 잘사는 게 아니거든요. 통일이 잘사는 문제와 관계있는 게 아닙니다. 그런데 모든 문제를 다 정치적인 문제에다 걸어놓고 이게 안되기 때문에 모든것이 안되는 것으로 압니다. 그런 생각이 잘못된 것입니다. 오늘 내가 농사하는 것은 나의 일입니다. 이것이 남북통일과 관계있는 게 아니거든요. 오늘도 보면 모든것이 다 거기에, 정치적 문제에 걸린 줄 압니다. 돌이켜 거울을 보십시오. 내가 무엇을 잘못하고 있는가, 살피십시오. 이럴 생각은 없고 전부 세계문제다, 정치문제다, 하고 거창하게 생각하고 있는 것입니다. 이같은 발상 자체에 문제가 있다는 것입니다.

　이스라엘백성이 당시 로마제국의 식민지로 있으면서 정치적인 억압을 당했습니다. 많은 고통이 있었지요. 그러나 저들은 생각했습니다. 자신들이 도덕적으로 타락하고, 경제적으로 부패하고, 종교적으로 전부가 부패했는데 그 죄악에 대해서는 아랑곳없고, 그 모든것이 다 정치문제라고 여겼습니다. 로마사람들 때문이라고만 생각을 한 것입니다. 그래서 빨리 메시야가 와서 저 보기싫은 로마군인들을 다 몰아내주었으면 좋겠다, 이런 문제가 해결되어야만 우리가 살 수 있겠다고 생각을 했습니다. 모든 불의의 원인, 죄의 원인, 심지어는 내 도덕적인 악에 대한 책임도 바로 메시야가 오지 않았다는 데 있다는 것이었습니다. 정치적 메시야를 기다리며 모든 책임을 거기다 떠맡긴 채 자신들의 생활은 날마다 부패하고, 날마다 악에 악을 더하고 있었던 것입니다. 이것이 당시의 상황이었습니다. 메시야를 일구월심 기다리고 있는데 이제 소식이 들려옵니다. 메시야가 왔다는, 온 것같다는. 그런데 저들은 불만이 많았습니다. 왜냐하면 자기네가 바라는 것같은 '화끈한' 메시야가 아니었기 때문입니다. 정치적 메시야가 아니었습니다. 자기들의 경제, 정치, 문화의 문제를 화끈하게 해결해주는 그런 분이 아니었더란말입니다. 메시야라고 고백도 하고, 메시야라고 기대도 하고, 그런 것같다고 믿으면서도 여전히 불평 불만은 그칠 날이 없었습니다.

 바로 예수님의 제자들이 그러했습니다. 예수님을 따르면서 보니 예수님께서는 확실히 권세있는 선지자요, 훌륭한 선생님이요, 율법에 대해서 신선한 해석을 내리는 분입니다. 거침없이 말씀을 하시는데, 참 놀라웠습니다. 예수님 참 훌륭한 선생님이시다, 참 대학자시다, 하고 생각을 했습니다. 그뿐이 아닙니다. 예수님께서는 어떤 병이라도 고치시는 분입니다. 아, 거 희한합니다. 죽은 사람도 살리십니다. 문둥병이고 무슨 병이고 예수님만 만났다하면 고쳐지는 것입니다. 놀라울 수밖에요. 그러나 불평이 많습니다. 왜냐하면, 만나는 환자만 환자입니까. 기왕에 병을 고치실 바에는 '유대땅에 있는 모든 문둥병자들아 다 깨끗할지어다…' 뭐 이렇게 돼야지 그저 몇 사람 고치시다가 3년 지나 돌아가시면 무슨 소용 있습니까. 또, 고침받았다고 그 사람이 죽지 않나요. 이래저래 또다시 병걸려 죽을 건데. 병고친다는 것, 몇 사람 만나서 고친다는 게 희한하다고 얘기들 하지마는 이것가지고 어떻게 엄청난 문제가 해결되겠느냐, 그것이지요. 또 대자연을 명령하심으로 바다가 고요해지는 것도 보았습니다. 참 권능이 있는 분입니다. 그뿐아니라 영적 권세가 있어서 어떤 악령도, 어떤 악한 귀신 들린 사람도 예수님 앞에 와서는 무릎을 꿇습니다. 나가라, 하면 깨끗해집니다. 그거 보고 놀라지 않을 수가 없지요. 그러나 이것가지고 어떻게 저 로마군인, 이 복잡한 정치문제를 해결할 것이냐, 그 말입니다. 속이 타고 답답했습니다. 예수님이 메시야인 것만은 분명한데 고작 그 정도의 메시야인가, 우리가 기다렸던 분이 이런 분인가, 이런 방법으로 될 것인가, 했습니다. 그러나 예수님께서는 여전히 많은 사람 적은 사람 모아서 가르치시고 병고치시고 봉사하시고 어루만지시고 위로하시고…이렇게만 하고 계셨단말입니다. 제자들은 이것이 영 못마땅했던 것같습니다. 그 가운데서 가장 못마땅하게 여긴 사람이 바로 가룟 유다였다고 학자들은 말합니다.

　예수님께서 예루살렘성전에 들어가셔서 성전을 깨끗이하실 때, 거기서 돈 바꾸는 사람들, 소와 양을 파는 사람들을 다 몰아내시면서 '만민의 기도하는 집을 어찌하여 강도의 굴혈로 만드느냐' 하고 꾸짖으실 때는 아, 이제야 뭔가 되는가보다 했겠지요. 그러나 예수님께서는 성전을 깨끗이하신 다음 조용히 베다니로 돌아가 쉬신단말입니다. 그리고 유월절을 준비하십니다. 그리고 성찬식을 행하십니다. 십자가를 말씀하십니다. 저들에게는 이것이 영 이해할 수 없는 일이었습니다. 이제 저들은 한 단계를 더 넘어서야 했습니다. 신앙적인 비약이 필요했습니다. 그래서 예수님 말씀하신바(마 20 : 28) '나는 섬김을 받으러 온 것이 아니라 섬기러 왔다, 대속물로 주려고 왔다, 십자가에 죽고 부활해서, 유대땅의 왕이 아니라 만백성을 구원하고, 세속적 정권의 문제가 아니라 영원한 나라를 세우는 만왕의 왕으로 왔다' 하는 사실을 저들이 알게되고 믿게되는 바로 그 순간이 필요했습니다. 이것은 후에 된 일입니다. 그들의 신앙고백이 차츰 발전을 했습니다. 여러분 아시는대로 마태복음 16장 16절에 보면 베드로가 예수님께 고백합니다. 참 귀한 고백입니다. "주는 그리스도시요 살아계신 하나님의 아들이시니이다." 그 문장, 그 내용은 멋지고 완전한 것입니다마는 베드로의 마음은 그렇지를 않았습니다. 그래서 예수님의 말씀이 "이를 네게 알게 한 이는 혈육이 아니요 하늘에 계신 내 아버지시니라(마 16 : 17)"하시어 베드로 자신의 지식으로 알게된 것이 아니라 하십니다. 고백은 했지마는 가슴에는 그것이 없었습니다. 그러기에 예수께서 십자가를 지실 때 저는 만류했습니다. 그런 일 없을 겁니다, 아, 그 능력 그 권세 가졌으면 이 나라를 회복해야지 어디를 가신단말입니까, 왜 죽으신다는 말입니까, 하면서 대들게 되지 않았습니까. 그러고보면 베드로의 고백은 분명히 하나님께서 그에게 주신 역사일 뿐이지 그 마음속에서 그 고백이 무엇을 의미하는지를 똑바로 알았다고 생각되지 않습니다. 자, 이러한 가운데서 예수님께서 나귀를 타고 입성을 하십니다. 이건 굉장히 위험한 사건입니다. 그런데 오늘본문에 보는대로 온유하여 나귀새끼를 타셨다고 합니다. 대단히 중요한 말씀입니다. 무릇 왕이면 온유해야 됩니다. 어느 왕이든지 어느 권세든지 교만하면 끝나는 것입니다. 온유 겸손하여 나귀새끼를 타고 입성하신다—이것이 성경이 주는 내용입니다.

　미국의 어느 청년이 아주 똑똑하고 의지가 강해서 딴에는 마음만 먹으면 못할 일이 없다는 것이었습니다. 이렇듯 자신만만 패기있는 청년이 있었는데 장래의 출세를 위해서 군에 장교로 입대를 합니다. 그러나 너무 똑똑하고 너무 똑똑한 척하고 너무 완벽하고 해서 그는 많은 사람으로부터 미움을 받습니다. 마침내 그는 쫓겨납니다. 그는 크게 실망을 하고 농촌에 가서 농사를 하면서 지냅니다. 거기서 깨지고, 부서지고, 겸손해지고, 온유해졌습니다. 남북전쟁이 일어났습니다. 가만히 있을 수가 없어서 그때에는 사병으로 입대했습니다. 사병으로 들어가 고생을 하면서 온유와 겸손과 순종을 배우고 익혔습니다. 그런 가운데 점점 많은 사람으로부터 존경을 받고 인정을 받아서 장교가 되었고 또 계급이 올라가서 마침내 그의 덕과 그의 온유함과 인격이 링컨 대통령에게 알려지고 국방장관에 임명됩니다. 그리고 뒷날 이 사람은 18대 대통령이 됩니다. 누구냐하면 바로 그랜트 장군입니다. 보십시오. 온유, 겸손해지고 거기서부터 그는 다시 시작을 했던 것입니다.

　예수님께서 온유하여 나귀새끼를 타고 올라가셨다—백마를 타고 우렁찬 나팔소리 가운데서 거창하게 임하는 유의 대관식이 아니었습니다. 나귀새끼를 타고 조용히 올라가시는 대관식이었습니다.

희생을 통하여 영광을 얻고, 십자가를 통하여 부활의 아침을 바라보는 귀중한 진리가 바로 여기에 있습니다. 겸손이 기본입니다. 겸손한 왕이었습니다. 그러나 잊지 말아야 할 것이 한 가지 있습니다. 그는 이미 왕이었습니다. 여기에 그리스도고난의 신비가 있습니다. 겸손, 온유하여 왕이 된 것이 아니라 왕으로서 겸손한 것이었습니다. 이제 신앙고백은 바뀝니다. 그래서 그는 초대교회사람들의 고백을 듣게 됩니다. 그는 하늘보좌를 내놓으시고 땅에 오신 분이시다, 그는 말씀이시다, 말씀이 육신이 되어 우리 가운데 거하심이다, 하는 고백을 하게 됩니다. 희생하고 봉사하고 십자가에 죽어서 메시야가 된 것이 아니고 말씀이요 하나님의 아들이요 그리스도로 오셔서 봉사하고 십자가를 지신 거라는 말씀입니다. 여기에 그리스도고난의 신비가 있는 것입니다.

　많은 신학자들이 다음과 같이 한번 추리를 해봅니다. 일리가 있는 추리입니다. 주님 와서 병고치시고, 뭘 하시고…좋은 일 많이 하셨지요. 그러나 그것가지고는 예수님께서 십자가에 달리실 이유가 안됩니다. 당시 상황을 자세히 살펴보면 예수님께서 나귀를 타고 예루살렘 성으로 올라가신 일, 또 올라가셔서 예루살렘성전을 막 휘저어 깨끗케 하신 일—이 두 가지 사건만 없었더라면 어쩌면 예수님께서는 십자가에 돌아가시지 않았을는지도 모른다—그럴 것같습니다. 어찌생각하면 예수님께서는 지금 정면충돌을 하시는 것입니다. 대제사장의 무리가 있는 곳에 가셔서 성전을 휘저으셨습니다. 정치적인 메시야를 그렇게도 갈구하고 간절히 기다리고 있는 그 위험한 백성들 앞에 어떻게 정치적인 퍼레이드를 벌이신단말입니까. 그래서 예수님의 십자가가 타살이냐 자살이냐, 하는 의문도 생깁니다. 갈릴리에 가 계시기만 했어도 안돌아가시는 건데 예루살렘에 오셔서 나귀를 타고 입성하는, 호산나 만세를 부르는 퍼레이드를 벌여놨으니 죽으실 수밖에요. 그러면 왜 이러해야 했습니까. 이것은 계시적 사건입니다. 예수님의 왕되심, 예수님의 메시야되심과 만왕의 왕되심을 반드시 나타내주어야 했습니다. 성경대로 되는 일이기 때문이요, 하나님의 구속사역이기 때문입니다. 백성들을 끝까지 사랑하시기 때문입니다. 그래서 이 귀한 역사는 이루어집니다.

예수님께서는 오해를 극복하셔야 했습니다. 얼마나 오해가 많았습니까. 따지자면 이것은 할수없는 일입니다. 오해를 무릅쓰는 일입니다. 제자들이 알건 모르건 그야말로 밀어붙이신 것입니다. 예수님께서는 교육적으로 대하신 것같습니다. 지금은 내가 이렇게 하지마는 이것이 무엇을 의미하는지는 너희가 모를 것이다, 모르지만 언젠가는 알게 될 것이다. Someday, 언젠가는 너희들이 이 일을 알게 될 것이다, 하심이었습니다. 요한복음 13장에 보면 예수님께서 팔을 걷고 세숫대야에 물을 떠다가 친히 제자들의 더러운 발을 씻기십니다. 제자들이 황송해서 안씻겠다고 하는데 예수님께서는 "내가 너를 씻기지 아니하면 네가 나와 상관이 없느니라" 하십니다. 심각한 말씀을 하십니다. 내게 발씻김을 받지 않는다면 너는 나와 상관이 없다, 하시면서 제자들의 발을 씻기시는데 거기서 귀중한 교훈을 주셨습니다. 지금은 모르지만 이후에는 알리라—여러분, 자녀들을 위해서 수고하십니까? 그 수고를 지금 다 알아주기를 원하십니까? 아이들이 다 알아줄 것같습니까? 설명한다고 아는 것입니까? 그저그저 봉사하십시오. 지금은 모르지만 언젠가는 알 것입니다. 그래서 부모들이 때때로 이런 말 하지요. 너도 애비가 되어봐라, 너도 언젠가 엄마가 되어봐라, 그러면 알 거다—자, 말만 할 게 아니라 묵묵히 언젠가 알게 될 것을 전제로, 믿고 오늘 해야 될 일을 하는 것이지요. 예수님께서는 그 많은 오해, 그 많은 문제가 있건마는 개의치 않고 밀어붙이셨습니다. 나귀를 타고 올라가십니다. 얼마나 귀중한 일입니까. 여러분, 앞뒤를 다 가리고나면 아무 일도 못합니다. 할만한 일이 아무것도 없습니다. 이리 생각하면 이게 잘못되고 저렇게 하면 저게 잘못됩니다. 결과는 하나님께 맡겨야 됩니다. 오늘 내가 해야 될 일을 하고, 하나님 앞에서 성실히 하고, 그 후속결과에 대해서는 하나님께 맡기십시오. 농부의 마음으로 씨를 뿌리고 가꾸어야 합니다. 가을을 주시고 추수를 하는 것은 하나님께서 주시는 일입니다. 마찬가지로 우리가 해야 할 일에는 용기있게 우리의 도리를 다해야 한다는 말씀입니다.

우리가 지금 식량난으로 어려움을 겪고 있는 북한사람들을 도우자고 많은 분들이 외칩니다. 그러나 실제로 이루어지는 일은 아주 미미합니다. 대체로들 이건 다른 일과 다르다며 반론이 많다고 합니다. 어느 교회에서든지 좀 도웁시다, 하면 다 같이 도웁시다, 해야 뭐가 되겠는데 꼭 중간에 반대하는 분들이 있습니다. 왜 반대냐 하면 '군량미로 쓴다며? 저 사람들은 못살아야지 잘살면 안돼' 하는 식으로 이유를 붙이니까 그만 열심이 떨어지고 맙니다. 그러다가 아무 일도 못하는 채 흘러가고 있습니다. 사람은 계속 죽어가고 있고요. 이게 왜 이래지는 것입니까. 심지어 어떤 분은 백만 명이 죽어도 체제는 변하지 않는다고 합니다. 체제에 대해서 왜 그렇게 신경을 쓰는 겁니까. 그래 백만 명 죽는 꼴을 봐야 되겠습니까. 어찌 감히 그런 말을 하는 것입니까. 우리가 깊이 생각해볼 필요가 있습니다. 내가 그곳에 갔을 때, 지난번에도 그런 얘기 하더구만요. "황장엽 비서 사건도 있고, 이렇게 어려운 때에 목사님 여기 오셨다가 우리가 잡아놓고 안보내고 황장엽씨하고 바꾸겠다고 하면 어떻게 하겠습니까?" 날 보고 그러더라고요. 그래서 "그러면 여기 살지 뭐" 했습니다. 여러분, 어떤 일이든지 뒤에 되는 일은 하나님께 맡겨야 합니다. 그리고야 일을 할 수가 있습니다.

예수님께서 나귀를 타고 올라가시다니 이게 될 수 있는 일입니까. 당신을 잡아죽이려고 바야흐로 잔뜩 벼르고들 있는데, 뻔히 아시면서 어쩌자고 이런 퍼레이드를 벌이시는 것입니까. 그러나 예수님께서는 이걸 중단하시지 않았습니다. 그대로 해내셨습니다. 유명한 안소니 멜로 박사는 이렇게 말하고 있습니다. "내가 청년시절에는 세계를 변화시켜주십사고 하나님께 기도를 드렸다. 중년이 되어서는 내 이웃을 변화시켜주십사고 기도를 드렸다. 70이 된 오늘은 오직 하나 '하나님이여, 나를 변화시켜주시옵소서'라고 기도하고 있다." 우리는 정치문제에 너무 관심이 많습니다. 세계문제에 너무 민감합니다. 그것은 하나님께 맡기십시오. 내가 할 일이 무엇입니까. 바로 이 현실에서 내가 조용히 하나님 앞에 자세를 바로해야 되겠습니다. 내가 주님 앞에 얼마나 충성을 다하고 있는가를 살펴십시오. 오늘본문에 보니 예수님, 왕권으로 말씀하십니다. 맞은편 마을에 가면 나귀를 만날 것이다, 풀어오라, 누가 묻거든 주께서 쓰시겠다 하라—세상에 이렇듯 권세있는 말씀이 어디 있습니까. 여러분은 어떻게 대답하시겠습니까? 주께서 쓰시겠다면 쓰십시오, 어느 때에라도 무엇이라도 주님께서 쓰시겠다 하시면 드리겠습니다—바로 이것이 왕 앞에 바쳐야 될 충성된 자세가 아니겠습니까.

'호산나'라고 하는 것은 '지금 우리를 구원하소서'라는 뜻입니다. 저들은 무슨 뜻인지 모르고 불렀습니다. 그저 정치적인 메시야가 지금 대관하는 것으로, 즉위하는 것으로 생각하고 뜻모르고 호산나를 불렀습니다. 그러나 오늘본문을 보면 너무나도 유감스럽습니다. 이 퍼레이드와 함께 예루살렘 성이 소동을 벌였다고 했습니다. 그런데 고관들이 나와서 이게 누구냐 하고 물으니까 갈릴리에서 온 선지자라고 대답할 뿐입니다. '그리스도, 만왕의 왕'이라고 대답하지 못하고, 갈릴리에서 온 촌사람들이 퍼레이드 좀 하는 것이니 못 본 체하십시오, 하는 셈입니다. 이렇게 대답할 수 있는 것입니까. 아무 뜻도 모르고 소동을 벌였습니다. 그러나 저들이 오순절에 성령강림 할 때에 십자가의 뜻을 알고, 부활의 뜻을 알고, 이제 비로소 메시야가 무엇을 의미하는가를, 우주적 메시야의 뜻을 알게 됩니다. 그 때에는 호산나 만세는 없었습니다. 그러나 주님과 함께 십자가를 집니다. 순교하게 됐습니다. 여러분, 오늘 우리가 길거리에 나가서 호산나 만세를 부르는 것은 아닙니다. 그러나 왕되신 주님 그에게 우리 생명을 맡기고, 정말 뜻을 알고 호산나를 불러야 할 것입니다. 생각해보십시오. 예수께서 왕으로 입성하시고 십자가를 지셨다면 그의 제자들도 당연히 십자가를 져야 하지 않겠습니까. 그리스도께서 십자가를 통해서 메시야의 역할을, 그 귀한 사명을 감당하셨다면 우리 또한 그리스도와 함께 고난을 받고 비로소 그리스도와 함께 영광을 얻게 됨을 분명히 알아야 할 것입니다. △

부활의 첫 증인

　　마리아는 무덤 밖에 서서 울고 있더니 울면서 구푸려 무덤 속을 들여다보니 흰 옷 입은 두 천사가 예수의 시체 뉘였던 곳에 하나는 머리 편에, 하나는 발 편에 앉았더라 천사들이 가로되 여자여 어찌하여 우느냐 가로되 사람이 내 주를 가져다가 어디 두었는지 내가 알지 못함이니이다 이 말을 하고 뒤로 돌이켜 예수의 서신 것을 보나 예수신 줄 알지 못하더라 예수께서 가라사대 여자여 어찌하여 울며 누구를 찾느냐 하시니 마리아는 그가 동산지기인 줄로 알고 가로되 주여 당신이 옮겨 갔거든 어디 두었는지 내게 이르소서 그리하면 내가 가져가리이다 예수께서 마리아야 하시거늘 마리아가 돌이켜 히브리말로 랍오니여 하니(이는 선생님이라) 예수께서 이르시되 나를 만지지 말라 내가 아직 아버지께로 올라가지 못하였노라 너는 내 형제들에게 가서 이르되 내가 내 아버지 곧 너희 아버지, 내 하나님 곧 너희 하나님께로 올라간다 하라 하신대 막달라 마리아가 가서 제자들에게 내가 주를 보았다 하고 또 주께서 자기에게 이렇게 말씀하셨다 이르니라

　　　　　　(요한복음 20 : 11-18)

부활의 첫 증인

고등학교 3학년으로서 며칠 뒤면 시험을 보아야 될 학생이 아주 깊은 고민 중에 있다고 해서 부모님의 간청으로 상담을 한 일이 있습니다. 나는 이 학생을 만나기 전에 아마도 자기의 진학문제라든가 진로문제, 전공문제 혹은 이성문제 같은 것을 고민하고 있지 않을까, 미리 생각을 하면서 만났습니다. 그런데 이 학생의 질문은 엉뚱한 것이었습니다. "정말로 천당 지옥이 있습니까?" 하고 묻는 것입니다. 왜 이것을 묻느냐, 지금 다급한 시간인데, 시험보는 일이 앞에 있고 공부가 바쁜데, 왜 이런 것 가지고 고민을 하느냐, 하고 한번 반문해보았더니 그 학생은 이렇게 대답합니다. "그것만 바로 믿어지면 진실하게 살 수 있을 것같습니다." 대단히 중요한 대답이라고 생각합니다.

여러분, 지금 많은 문제가 있습니다. 경제, 정치, 문화, 나름대로 잘살고 못살고, 직장이 있고 없고, 병들고…많은 문제가 있습니다. 그러나 알고보면 이런 문제는 그리 중요한 문제가 아닙니다. 전부가 시시한 문제입니다. 별것도 아닌 문제입니다. 그러나 이제 잊어버렸던 문제에 관심을 가져보십시오. 가장 핵심은 죽음의 문제입니다. 그리고 죽음에 따르는 영생의 문제입니다. 생명의 문제 이상으로 중요하고 현실적이고 다급한 문제는 없습니다. 바로 이 주간에 배달된 「뉴스위크」지에서 읽은 얘기입니다. 칼 세이건이라고 하는 천문학자가 한평생 천문학과 생명의 문제를 연구했는데 그는 끝까지 하나님을 믿지 않았습니다. 죽기 전까지도 그는 "하나님이 있다고 하는 증거가 믿어질 때까지는 나는 하나님을 믿을 수 없노라" 하고 고집하며 그대로 죽었답니다. 여러분, 잊지 마십시오. 증거가 있을 때까지— 자, 증거가 무엇입니까? 증거가 없는 것입니까? 증거라는 것은 믿을 때에만 증거되는 것입니다. 안믿는 자에게는 증거란 아무 의미도 없는 것입니다. 모든 인식은 경험에 근거합니다. 내가 경험할 때까지는 미지의 세계로 남습니다. 그런데 이상하게도 모든 경험은 나 자신의 것입니다.

독일의 시인 하이네가 한번은 등산을 하다가 길을 잃어버렸습니다. 음식은 다 떨어지고 물도 없고 배는 고프고…죽을 지경입니다. 밤에는 맹수들이 나오기 때문에 나무 위에 올라가서 지내고, 낮에는 이리저리 잃어버린 길을 찾아보려고 헤매다녔습니다. 그러다가 밤이 되었는데, 마침 보름달이 둥그렇게 떴는데, 얼마나 아름다운지 시인이야말로 이런 장면을 보면 절로 시상이 떠올라 아름다운 시 한 수 읊을 수 있을 일인데 워낙 배가 고프고보니 그런 생각이 없더랍니다. 춥고 괴로우니까 사랑하는 자의 얼굴이 그 달에 어른거리고, 조금 더 지나다보니 그 둥그런 달이 빵떡으로 보이더랍니다. 그는 자기 눈을 의심했답니다. '내가 이 정도의 인간밖에 안되나, 저 아름다운 달을 빵떡으로 보다니' 하고 깜짝놀랐다는 것입니다. 여러분이 놓인 처지, 그 자기처지, 자기경험, 자기이성, 자기판단에 붙들려 노예가 되어 있으면 하나님도 빵떡으로밖에 보이지 않습니다. 이렇게 사는 사람은 구제불능입니다. 아무 증거도 필요가 없습니다. 그는 하나님을 믿을 수 없기 때문입니다. 여러분, 우리 인간의 경험은 어디까지나 자기세계에 있는 것이 아닙니까. 또 엄격한 의미에서 경험은 단회적입니다. 한 번밖에 경험하지 못합니다. 똑같은 경험을 두 번 하는 것이 아닙니다. 그러면 경험하지 못한 세계에 대해서는 어떻게 하는 것입니까. 그것은 믿을 수밖에 없습니다. 앞서 산 사람의 말을 믿고, 앞서 갔다온 사람의 말을 믿고, 먼저 경험한 사람의 말을 믿음으로써만 내게 다가오는 새로운 미지의 세계에 대하여 내가 바로 처신할 수 있는 것입니다.

여러분도 잘 아시는 바와 같이 우리가 교회에 나올 때도 그렇습니다. 우리 교인들이 어떤 의미에서는 많은 의심을 가지고 나옵니다. 칼 바르트는 이렇게 말합니다. 언제나 교인들은 이렇게 묻는다고 합니다. '이것이 사실이냐?' '성경에 있는 이 내용이 사실이냐?' '앞에 있는 약속이 사실일까?' 줄곧 의심을 하지마는 예배하는 중에 그것은 사실이다, 내가 경험한 것도 사실이다, 앞에 다가오는 미래도 사실이다, 하는 것을 믿고 그 믿음을 간증하면서 새로운 믿음을 고백하고 돌아가는 것이 예배다, 라고 말하고 있습니다. 여러분, 죽음을 수없이 보았습니다. 그러나 여러분은 아직도 죽지 않았습니다. 죽음이라는 경험은 아직도 내 앞에 있습니다. 꼭 죽어보아야 알겠습니까. 그러나 죽음을 모르는 사람은 없습니다. 미련한 사람은 죽을 때까지 '내가 왜 죽어' 하고 갑니다. 죽음을 아는 사람, 죽음을 미리 생각하는 사람, 죽음을 준비하는 사람, 결국은 죽음을 믿는 데서부터 시작하는 것입니다. 이것까지 안믿겠다고 하겠습니까. 죽음에 대한 것은 가장 확실한 것입니다. 그렇다면 죽음 다음에 있는 부활에 대한 이야기도 그렇습니다. 우리는 먼저 가신 분의 말씀을 믿어야, 그 증거를 받아들여야 그것이 바로 내게 임하는 사건이 되는 것입니다.

부활에 대해서는 많은 오해가 있습니다. 그 긴 이야기를 다 할 수는 없지만 요약해서 몇 가지는 꼭 알아야 됩니다. 그래서 말씀을 드립니다. 먼저는 부활에 대하여 보편성을 생각하는 사람들이 있습니다. immortality(영혼불멸설)과 부활을 혼동하는 사람들이 있습니다. 영혼불멸설은 결코 부활신앙이 아닙니다. 또한 자연현상으로 보아서 마치 생명의 진화과정의 하나로 생각하려 하는 사람들도 있습니다. 마치 우리에게 육적인 세계, 정신적 세계, 영적인 세계가 있는 것처럼 한 생명의 진화과정의 다음 과정으로 부활을 생각하려고 하는 이같은 진화론적 이해 또한 큰 착각입니다. 또하나는 알거나모르거나 우리 모두의 마음속에 잠재해 있는 부활신앙이 하나 있습니다. 바로 도덕적 이해입니다. 아무래도 선하게 살면 좋은 데 갈 것으로 생각합니다. 나는 그 말을 믿고 싶습니다. 북한의 주석 김일성이 얼마전 세상떠나기 전에 자기 친척할머니가 한 분 타계했다고 합니다. 아주 가까운 친척이라서 거기에 문상을 갔는데 그 할머니 이야기를 하던 중 이렇게 말하더랍니다. "이 할머니는 천당갔을 게야." 그도 14세 때까지는 예수를 믿었거든요. 믿는 가정에서 자랐거든요. 그 어머니의 이름이 반석입니다. 그래 그 마음속에 무언가 들어 있어서 죽은 할머니를 두고 그녀가 착하게 살았으니까 천당갔을 거야, 한 것입니다.

우리가 금욕적으로 살고, 극기적으로 살고, 세속것들을 다 이기면서 살고, 정욕을 극복하면서 살고, 그리고 선한 일 많이 하면 마치 계단을 올라가는 것처럼 적선이 되어 오르고오르고 올라 부활생명, 영원한 생명에까지 이를 것이다, 동물적으로 살고 속되게 산 사람은 지옥에 떨어질 것이고 선하게 산 사람은 막연하지마는 좋은 데 갈 거다—이러한 도덕적 부활신앙이 있습니다. 이것도 진정한 의미에서 부활신앙이 아닙니다. 혹은 희생이라는 것을 생각합니다. 죽었던

자가 다시 살아나는 것을 생각합니다. 또 어떤 때는 환생을 생각합니다. 다른 모습으로 태어난다는 것입니다. 이것은 불교나 힌두교의 영향을 받은 윤회적 사상입니다. 다 부활사상이 아닙니다. 나사로가 죽었다가 나흘만에 살아납니다. 혹은 야이로의 딸이 살아나고 나인성 과부의 아들도 예수님께서 살리셨습니다. 이 세 사건도 회생이지 부활이 아닌 것입니다. 성경에서 말씀하고 있는 부활이란 엄격히 말해서 예수 그리스도의 부활 하나만입니다. 그밖에는 다 부활에 대한 비유일 뿐이지 부활은 아닙니다. 예수님의 부활, 그것은 두 가지 차원에서 복합적으로 이해하여야 합니다. 하나는 옛생명이 다시 살아났다는 것입니다. 다시 살았다, 하는 의미에서 부활입니다. 또하나는 새로운 생명으로의 변화를 말하는 것입니다. 그래서 부활이다, 변화다, 하는 두 가지 말을 같이 사용합니다. 오히려 변화라는 말을 더 많이 씁니다. 그리스도적 생명으로의 변화, 이것이 부활입니다.

오늘본문에 나타난 이 사건, 예수께서 육체를 입고 이 땅에 오신 소위 도성인신(道成人身), 인카네이션—하나님말씀이 육체를 입고 오셨다고 하는 그 사건과 같이 부활사건도 계시적 사건이라는 것을 잊지 말아야 합니다. 하나님께서 우리에게 무엇인가를 계시하고 계십니다. 그 속에 말씀이 있다는 것을 알아야 합니다. 무엇보다 중요한 것은 첫째로, 이것은 재창조의 역사입니다. 이 세상의 어떤 것이 발전해서라든가 혹은 최선의 것이 부활로 이어진다는 얘기가 아닙니다. 개혁이니 발전이니 선도니 교육이니 해서 the best—최선의 것이 이루어지고 이상적 세계가 이루어져서 그 다음으로 부활이 온다는, 이런 발전적 얘기가 아닙니다. 아시는대로 부활은 죽음 뒤에 있는 것입니다. 세상 끝에 있는 것입니다. 모든것이 다 사라지고 모든 생명이 끝나는 죽음, 십자가의 죽음 뒤에 있습니다. 그것이 바로 부활의 진리입니다. 그런고로 부활은 어디까지나 창조의 역사입니다. 오직 하나님의 능력 가운데 있는 재창조의 역사입니다.

 부활의 교리를 생각할 때 두 번째로 꼭 기억해야 하는 것이 바로 구속사역입니다. 우리의 죄문제입니다. 죄로 인하여 사망이 오기 때문에 죄문제가 해결되지 않으면 절대로 구원은 없습니다. 그런고로 부활이란 죄문제의 해결에 대한 증거입니다. 우리 죄를 인하여 죽으시고 우리 의를 위하여, 우리를 의롭다 하시기 위하여 부활하셨다고 하는 이 구속의 의미가 거기에 들어 있습니다. 죄문제와 사망의 문제는 함께 풀어가는 것입니다. 한번 생각해보십시오. 만일 예수님의 부활이 없다면 이 세상에 의는 없습니다. 예수님의 부활이 없다면 이 세상에 생명은 없습니다. 다 사망에로 죽음에로 흐릅니다. 오직 예수부활로 말미암아 이것이 생명이다, 이것이 진리다, 이것이 사랑이다, 하고 그 의미를 찾게 됩니다.

 세 번째로, 부활은 약속입니다. 그래서 성경은 첫 열매라고 합니다. 첫번 열매이면서 대표적인 것입니다. 이 부활사건을 통해서 우리의 부활을 약속해주십니다. 아무리 험하고 절망적일지라도 저 앞에 부활이 있습니다. 십자가의 고통 뒤에 부활이 있습니다. 순교자의 죽음 뒤에 부활이 있습니다. 첫 열매가 되어서 우리의 부활을 약속해주셨습니다. 그리고 오늘본문에 나타난대로 주님께서 이 사실을 나타내주셨습니다. 나타내셨다고 하는 것은 계시하셨다는 말입니다. 자, 부활이라는 것은 누가 발견했다는 얘기도 아닙니다. 뭐 고고학자의 발견도 아니고 천문학자의 발명도 아닙니다. 오직 부활은 하나님께서 당신자신을, 또 예수님께서는 부활하신 다음에 부활하신 몸을 사랑하는 제자들에게 나타내주셨습니다. 보여주셨습니다. 이 사실을 깊이 생각하여야 합니다. 의심많은 도마에게, 벌벌떠는 베드로에게, 낙심하여 엠마오로 쓸쓸하게 가고 있는 제자들에게, 예수님 돌아가셨다고 슬피 우는 막달라 마리아에게, 예수님께서 친히 initiative를 가지고, 주도적으로 나타내 보여주셨습니다. 미국의 아주 저명한 전보회사로 웨스턴 유니온이라고 있습니다. 지금도 있습니다. 그런데 이 유니온회사에서 이만 불 손해배상을 한 일이 있습니다. 어떻게 되어서 이만 불 손해배상을 하게 되었느냐하면 이야기는 이렇습니다. 어떤 아버지에게 멀리 집을 떠나서 큰 도시에 가 공부를 하고 있는 사랑하는 아들이 있습니다. 대학 학기말 시험이 가까워오는 것을 알고 사랑하는 아들에게 공부 잘하라고 전보를 쳤습니다. '아들아, 우리는 너를 무척 사랑한다' — 그리고 끝에다가 'Mother and Dad'라고 썼습니다. 그런데 전보치는 사람이 실수를 해서 'Mother is dead'라고 친 것입니다. '엄마와 아빠가'라고 하는 것을 '엄마가 죽었다'라고 한 것입니다. 전보를 받은 아들은 공부고뭐고 시험도 안본 채 헐레벌떡 집으로 달려왔습니다. 왔더니 어머니는 멀쩡히 살아계시는 게 아닙니까. 이래서 그 전보회사는 이 가정에 이만 불 배상을 하게 된 것입니다. 그러나 그 학생은 이 사건을 계기로 두 가지를 경험한 것입니다. 어머니의 죽음을 경험했고, 어머니가 살아 있는 것을 경험했습니다. 죽음과 생명을 동시에 경험했다는 말입니다. 여러분, 내 사건이 되기 전에는 누구도 그 사건을 경험할 수가 없습니다. 죽음과 생명의 문제는 함께 경험하는 것입니다. 그것을 꼭 기억하여야 합니다.

그리고 가장 사랑하는 사람에게 예수님께서는 당신의 모습을 보여주셨습니다. 왜요? 그 사람만이 당신의 부활을 믿을 수 있으니까요. 특별히 여기에는 사명적 의의가 있습니다. 부활사실을 믿게 할 뿐만 아니라 믿어서 본인이 부활신앙 안에 살게 하는 데 의의가 있고, 나아가서는 부활을 증거하는 데 의의가 있습니다. 그래서 다른 사람들도 또 믿게 하는 데 의미가 있는 것입니다. 그래서 베드로에게 나타나셨고 사도 바울에게 나타나셨고 야고보에게 나타나셨습니다. 그리하심으로 그들이 부활의 증인이 됩니다. 아시는대로 증거를 받아들이는 사람에게만 부활은 부활이 됩니다. 사건이 사건화합니다. 믿지 않는 사람에게는 아무 의미가 없습니다. 오직 믿는 사람에게만 이 사건이 생명력으로, 부활사실로 다가온다, 그 말입니다. 특별히 오늘 막달라 마리아에게 나타나신 것—참 귀중한 일입니다. 이런 농담이 있습니다. 어디까지나 농담입니다. "예수님께서 부활하신 다음에 왜 하필이면 여자에게 먼저 나타나셨나? 그래야 소문이 빨리 퍼지니까." 일리가 있는 얘기같습니다. 그런데 막달라 마리아에게 나타나셨습니다. 그녀는 본래 일곱귀신 들렸다는 소문을 가진 사람입니다. 신분이 창녀였던 것같습니다. 얼마나 천대받고 얼마나 많은 사람이 멸시하는, 그런 여자인데 예수님께서 그녀를 용서하시고 그녀를 사랑하십니다. 그래서 그녀는 눈물로 예수님의 발을 씻어드렸습니다. 많은 사람이 예수님까지 비난하게 될 때 예수님께서 이렇게 말씀하신 바 있습니다. '저의 많은 죄가 사하여졌도다. 이는 저의 사랑함이 많음이라'—이 귀한 말씀, 많이 탕감받았으니 많이 사랑하느니라, 많이 사랑하기 때문에 죄가 다 사함받았느니라 하시는 귀한 말씀을 들으면서 예수님을 사랑하고 극진히 사랑한 나머지 모든 사람이 다 도망갈 때에도 그녀는 십자가 밑에까지 따라가서 울었습니다. 예수님의 장례식에 참례했습니다. 그리고 사흘을 초조히 기다리다가 주일날 새벽에 예수님의 무덤을 찾아갑니다, 향유를 가지고. 가서 무덤이라도, 시체라도 한번 더 만나뵙겠다고 합니다. 오늘 본문에 보는 바와 같이 시체를 자기집으로 가져가겠다고 합니다. 그만큼 그는 조금 미련하다 싶게 예수님을 극진히 사랑했습니다. 그에게 나타나십니다. 그런데 이상한 것은 나타나신 다음에도 전혀 기대하지 않았기 때문에 그녀는 예수님을 알아보지 못합니다. 예수님을 뵙고도 모릅니다. 예수님께서 "마리아여"하고 말씀하실 때에야 비로소 눈이 열려서 예수님을 알아보게 됩니다. 예수님과 나 사이의 이 개인적 관계, 그의 부름, "마리아여"하시는 부름이 있을 때 비로소 그녀는 예수님을 알아볼 수 있었습니다. 여러분은 어떤 사건을 통해서, 어떤 극적인 사건을 통하여 주님의 음성을 들었습니까? 그리 극적인 장면이 아니라도 좋습니다. 주님과 나 사이에 정말 '아무개야' 하는 부름이 있고 사랑의 관계, 극진한 사랑의 관계가 이루어질 때 주의 십자가가 내 앞에 다가옵니다. 그 십자가의 사랑이 나를 덮을 때 나는 다시 부활의 아침을 바라보게 됩니다. 마리아는 첫 증인이 됐습니다. 그리고 첫번째 메시지를 들었습니다. 내 아버지 곧 너의 아버지, 내 하나님 곧 너의 하나님—예수님께서는 바로 이 관계를 위하여 그 많은 수고를 하신 것입니다. 우리로하여금 하나님의 자녀 되게 하시고 하나님을 우리의 개인적인 하나님 되시게 하시기 위하여, 이런 관계를 맺게 하시기 위해서 그는 십자가에 돌아가신 것입니다. 이제 말씀하십니다. 내 아버지 곧 너의 아버지—이 귀한 메시지를 그녀는 듣게 됩니다. 이제 그는 하나님의 딸이 됩니다. 아름다운 하나님의 자녀로 생명을 하나님께 드리며 남은 생을 살아가게 됩니다. 그리스도를 극진히 사랑하는 사람, 그리스도를 만날 것입니다. 그리스도께서 만나주실 것입니다. 부활생명을 만나는 순간에 그는 부활생명으로 사는 그런 사람이 될 것입니다. 사망을 이길 것입니다. 사망의 음침한 골짜기를 가도 그에게는 두려움이 없을 것입니다. 부활의 약속이 눈앞에 있기 때문입니다. △

제 2의 소명

그 후에 예수께서 디베랴바다에서 또 제자들에게 자기를 나타내셨으니 나타내신 일이 이러하니라 시몬 베드로와 디두모라 하는 도마와 갈릴리 가나 사람 나다나엘과 세베대의 아들들과 또다른 제자 둘이 함께 있더니 시몬 베드로가 나는 물고기 잡으러 가노라 하매 저희가 우리도 함께 가겠다 하고 나가서 배에 올랐으나 이 밤에 아무것도 잡지 못하였더니 날이 새어갈 때에 예수께서 바닷가에 서셨으나 제자들이 예수신 줄 알지 못하는지라 예수께서 이르시되 얘들아 너희에게 고기가 있느냐 대답하되 없나이다 가라사대 그물을 배 오른편에 던지라 그리하면 얻으리라 하신대 이에 던졌더니 고기가 많아 그물을 들 수 없더라 …… 고기 든 그물을 끌고 와서 육지에 올라보니 숯불이 있는데 그 위에 생선이 놓였고 떡도 있더라 예수께서 가라사대 지금 잡은 생선을 좀 가져오라 하신대 시몬 베드로가 올라가서 그물을 육지에 끌어올리니 가득히 찬 큰 고기가 일백 쉰 세 마리라 이같이 많으나 그물이 찢어지지 아니하였더라 예수께서 가라사대 와서 조반을 먹으라 하시니 제자들이 주신 줄 아는 고로 당신이 누구냐 감히 묻는 자가 없더라 예수께서 가셔서 떡을 가져다가 저희에게 주시고 생선도 그와 같이 하시니라 이것은 예수께서 죽은 자 가운데서 살아나신 후에 세 번째로 제자들에게 나타나신 것이라

(요한복음 21 : 1-14)

제 2의 소명

성도 여러분, 여러분은 이 세상에서 어떤 사람이 가장 행복한 사람이라고 생각하십니까? 나름대로 행복의 기준이 있겠습니다마는 '가장 행복한 사람은 건강한 사람이다' 하는 것이 일반적인 견해입니다. 재산을 다 잃었다해도 그것은 부분을 잃은 것이고 건강을 잃었으면 다 잃은 것이기 때문입니다. 우리는 건강한 때에 건강의 고마움을 다 미처 모르고 삽니다마는 병들어서 병원에 입원하게되면 '아무것도 소용없다'고 말하게 됩니다. 지식도 명예도 재산도, 심지어는 가정도 의미가 없다고들 합니다. 다시 한 번만 건강해져서 교회에 나가보고 죽었으면 한이 없겠다고들 합니다. 어떤 사람은 다시 내 발로 한 번 걸어보고 죽었으면 한이 없겠다고 말합니다. 그만큼 건강에 대해서 절박하게 부르짖는 소리를 듣습니다. 그런고로 건강한 사람이라고 하면 이제 더는 아무것도 원망할 권리가 없는 것입니다. 건강 하나만 가지고도 충분히 행복하기 때문입니다. 이 충분한 행복을 여러분은 얼마나 느끼고 살아가십니까? 건강이 행복의 제 1 조건입니다.

두 번째는 일이 있는 사람이라야 합니다. 요새 '조기'니 '명태'니 하는 유행어가 있습니다마는 조기퇴직(早期退職), 명예퇴직 한 다음에 느끼는 바를 얘기하는 사람이 많습니다. 이제는 보상을 받지 않고 일해도 좋겠다, 하는 사람도 있습니다. 심지어는 제가 좀 시달립니다. 보상을 바라지 않고 교회에 와서 일하겠다는 것입니다. 그것도 문제입니다. 보상 없이 일을 하고 싶다—진작 그 마음으로 살았다면 얼마나 좋았을까 싶습니다. 한평생이 말입니다. 그런데 그

동안 너무 보상과 출세, 아무 의미도 없는 명예, 지위, 여기에 매달렸던 일이 몹시도 후회스럽다는 것입니다. 일한다는 것, 오늘아침에도 일터가 있어서 나갈 수 있다는 것, 출근을 할 수 있다는 것이 얼마나 행복한 것이냐, 합니다. 일거리가 있다는 것, 그것이 내 가치를 형성하기 때문입니다.

세 번째는 자기가 하는 일의 의미를 알아야 한다고 합니다. 의미가 없는 일, 뜻이 없는 일, 허망한 일에 시달리는 것처럼 괴로운 노릇이 없습니다. 영원한 가치의 것, 더 영원한 의미를 가진 그런 일에 나의 생을 기울이고 산다면 더없이 행복한 것입니다. 내가 하고 있는 일의 의미, 뜻, 가치, 아주 중요한 것이라고 생각합니다. 그리고 하나 더 있다면 자기진실을 믿어주는 사람이 있어야 한다는 것입니다. 이것은 인간관계에서의 얘기입니다. 우리가 사람과 사람 사이에 관계를 맺고 삽니다. 여러분, 다른 분들이 내게 어떻게 해주기를 바라십니까? 칭찬입니까? 봉사입니까? 어떻게 해주기를 바라십니까? 인간관계에 있어서 기본적인 것은 신뢰입니다. 내가 바라는 것은 오직 하나, 내 진실을 누군가가 믿어주는 것입니다. 만일에 믿어주지 않는다면 기막힐 노릇입니다. 의심은 인격에 대한 살인행위입니다. 서로 의심하면서 한평생을 산다면 같이 살아도 그것은 원수와 사는 것입니다. 전적으로 신뢰하는 것, 믿어주는 것, 그의 능력을 믿고 그의 진실을 믿어줍니다. 말 다 듣지 않아도 됩니다. 다 보지 않아도 좋습니다. 아무 설명이 없어도 좋습니다. 내 진실을 온전히 믿어주는 분 한 분만 있어도 세상은 살만한 것입니다. 행복한 것입니다.

오늘본문말씀을 읽을 때마다 저는 생각합니다. 하나님께서는 참 좋으신 분이라고. 오늘 나타난 예수님의 모습은 아무리 보아도 눈물

겹도록 참 고마우신 분입니다. 참 예수님은 좋으신 분입니다. 이렇게 좋을 수가 없습니다. 어떤 분은 이 본문을 두고 이렇게 말합니다. 이 한 가지 사실만 생각해도 예수는 믿어볼만하다고요. 아주 소극적인 얘기입니다. 아주 인간적인 얘기입니다. 무슨 말인고 하니, 예수님의 제자가 열둘인데 열한 사람이 순교했습니다. 그들은 예수님 위해 살고 예수님 위해 죽었습니다. 이것 한 가지 사건만 보아도 예수는 믿어볼만하다, 그것입니다. 우리가 자식을 낳아서 진 자리 마른 자리 갈아뉘면서 가진 정성을 다해 키우고 공부시키고 해놓아도 부모의 뜻을 따라주는 자식이 있을까말까 한데 도대체 3년밖에 가르치신 바가 없는데도 열한 제자가 예수님과 생을 같이하고 다 예수님 위해 죽었다니, 이것이 역사적인 사실인바에야 우리가 더 할 말이 어디 있겠습니까. 참 예수님은 훌륭하신 분입니다. 예수님은 참 좋으신 분입니다. 믿어볼만하지 않습니까.

제가 근자에 중국에 가서 공산당원이면서 중공군 현역대령인 사람하고 북한으로 들어가는 여행을 하게 되었습니다. 그분하고 여러 시간 같이 차를 타고 가게 되었습니다. 얘기하는 중에 그가 이런 말을 몇번 했습니다. "공산주의가 무섭고 공산당원이 강합니다. 그러나 기독교는 더 강하다면서요? 공산주의자들은 배신하는 사람도 있고 변절하는 사람도 있고 탈당하는 사람도 있고 한데 예수믿는 사람들은 한번 믿었다 하면 죽을 때까지 믿고, 예수를 위해 죽는다며 순교한다면서요?" 이런 얘기를 자꾸 하더라고요. 어쨌든 공산주의보다 기독교가 강하다, 이런 얘기를 자꾸 합니다. 그래서 내가 한마디 했습니다. "여보, 최대령, 조심하라고요. 나와 같이 있다가는 예수믿게 됩니다. 그것을 잊지 말아요. 당신도 예수믿으면 이제 예수를 위하여 죽게 될 거요." 그랬더니, 그건 안된대요. 이런 말을 주고받았습니다마는 정말 예수님을 알고 예수님의 사랑을 받아들일 때 예수님 위하여 죽을 수 있다는 것이지요. 이것이 얼마나 놀랍고 매력있는 얘기입니까.

　예수님께서는 세상에 오셔서 30년 준비하시고 3년 전도생활 하셨습니다. 불과 3년, 그 공생애 기간에 참으로 많은 교훈의 말씀을 하십니다마는 복음서가 증거하는대로는 예수님의 가르치신 교훈은 3분의 2가 열두 제자를 앞에 놓고 하신 말씀입니다. 그러니까 전체적으로 볼 때 열두 제자만을 가르쳤다, 이것입니다. 그런데 그 열두 제자에 의해서 교회가 이루어졌습니다. 그런데 유감스럽게도 예수님께서 십자가를 지실 때 예수님과 함께 십자가를 진 사람이 하나도 없었습니다. 또 예수님의 십자가를 대신 진 사람도 없습니다. 예수님의 십자가 지신 장면을 기록한 십자가사건을 읽어나가느라면 우리 마음에 와닿는 유감스러운 일이 두 가지 있습니다. 하나는, 하필이면 예수님을 배반하고 예수님을 판 자가 왜 열두 제자의 하나냐입니다. 하필이면 열둘 중의 하나가 왜 예수님을 팔아먹었을까. 이것은 참 옥의 티와 같이, 초대교회에서 가장 골치아픈, 해답하기 어려운 것이었습니다. 사도행전 1장서부터 이것 가지고 풀고나갑니다. 시끄러웠습니다. 왜 예수님이 하나님의 아들이라고 하는데 당신 제자에게 팔렸느냐입니다. 참 유감스러운 얘기였던 것입니다.

　그런가하면 또 예수님께서 십자가를 지시고 골고다로 가실 때 너무 무겁고 피곤하여 여러 번 쓰러지셨습니다. 쓰러지고 쓰러지실 때 지나가던 사람으로 예수님의 십자가를 대신 진 사람이 있었는데 그는 베드로도 아니고 예수님의 제자가 아니었습니다. 엉뚱하게도 구레네 사람 시몬이란말입니다. 이것이 얼마나 유감스러운지 모릅니다. 아무튼 이들은 예수님을 다 떠났고, 예수님을 버렸고, 예수님을 부인했고, 멀리 가버렸습니다. 그러나 오늘본문에 보는 바와 같이 저들은 다시 예수님께로 돌아왔고, 다시 예수님 제자가 되었고, 예수님 제자 된 참모습을 찾아가지고 높은 차원에서 열심히 복음을 증거하고, 예수님 위하여 죽는 자리에 나갑니다. 그 전환점에 어떤 역사가 있었느냐입니다. 어떻게 돼서 이렇게 예수님을 버렸던 사람들이 다시 돌아오게 되었나, 생각하지 않을 수가 없습니다. 오늘본문에서 아주 조용하게 이 문제에 대하여 말씀하고 있습니다. 드라마틱한 change, 뭐 그런 것을 말씀하고 있지 않습니다. 조용하게 이 재창조의 역사, 재용기, 재사명 충족의 역사가 나타난다는 것입니다. 소명이라고 하는 것은 원래 신학적으로 그 의미가 매우 중요합니다. 어떤 공로나 자격이나 그 사람의 어떤 의나 거룩함 같은 것을 묻지 않습니다. 그런 것과는 전혀 관계 없이 일방적으로 선택해서 부르시는 것입니다. 예수님 친히 '너희가 나를 택한 것이 아니라 내가 너희를 택하였다' 하십니다. 일방적으로 택하심받는 것입니다.

여기서 우리는 절대적 은혜를 생각하게 됩니다. 첫째는 의롭다 하심을 얻는 것입니다. 우리에게 무슨 의가 있습니까. 무슨 대단한 거룩함이 있습니까. 깨끗한들 얼마나 깨끗하며, 진실한들 얼마나 진실합니까. 아무것도 아닙니다. 오직 그가 우리의 믿음을 보시고 의롭다 하십니다. justification—justify입니다. 의롭다 하시는 것입니다. 의롭게 여기시는 것입니다. 그가 의롭다 하심에 의미가 있는 것이지 우리자신에게 의가 있는 것이 아닙니다. 우리에게는 아무 근거가 없습니다. 다만 그가 우리를 의롭다 하시고 우리를 사랑의 대상으로 삼으신 것입니다. 이 사랑은 창조적인 것입니다. 그런가하면 또하나는 그의 부르심입니다. 하나님의 사람으로 부르셔서 일을 맡기실 때이 calling—소명이라고 하는 것은 다시 자격을 부여하시는 것입니다. 능력이 있느냐 없느냐 할 것 없습니다. 부르셔서 능력을 주시는 것입니다. 무식한 자라도 부르셔서 지식을 주시는 것입니다. 불가능한 사람을 부르셔서 가능케 하시는 것입니다. 소명자체가 엄청난 능력을 가지고 있다는 그것을 잊지 말아야 합니다. 그래서 말 잘 못하는 모세가 '나는 말할 줄 모릅니다' 하니 하나님 말씀하십니다. '사람의 입을 창조한 자가 누구냐? 이 사람 잔소리가 많다. 아, 가라면 가고 오라면 오는 것이지 말을 할 수 있다 없다? 그것은 내가 알지 네가 아느냐.' 얼마나 강한 말씀입니까. 이것이 소명이라는 것입니다. 그리고 또 한 가지 생각할 것은 이 소명과 함께 운명이 바꾸어지는 것입니다. 모세의 입장을 보십시오. 모세가 80세에 하나님의 음성을 듣습니다. 호렙 산 기슭에서, 불타는 가시나무떨기 앞에서 하나님의 음성을 듣는데, 그 순간이 대단히 중요합니다. 왜냐하면 만일에 그 사건이 없었다면 모세라는 사람은 하찮은 사람입니다. 처갓집 양이나 몰고다니다가 죽어갈 사람입니다. 처가살이 40년이면 끝난 사람이지요. 그러나 그가 주님을 만나서 소명을 듣는 순간에 그의 운명이 바꾸어질 뿐만 아니라, 더 중요한 것은 지난날의 버려졌다고 생각했던 80년이라고 하는 과거가 새로운 의미를 가집니다. 애굽에서의 40년이 보통의미를 가졌습니까. 훌륭한 트레이닝 기간이거든요. 양을 치면서 40년을 지낸 조용한 시간에도 엄청난 교육적 의미가 있는 것입니다. 과거 현재 미래를 통틀어 소명을 받는 순간에 새로운 의미가 나타나게 되는 것입니다. 소명을 듣는 사람에게는 실패란 없습니다. 버려진 과거도 없습니다. 새로운 창조적 의미를 가지게 되는 것입니다. 이것이 소명입니다.

그런데 예수님의 제자들, 갈릴리바다에서 물고기나 잡다가 그렇게 죽어갈 사람들인데 예수님께서 물고기 잡는 현장에서 부르십니다. 나를 따르라, 사람낚는 어부가 되게 하리라, 하십니다. 그리고 오늘 또다시 같은 갈릴리바다, 디베랴바다에서 예수님께서 저들을 부르십니다. 저들을 만나주십니다. 이 두 사건을 비교해보면 두 경우 다 주님께서 주도적으로 역사하십니다. 또 한 가지는, 물고기를 못잡고 맥이 빠져 있을 때 나타나셨습니다. 밤새껏 물고기를 잡아도 한 마리도 못잡았습니다. 그 참 피곤한 시간입니다. 얼마전 제가 북한에 갔을 때, 거기 나진, 청진, 선봉에 있는 분들이 걱정을 하더라고요. 거기가 바닷가거든요. 식량도 없는데 그래도 금년에 명태나 좀 많이 잡으려고 잔뜩 준비하고 있었는데 한 마리도 못잡았다고 합니다. 아, 명태가 와야 잡지, 안그래요? 아무리 잡으려고 애써도 이 명태떼가 몰려와야 되는데 금년따라 그것마저 한 마리도 못잡았다는 것입니다. 그들이 "왜 그렇죠?"합디다. 목구멍까지 나오는 말이 있었는데 제가 안했습니다. 회개하라고. 아, 그래야 명태도 오지, 풍년 명태가 그냥 오는 줄 아느냐, 그 말입니다. 생각해보십시오. 아무리 내가 좋은 그물을 가졌으면 뭐합니까, 명태떼가 오지를 않는데. 그런데 말입니다.

갈릴리바다에서 이 사람들이 밤새껏 수고해서 물고기를 한 마리도 못잡았다, 이겁니다. 빈 그물만 지금 씻고 있더라, 그겁니다. 그런 때에 주님께서 저들에게 말씀하시고요. 또하나 참 재미있는 것은, 물고기를 잡게 하시고 부르셨습니다. 물고기를 못잡아서 허탈에 빠져가지고 '에라이, 이 직업도 못해먹겠다' 하고 있을 때 나를 따르라 하신 게 아닙니다. 잡게 하셨습니다. 깊은 데로 가서 그물을 던져라, 바로 옆에다 던져라, 하십니다. 그리하여 가득 잡게 된 다음에, 그물이 찢어지도록 많이 잡은 다음에야 '이제는 나를 따르라' 하신 것입니다. 참 묘한 의미가 여기 있습니다. 어떤 사람들을 보니 이것도 안되고 저것도 안되고 다 안되니까 '에라이, 이제는 주의 일이나 해야 되겠다' 하더라고요. 그것도 이제는 늙어가지고 지금 돋보기안경낀 상태에서 신학적으로 하겠다고 말입니다. 그건 성직에 대한 모독입니다. 젊었을 땐 저 좋은 일 다 하다가 늙어가지고 지금 휘청휘청하는 이제와서 주의 일 하겠다는 이것이 얘기가 되는 겁니까. 그러는 것이 아닙니다. 오늘 여기에 주신 말씀을 보니 물고기를 잡았습니다. 가득 잡았습니다. 이런 식으로 계속 잡아나간다면 괜찮은 사업입니다. 바로 그런 순간에, 만족한 상태에 있는 사람들을 대하여 부르십니다. 나를 따르라고. 그물을 버리고, 물고기를 버리고 따르라, 하십니다. 이렇게 말씀하시는 것을 볼 때 아주 중요한 의미가 여기 있다고 생각합니다. 그런데 오늘본문에서는 차이점을 보게 됩니다. 3년 전에 부르실 때와 오늘 부르시는 모습을 보십시오. 3년 동안 가르치시고나서 다시 부르십니다. 도망간 제자를 부르십니다. 마태복음 26장에 보면 베드로가 '나는 죽을지언정 예수님을 따르겠습니다' 하니까 다른 제자들도 나도, 나도, 하다가 필경에는 다 예수님을 부인해버립니다.

베드로가 말합니다. '나는 물고기나 잡으러 가노라.' 다른 제자들도 '나도 가자' 하고 따라갑니다. 사람들이 도대체가 주체의식이 없습니다. 이렇게 된 것입니다, 형편이. 일곱 제자가 가서 밤새껏 잡앉는데 한 마리도 못잡았다는 얘기입니다. 그런데, 저들이 부활하신 예수님을 만나고도 어째서 물고기 잡으러 갔나? 이것이 문제입니다. 부활하신 예수님을 만나고도 그들은 물고기를 잡으러 갔습니다. 왜요? 먼저는 배신에 대한 가책 때문이라고 생각합니다. 예수님 부인한 것이 너무나도 부끄럽습니다. 어찌 내가 다시 예수님 제자가 되겠다고 나설 수 있느냐, 그것입니다. 또하나는 그리스도의 경륜에 대한 이해부족이라고 생각합니다. 그렇게 공부를 했고 예수님과 함께했지마는 왜 십자가를 지셔야 되었는지 아직도 모르겠습니다. 도대체 그 부활이 무엇을 의미하는지 모르겠습니다. 예수님께서 '내 살을 먹어야 하고 내 피를 마셔야 한다' 하셨는데 도대체 그 뜻을 알 수가 없습니다. 너희를 위하여 내가 죽는다—이의 깊은 의미를 그들은 이해할 수가 없었습니다. 그래서 '아이고 모르겠다, 너무 어렵다' 하고 물고기를 잡으러 간 것입니다. 또하나는, 아마도 이런 생각도 있었던 것같습니다. '예수님, 사양합니다, 나같은 시원치 않은 제자를 수제자로 데리고 다니시다가는 예수님께서 다음에 또 망신하십니다. 저는 사양하겠습니다.' 그래서 옛생활로 다시 돌아갔던 것같습니다. 철저한 좌절이 있었습니다. 어딘가모르게 정치적 욕망이 있었습니다. 예수께서 메시야로 유대나라 왕이 되시고, 그리고 나라가 회복되는 것을 보고 싶었습니다. 그런데 예수님께서 십자가에 돌아가셨습니다. 엠마오로 가는 제자들이 한 말대로 예수님께서 꼭 메시야가 되시고 나라가 회복될 줄로 믿었는데 이렇게 무참히 끝나고 말았다 싶은 것입니다. 부활하셨다고 하지마는 부활하신 이 예수님께 대해서는 이해할 수가 없고 정치적인 소원은 여전히 남아 있습니다. 또 자기들 자신도 할일이 없는 것같습니다. 그래서 좌절하고 물고기

잡으러 간 줄로 압니다.

　오늘본문에 제 2의 소명이 있습니다. 예수님께서 저들을 찾아가십니다. 예수님께서 비유하신 말씀 중에 하나님을 주인으로, 하나님을 주제로 말씀하신 것이 많은데 그 중 '탕자 비유'에만 기다리시는 하나님으로 나타나실 뿐, 그밖의 모든 비유는 다 찾아가시는 분으로 나타나 있습니다. 'waiting God'이 아니라 'seeking God'입니다. 찾아가셨습니다. 잃어버린 양을 찾아가셨습니다. 잃어버린 은전을 찾도록 찾으셨습니다. 찾으시는 하나님, 찾아오시는 하나님임을 볼 수 있습니다. 또하나는, 현장으로 찾아가셨습니다. 거기가 기도실이 아닙니다. 거기가 회당도 아닙니다. 은밀한 명상으로 기다리는 시간도 아닙니다. 물고기잡으러 간 현장을 찾아가십니다. 대단히 중요한 의미가 여기 있습니다. 특별히 오늘본문에 보니 '와서 먹으라' 하시고 조반을 만들어놓으셨습니다. 그리고 우리의 마음을 뜨겁게 하는 대목이 있습니다. 제자들에게 아무 말씀이 없으십니다. 너무나도 고마우신 분입니다. 자, 우리같았으면 한마디 할 것같지요? '야, 이놈들아, 여기가 어딘데 도망왔냐? 아니, 도망가면 갔지 나를 모른다고 해? 세 번이나 부인하고 도망을 가?'—한마디쯤 말씀할 것같은데 왜 예수님께서는 말씀이 없으십니까. 이 침묵이야말로 얼마나 큰 사랑입니까. 다 아시니까요. 충분히 알고 계십니다. 무엇을 일일이 구구하게 물으시겠습니까. 탕자가 돌아왔지요? 그 아버지가 잔치를 하는데 아무 말이 없습니다. '그러기에 내가 집 나가지 말라고 하지 않더냐?'—한마디쯤 할 것도 같고 '그래, 그동안 어떻게 살았냐? 왜 돌아왔냐? 무얼 바라고 왔냐? 돈은 얼마나 남겼냐?' 추궁할만도 한데 안그렇습니다. 할말이 많은데 왜 아버지는 말이 없습니까.

오늘본문에 보면 "와서 조반을 먹으라" 하십니다. 그런데 여기 보니 제자들이 주님더러 누구시냐고 묻는 자가 없더라, 하였습니다. 예수님인 줄 알고 있으니까요. 말은 없습니다. 묻지도 않고 대답하는 말씀도 없지마는 그저 만족하기만 합니다. 필요충족이 다 됐습니다. 만족하게 앉아서 조반을 먹었다—어떻게 생각하면 좀 뻔뻔스럽기는 합니다만 이것이 바로 은혜가 아니겠습니까. 이 모습 그대로 받아주셨습니다. 이제 아무 다른 것을 바랄 것이 없습니다. 많은 배신으로 인해서 갈등을 겪는 제자들, 아무것도 여쭙지 않습니다. 조반 먹으라—그리고 물으십니다. "네가 나를 사랑하느냐?" "내 양을 먹이라." △

주가 쓰시겠다 하라

저희가 예루살렘에 가까이 와서 감람산 벳바게에 이르렀을 때에 예수께서 두 제자를 보내시며 이르시되 너희 맞은편 마을로 가라 곧 매인 나귀와 나귀새끼가 함께 있는 것을 보리니 풀어 내게로 끌고 오너라 만일 누가 무슨 말을 하거든 주가 쓰시겠다 하라 그리하면 즉시 보내리라 하시니 이는 선지자로 하신 말씀을 이루려 하심이라 일렀으되 시온 딸에게 이르기를 네 왕이 네게 임하나니 그는 겸손하여 나귀, 곧 멍에 메는 짐승의 새끼를 탔도다 하라 하였느니라
(마태복음 21 : 1 - 5)

주가 쓰시겠다 하라

　유명한 철학자 하이데거는 다스 만(das Mann)이라고 하는 말을 썼습니다. 다스 만이라고 하는 말은 '평균적 인간'을 뜻합니다. 우리가 흔히 쓰는 말로 말하면 '보통사람'이라는 것이겠습니다. 다스 만의 특징이 세 가지 있다고 합니다. 첫째는 말하기를 좋아한다는 것입니다. 보통사람은 말하기를 좋아합니다. 듣기는 싫어하고 말하기는 좋아합니다. 깊은 생각도 없이 말합니다. 그 말의 파급효과가 어떻게 나타날 것인지를 생각지 않고 나오는대로 말해버립니다. 도대체 말이 많습니다. 이것이 보통사람입니다. 다스 만의 두 번째 특징은 호기심이 많다는 것입니다. 무엇이든지 알고 싶어하고 무엇에든지 끼어들려고 합니다. 동참하려고 합니다. 그러나 진지함은 없습니다. 호기심이 있을 따름입니다. 멀찌거니 따라다니며 구경하는 것을 좋아합니다. 이것이 바로 다스 만입니다. 세 번째 특징은 애매한 존재라는 것입니다. 진리, 인생관, 목적…전혀 생각지 않습니다. 그냥 살아갑니다. 이러한 인간군상을 다스 만이라고 철학자 하이데거는 규정하고 있습니다.

　인생에는 생일이 둘 있다고 생각합니다. 첫번째는 어머니의 태로부터 세상에 나온 그 생일입니다. 우스운 얘기지만 지금은 우리도 '만 몇 세' 하고 만(滿)이라는 것을 사용합니다마는 옛날에는 그렇지 않았습니다. 흔히 만으로는 얼마, 우리 나이로는 얼마, 하는 식으로 말하지 않습니까. 그래서 서양사람들하고 얘기할 때, 나이를 얘기할 때마다 어떤 때는 한 살을 더하게 됩니다. 그럴 때에 제가 농담으로 늘 이런 얘기를 하곤 합니다. "당신네는 어머니에게서 태어나는 때를 생일이라고 하지마는 우리네는 고상해서 어머니 뱃속에 들어앉았을 때부터를 손꼽지요." 그래서 세상에 태어나기 일 년 전부터를 한 살로 더해서 나이를 센다고 설명해주곤 합니다. 어쨌든, 아시는 바와 같이 자기가 세상에 태어난 날을 아는 사람은 아무도 없습니다. 이 생일은 부모가 가르쳐주어서 알고 있는 것입니다. 여러분은 세상에 태어날 때가 기억납니까? 결국은 부모님이 너는 어느 날 어느 시에 났느니라,고 말해주어서 믿거나말거나 그 날이 생일이거니 하는 것이지 내가 스스로 내 생일을 아는 것이 아닌 것입니다. 그것이 인간입니다. 어쨌든 세상에 태어난 날, 이것이 첫번째 생일입니다.

두 번째 생일은 나의 존재, 나의 생의 목적을 묻기 시작하는 그 시간입니다. 나는 왜 존재하는가, 나는 무엇을 위하여 세상에 존재하는가, 이런 것을 깊이 생각하면서부터 두 번째 나이가 시작되는 것입니다. 결국은 여기서부터 인간입니다. 인간은 많은 고민을 합니다. 많은 문제에 부딪힙니다. 말도 많이 듣습니다. 성공, 실패, 건강, 질병 등 많은 사건 속에서 계속 배우고 계속 공부합니다. 한평생 인생 공부 하는 것이라고 생각합니다. 우리는 많은 것을 배우게 됩니다. 계속 배워가면서 우리는 어느 방향으로 배우고 얼마나 알게 될까ㅡ 소위 인생에 있어서 선배라고 하는 분들이 인생을 많이 살고 경험하고 철학을 한 나머지 말해주는 것이 세 가지뿐입니다. 인생은 이렇다, 하고 세 가지를 말합니다.

첫째가 무엇이냐하면 주어진 생을 산다는 것입니다. 내 인생, 내가 선택하는 것이 아닙니다. 부모님을 내가 선택했습니까. 이런 아버지 이런 어머니 사이에 태어나겠다거나, 나는 어느 달 어느 날에 세상에 태어나겠다거나, 어느 고향에서 태어나겠다고 스스로 선택한 것입니까. 전부가 주어진 생일 뿐입니다. 그렇게 세상에 태어났습니다. 선택권은 내게 있었던 게 아닙니다. 이것을 알아야 합니다. 젊었을 때는 뭐든지 자기가 하는 줄 알지마는 철이 들고보면 아, 그게 아니구나, 알게 됩니다. 여러분, 건강을 지킨다고 뭘 먹어야 한다는 둥 어떻게 운동을 해야 한다는 둥 건강하려고 몸부림을 칩디다마는 유감스럽게도 건강은 유전입니다. 유전적으로 암에 안걸릴 사람은 어떤 경우에도 안걸립니다. 부모님들이 암으로 돌아가셨다면 일단 그 유전인자가 자식에게도 있다고 보아야 합니다. 그러고보면 내 건강도 내것이 아니지 않습니까. 물려받은 것입니다. 그쪽이 더 많습니다. 내가 노력한다는 것은 별것 아닙니다. 모택동의 책을 읽다가 우스운 것을 하나 보았습니다. 모택동 이 사람은 한평생 이를 안닦았습니다. 닦으라고 해도 안닦았습니다. 목욕도 안했습니다. 그 좋은 목욕시설을 두고도 '목욕은 왜 자꾸 해?' 하고 도무지 씻지를 않는 것입니다. 그래도 그 사람 꽤 오래 살았습니다. 그러니 여러분, 생각을 해보십시오. 뭘 어떻게 한다 어떻게 한다 하지만 결국은 나라고 하는 존재, 내 노력이라는 것은 어처구니없이 하찮은 것입니다. 주어진 생으로 태어나서 주어진 생을 살아갈 뿐입니다. 나의 선택과는 무관합니다. 내 생각까지도 사실은 내것이 아니었다고 보아야 됩니다. 내가 결혼주례 할 때 늘 얘기합니다. 신랑 신부가 자기들이 연애하고 자기들이 결정하고 자기들이 사랑하고…이런 줄로 아는데, 그래서 내가 본인들이 잘 못알아듣겠지만 언젠가라도 알아듣기를 바라서 꼭 한마디 합니다. 두 사람은 하나님께서 짝지어주신 것이다, 하나님께서 짝지어주신 관계라는 것을 알면서부터야 부부관계가 시작되는 것이다, 그때부터 참된 남편과 아내의 관계라는 것을 잊지 마라, 라고요. 내 마음대로 선택한 것이 아닙니다. 그것도 하나님께서 정해주신 것입니다. 자, 이제 우리는 깊이 생각하여야 됩니다. 두 번째는, 사명이 있다는 것입니다. 과거든 현재든 다 늙어버린 오늘도 할일이 있다는 것입니다. 사명이 있어서 내가 있는 것입니다. 내가 지금 뭔가 잘못 생각하고 할일이 없는 것처럼 생각한다면 그것은 창조주에 대한 모독입니다. 할일이 없으면 벌써 데려가셨지 그대로 두실 리가 없습니다. 나이가 많건적건 병들었건 건강하건 할일이 있습니다. 사명이 있어서 내가 있다—그것을 깨닫게 됩니다. 점점 그것을 알게 되는 것입니다. 할일이 있었고 해야 할 일이 있습니다. 세 번째는, 하나님께로서 물려받은바 사명을 인식하면서 보람을 느끼고 이 사명에 따라 살 때에만 행복이 있습니다. 주어진 사명에 대하여 역행을 한다든가, 이 사명을 망각하고 산 모든 생은 후회로 끝나는 것입니다. 그 사명을 따라, 직선적으로 그 방향을 따라서 살 때에만 행복하다는 말씀입니다.

오늘본문말씀을 깊이 읽어보면 혹 잘못 이해해서 큰 오해를 가지게 될 소지가 있습니다. 보십시오. 예수님께서 이렇게 일방적으로, 시쳇말로 독재적으로 말씀하신 적이 없습니다. 제자를 보내시면서 어느 마을에 가면 나귀와 나귀새끼가 있을 것이다, 가서 풀어오라, 하십니다. 도둑질 시키시는 건지 강도질 시키시는 건지… 게다가 누가 뭐라고 하거든 주께서 쓰시겠다 하라, 이상!—아무 설명도 없으십니다. 세상에 이런 법이 어디 있습니까. 이런 왕권적 행사, 일방적 권위주의적인 강권적 선언을 읽을 수 있습니다. 이러셔도 되는 것입니까. 따타부타없이 남의 나귀를 끌어와도 되는 것입니까. 어찌 이런 일이 있을 수 있습니까. 예수님답지 못합니다. 주인의 의사를 묻지 않으십니다. 선택의 기회도 주지 않으십니다. 가져오라—이것으로 끝입니다. 여기서 우리는 깊은 것을 생각하게 됩니다. 나귀 주인의 이름이 없습니다. 끝까지 없습니다. 그러나 한번 생각해보십시오. 예수님께서 십자가를 지시고 부활하시고 승천하시고, 교회가 세워져서 예루살렘교회가 왕성하게 될 때이니 아마도 이 사람이 그리스도인일 것인데, 예수믿는 사람이니 얼마나 자랑스러웠겠습니까. 그 당장에는 왜 나귀새끼를 가져오라시는지, 달라시는지 전혀 몰랐습니다마는 일단 드린 것입니다. 그리고 이제와서 생각해보면 너무나도 고맙지 않습니까. 뒷날 이 사람은 이 나귀를 극진하게 모셨다고 합니다. 예수님을 태웠던 나귀이니 얼마나 귀했겠습니까. 그래서 그 뒤에는 그 나귀를 탄 사람이 없었다고 하는, 그런 전설이 있습니다. 그렇지 않겠습니까. 얼마나 소중했겠습니까. 얼마나 다행한 일이었겠습니까. 여기에 행복의 극치가 있는 것입니다.

　　미국의 신문기자로서 20세기 후반 40년 동안 기자생활을 한 필립 옌은 40년 동안 기자생활을 하는 동안 무려 8천여 명의 유명한 사람들을 인터뷰했다고 합니다. 그렇게 많은 인터뷰 끝에 그가 깨달은 바가 있습니다. 이것은 뒷날 회고록에다 쓰게 되는바 그는 인생에 분명히 두 가지 유형이 있다고 술회했습니다. 그 하나는 star 형이요 또하나는 servant 형입니다. 스타 형에 속하는 유형은 껍데기뿐이라고 합니다. 기회만 있으면 그저 자기자랑만 합니다. 자기피아르만 합니다. 저 잘났다는 사람입니다. 그런 자기를 선전해달라고 하는데 기자로 볼 때 볼 것도 없더라고 했습니다. 쓸것도 못되는 사람들이 주로 이렇게 늘상 자기자랑만 한다고 합니다. 요새사람들이 거의가 젊은아이들까지 그저 스타 되려고 기를 쓴다면서요? 병든 사회지요.

반면에, 종(servant) 형은 인터뷰를 해보면 그저 어떻게든 섬기려는 자세를 보인다고 합니다. 나보다는 다른 사람을 생각하고, 다른 사람 기쁘게 하고, 다른 사람 이롭게 하고, 사과가 둘 있으면 큰 것은 남 먹도록 하고…어쨌든 기회만 있으면 섬기려는, 봉사하고자 하는 마음으로 산다고 합니다. 나를 기쁘게 하는 것이 아니라 다른 사람을 기쁘게 하려고 애쓰는 사람들이라고 했습니다. 그런데 이렇게 종의 유형인 사람은 대체로 보아서 소득은 적고, 그리고 오랜 시간 일을 해야 되고, 그리고 박수갈채도 없었다고 말합니다. 「Low Pay, Low Hours, Low Applause」라고 붙인 그 회고록 제목 그대로가 참다운 인생의 길이라고 그는 말합니다. 여러분, 여러분의 인생은 어떤 유형입니까? 스스로 한번 성찰해보십시오. 스타 형입니까, 노예 형입니까? 참으로 섬기고자 하는 마음이 있습니까? 섬기는 것을 기쁨으로 여기는 마음으로 살고 있습니까? 아니면 어쨌든지 그저 알아달라 하고, 알려지려 하고, 칭찬받고자 하는 마음으로만 마냥 안달을 하는 것입니까? 모든 질투 시기가 다 여기에 속하는 것입니다. 세상이 시끄러운 것은 이런 사람들 때문입니다. 또 사실은 본인들도 불행하고요.

가장 큰 행복이란 먼저는 쓰임받는 데 있는 것입니다. 쓰임받지 못한다면 무용지물입니다. 쓸모없고 쓸 일이 없는 것이지요. 어떤 것으로든지 내가 필요한 사람으로 존재한다면, 이 사람에게 내가 필요하고 저 사람에게도 필요하고, 이 일 저 일에 내가 쓰임받고 있다면, 아직도 쓰임받고 앞으로도 쓰임받는다면 나는 그 자체로 행복한 것입니다. 또하나는, 주님의 손에 들리어 쓰임받는 것입니다. 주의 나라를 위해서, 하나님의 경륜을 위해서 쓰임받는다는 것, 더없이 소중한 것입니다. 내 하찮은 물질이 하늘나라를 위해서 쓰여지고, 내 적은 지식이 주의 영광을 위해서 쓰여지고, 내 병든 몸이 주님의 손에 아직도 쓰임받고 있다는 것, 얼마나 귀한 일입니까. 주님의 손에, 주님의 큰 경륜 속에 내가 쓰임받고 있다, 크게는 하나님의 영광을 위해서 뜻있는 일에 내가 쓰임받고 있다―이보다 더 굉장한 일은 없습니다. 이렇게 쓰임받는 사람이 가져야 될 믿음, 생애, 자세가 오늘본문에 나타나 있습니다. 주님께서 참 명백하게 말씀하셨습니다. 주께서 쓰시겠다 하라―아무 설명이 없으십니다. "왜?"라고 묻지 말아야 한다는 것을 의미합니다. 왜 이런 일을 합니까, 하고 물을 것 없습니다. 처음부터 몰랐던 것 아닙니까. 언제는 알고 살아왔나요. 앞으로도 물을 바가 없습니다. 정말로 순종하는 사람은 '왜?' 하는 것이 아닙니다. 자녀가 부모에게 어떻습니까. 부모가 자녀들에게 이래라저래라 할 때 말끝마다 왜요? 왜 가야 합니까? 왜? 하고 세 번만 반문하면 부모는 "그만둬라"하고 말아요. 묻지 말고 순종해야 됩니다. 물을 필요가 없습니다. 그가 잘 아시니까요. 그가 충분히 아시니까요. 무얼 새삼 묻겠습니까. 어디로 가야 합니까, 어떻게 될 것입니까, 물을 필요가 없습니다. 주님께서 쓰실 것입니다. 주님께서 쓰신다고 하는 것만 알면 됩니다. 주님 마음대로 쓰실 것입니다. 여기에 무슨 군소리가 필요합니까. 주님께서 쓰실 것입니다.

　어떤 시골교회를 한번 방문했다가 그곳 장로님이 하는 말을 듣고 참 어이가 없었습니다. 그 사람은 십일조 헌금을 별도로 한다고 합니다. 교회에다 안하고 따로 모아놓는다는 것입니다. 앞으로 예배당 지을 때 쓰겠다나. "그러면 그게 헌금이 아니지요, 당신 수중에 있으면" 했더니 "아, 교회에다 냈더니 자꾸 딴 데다 써요. 내가 원치 않는 데다 자꾸 써요. 성가대원들 자꾸 뭐 사먹고…"합니다. 그래서 이제는 교회에 돈 안주겠다는 것입니다. 교회에다 할 헌금을 자기 나름대로 '헌금'이라는 이름을 붙여 저금을 하고 있다는 것입니다. 이런 장로가 다 있더라고요. 이거 될 일입니까? 여러분, 내 손에서 딱 떠난 다음에는 그 돈에 대하여 노 코멘트, 어디다 쓰는지를 묻지 마십시오. 그래야 헌금이지. 어떤 사람은 뭐 자기가 십일조 해가지고 자기가 시골교회 돕는다나. 누구 마음대로요? 그리고 자기가 칭찬받습니다. 쓸데없는 짓들 하고 있습니다. 그러다가 나중에 시험당하는 사람들이 얼마나 많은지 모릅니다. 잊어버리십시오. 드리고 잊어버려야 이것이 바친 것입니다. 내가 앉아서 그걸 어디다 쓰나 알아서 무얼 할 것입니까.이것은 망조요 불신앙이라는 것을 알아야 합니다.

또, 특별히 중요한 것은 이것입니다. "보상이 뭡니까?" 이렇게 묻지 마십시오. "내가 나귀를 드리긴 하겠는데 나귀값은 언제 줄 거요? 이거 드리면 내가 어떻게 되는 것입니까? 나에게 돌아오는 보상이 무엇입니까?" 묻지 말 것입니다. 아무쪼록 보상에 대해서 마음쓰지는 마십시오. 무슨 봉사를 하고나면 내게 무슨 칭찬이 올 건가, 무슨 이득이 올 건가, 하고 심지어 어떤 사람들은 내가 국회에 출마할 때 몇 표 나올 것인가, 계산을 합니다. 너무 타산적입니다. 장사꾼이 되어버렸습니다. 투자한 만큼 벌어들여야 되겠다는 것입니다. 돌아오는 것이 없으면 안하겠다는 것입니다. 아주 힘들어요. 그런고로 열매도 없고 행복도 없는 것입니다. 보상에 대해서 일절 신경을 쓰지 마십시오. 정말입니다. 부부간에도 그렇습니다. 그저 섬기면 됩니다. 뭘 내게 돌아오는 것을 생각합니까. 이제까지 아무것도 못받았는데 무얼 새삼 받겠습니까. 그저 그냥 섬기십시오. 보상을 바라는 마음 없이—그것이 바로 행복의 비결입니다.

　뿐만아니라 결과에 대해서 묻지 마십시오. 결과가 어떻게 될것이냐, 이렇게되면 장차 어떤 일이 있을까—그건 하나님의 손에 달려 있습니다. 꼭 기억하십시오. 북한이 지금 극도로 비참해져 있습니다. 이 4월 한 달 간에도 제 생각에는 10만 명 이상이 굶어죽습니다. 많은 사람이 굶어죽고 있습니다. 그래서 "도웁시다"합니다. 돕는다 했으면 그것으로 끝났는데, 보십시오. 도우면 내게 무슨 칭찬이 올 건가, 무슨 이득이 올 건가, 이것이 군량미로 쓰여지지는 않는가, 북한땅이 이제 체제가 무너지면 어떻게 될 것인가, 하고 생각이 많습니다. 그런 것 생각하다가 세월 다 갔습니다. 모든 일은 하나님께 다 맡기십시오. 나는 내가 할 일만 하면 되는 것입니다. 내 할일만 하면 됩니다. 오늘 여기, 나귀 한 마리를 예수님께 바치는 것, 이것도 쉬운 일이 아닙니다. 예수님께서는 지금 십자가를 지시게 됩니다. 십자가를 지시게 되는 그분에게 동조한다는 것은 위험한 일입니다. 구약성경에 보면 다윗이 사울 왕의 눈을 피해서 다닐 때 사흘이나 굶었습니다. 제사장 아히멜렉을 찾아갔습니다. 그가 다윗에게 떡을 주었습니다. 이것이 문제가 되어서 뒤에 아히멜렉과 그 집안 85명이 살해당했습니다. 다윗을 도왔다고 해서였습니다. 우리가 누구를 돕는다고 하는 것은 결국 내가 도와주는 그쪽과 운명을 같이한다는 것입니다. 내가 무슨 선한 일 함으로 인해서 오는 모든 고난과 희생과 불이익을 내가 감수할 줄 알아야 됩니다. 이것 없이는 선한 일 할 수가 없는 것입니다. 아시는대로 예수님도 죄인과 세리를 도우시다가 죄인의 친구라고 하는 반갑지 않은 이름을 얻지 않았습니까. 봉사가 거저 주어지는 것이 아닙니다. 내가 섬기는 이 일로 인해서 핍박을 당할 수도 있고 어쩌면 이때문에 죽을 수도 있습니다. 그러나 그것을 묻지 마십시오. 장차 어떻게 될 것입니까, 결과가 어떻게 될 것입니까?—아랑곳없습니다. 그저 봉사하면 되는 것입니다. 원래 소유란 임시관리자의 의미를 가졌다는 것을 잊지 마십시오.

저 중국에 가면 베이징 가까이에 13릉이라고 하는 게 있습니다. 중국이 처음 열렸을 때 제가 베이징대학원생하고 같이 그의 안내를 받아 13릉 발굴해놓은 것을 구경했습니다. 왕릉 들어가는 지하궁전이 있고 그 궁전에 많은 보화가 있고 왕의 무덤이 있고 왕비며 첩들이 죽 누워 있습니다. 많은 보화를 잔뜩 곁에 놓고 죽었더라, 이 말입니다. 이걸 구경하고 나오는데 그 대학원생이 한마디 한 것을 제가 잊지 않습니다. "이거, 참으로 어리석은 짓 한 것입니다. 죽었으면 다지 죽은 사람이 무얼 가지고 가겠다는 거예요?" 얼마나 우스운 얘기입니까. 그게 가지고가지는 것입니까. 여러분의 소유가 여러분의 것으로 남아 있는 것이냐고요. 심지어는 다른 것은 고사하고 음식만 놓고 보더라도 뭐, 비대해져서 못먹지 병들어서 못먹지 맛있는 것 눈으로 보기만 하고 먹지도 못하면서 그 타령입니다. 무엇을 더 가지고 있겠다는 것입니까. 무얼 더 움켜쥡니까. 쥔다고 쥐어지는 것입니까, 그것이. 소유라는 것이 무엇입니까. 하나님께서 우리에게 일단 청지기로 맡겨놓으신 것입니다. 임시로 관리하라고 하신 것이라고요. 임시로 관리했다가, 쓸 터이니 내놓아, 하시면 내놓는 것입니다. 아, 주인의 것을 주인이 취하는데 무슨 말이 많습니까. 이것을 잊지 말아야 합니다. 내게 선택권이 있는 것이 아닙니다. 나는 선택되고 있는 것입니다. 내가 그를 선택한 것이 아니라 그가 나를 선택하셨습니다. 그 손에 쓰임받고 그의 목적에 따라 쓰임받습니다. 사도 바울은 고백합니다. 그리스도께 잡힌바된 그것을 잡으려고 좇아 가노라—나는 잡혔다는 것을 잊지 마십시오. 이제 잡힌바된 그 자체를 즐긴다는 데 행복의 극치가 있습니다. 당신의 것을 당신 뜻대로 하옵소서, 하는 그 사람에게 평강이 있고 용기가 있고 영광이 있는 것입니다. △

실종된 평강의 길

여호와의 손이 짧아 구원치 못하심도 아니요 귀가 둔하여 듣지 못하심도 아니라 오직 너희 죄악이 너희와 너희 하나님 사이를 내었고 너희 죄가 그 얼굴을 가리워서 너희를 듣지 않으시게 함이니 이는 너희 손이 피에, 너희 손가락이 죄악에 더러웠으며 너희 입술은 거짓을 말하며 너희 혀는 악독을 발함이라 공의대로 소송하는 자도 없고 진리대로 판결하는 자도 없으며 허망한 것을 의뢰하며 거짓을 말하며 잔해를 잉태하여 죄악을 생산하며 독사의 알을 품으며 거미줄을 짜나니 그 알을 먹는 자는 죽을 것이요 그 알이 밟힌즉 터져서 독사가 나올 것이니라 그 짠 것으로는 옷을 이룰 수 없을 것이요 그 행위로는 자기를 가리울 수 없을 것이며 그 행위는 죄악의 행위라 그 손에는 강포한 행습이 있으며 그 발은 행악하기에 빠르고 무죄한 피를 흘리기에 신속하며 그 사상은 죄악의 사상이라 황폐와 파멸이 그 길에 끼쳐졌으며 그들은 평강의 길을 알지 못하며 그들의 행하는 곳에는 공의가 없으며 굽은 길을 스스로 만드나니 무릇 이 길을 밟는 자는 평강을 알지 못하느니라

(이사야 59 : 1 - 8)

실종된 평강의 길

　강연회나 세미나 같은 데 강사로 초청을 받아 나갔을 때 보면 시간이 되어서 사회하는 자가 나와서는 으레 "시간이 되었으므로 이제 시작하겠습니다"합니다. 한번은 사회자의 그 소리를 듣고 제가 시계를 본즉 아직도 5분이 남았습니다. 그 사회자는 자기시계에 시간을 맞추어서 "시간이 되었으므로"하는데 아직 시간이 안된 것입니다. 그럴 때마다 이런 생각이 듭니다. 비록 시계는 내게 있는 시계이지만 시간은 객관적인 것입니다. 내가 이 시각에 다섯 시라고 한다고 해서 다섯 시가 되는 것이 아니거든요. 다섯 시가 되어야 다섯 시지요. 극단적으로 말하여 시계가 고장이 났는데도 그걸 모르고 그 시계에다 자기시간을 맞춘다면 어떻게 되겠습니까.
　우리 인격의 지침은 양심입니다. 양심이 마비되면, 양심이라는 시계가 고장이 나면 이제는 양심을 따라, 의를 따라, 진리를 따라보아도 틀렸습니다. 빗나가는 것입니다. 아무리 몸부림쳐도 잃어버린 객관적 진리를 되찾을 수 없습니다. 이것이 바로 실종된 평강의 길입니다. 미국이 낳은 세계적인 트럼펫연주자 루이 암스트롱은 음악에 대해서 이렇게 말하고 있습니다. "당신 속에 음악이 있다면 음악에 대한 정의는 따로 필요없습니다. 그러나 당신 마음 속에 음악이 없다면 아무리 훌륭한 정의나 학술적인 이야기를 내어놓아도 소용없습니다." 우리 마음 속에 하나님께 대한 믿음이 있고 하나님의 사랑이 있을 때에라야 평강에 대한 이야기를 할 수도 있고 알아들을 수도 있고 길도 찾을 것입니다마는 우리 마음 속에 기본적으로 믿음이 없고 사랑이 없다면 이제는 어떤 말도 할 수 없고 또 들려지지도 않습니다. 이것은 종말입니다. 재미있는 이야기가 있습니다. 음악에 몸을 실으면 그것을 춤이라고 합니다. 그러나 그 음악과 내 몸짓과 전혀 관계가 없이 몸을 흔들면 그것은 광란입니다. 우리가 하나님의 뜻과 그 진리에 따라서 살 때 비로소 우리의 모든 노력과 우리의 행위가 의미를 가지게 됩니다. 이 성서적, 신학적 믿음을 잃어버리고 나면 이제 갈피를 잡을 길이 없다는 말씀입니다.

누가복음 19장에 보면 예수님께서 감람산 높은 언덕에 올라가셔서 예루살렘 성을 한눈에 내려다보시고, 우시면서 말씀하십니다. "너도 오늘날 평화에 관한 일을 알았더면 좋을 뻔하였거니와 지금 네 눈에 숨기웠도다(눅 19 : 42)." 누가 평화를 원하지 않겠습니까. 인간은 물론 동물까지도 자연까지도 평화를 원합니다. 그러나 평화에 관한 일을 모릅니다. 평화의 길이 숨겨졌다면 이것은 무서운 심판입니다. 여기 '평화'라고 하는 말이 있습니다. 오늘본문에는 '평강'이라고 번역되어 있는데, 히브리말로는 '샬롬'입니다. '샬롬' — 이것은 '팍스'라고 하는 평화개념과 비교하면 더욱 뜻이 선명해집니다. 로마사람들은 '팍스'라고 합니다. 이 '팍스'에서 'peace'라고 하는 말이 유래했습니다. 팍스는 군사적 평화입니다. 강한 권력이 있을 때 그 무서운 권력 앞에서 모두가 조용합니다. 로마인들은 이런 평화를 지향했습니다. 독재군주 앞에서 숨죽이는, 그런 평화인 것입니다. 이런 것을 평화라고 할 수는 없습니다. 이것은 어디까지나 노예적 평화입니다. 말도 못하고 자유도 없습니다. 그저 조용할 따름입니다. 로마를 방문할 때마다 수천 년 전에 지어놓은 건물들을 봅니다. 이천 년 전에 이룩된 건물들, 이를테면 원형극장같은 것을 보면 굉장한 것같지마는 이것을 만들기 위하여 얼마나 많은 사람이 죽었습니까. 노예문화의 잔재입니다. 그것은 번영도 평화도 아니었습니다.

참평화라는 것은 바로 샬롬입니다. 하나님과의 관계가 바로되면서 하나님과 의와 사랑의 관계를 이루고, 하나님과 내가 먼저 화해하고 하나가 됩니다. 내가 하나님께 나아오고 하나님께서 말씀하십니다. 이러한 관계가 평화의 근본입니다. 그리고 이에 따라서 이웃과의 관계가 화해되고 나는 나대로 자유함을 누리며, 그에 따라 내속에 진정한 행복이 있게되고 물질적 번영도 뒤따라오게 됩니다. 이것이 '샬롬'입니다. 샬롬은 정신적 평화만을 뜻하는 것이 아닙니다. 인간관계, 윤리, 도덕, 그리고 물질까지 다 충족되는, 그래서 진리, 정의, 자유, 평등, 번영…이 모든것들이 다 충족되는 그러한 평화─이것을 샬롬(평강)이라고 합니다. 그런데 오늘성경은 이렇게 말씀합니다. "평강의 길을 알지 못하며(8절)"라고. 먼저는 평강이 무엇인지를 모르고 있다는 것입니다. 도대체 평강이 무엇인지를 모르고 또 평강으로 향하는 길을 잃어버렸습니다. 실종되었습니다. 그러니까 오늘은 사는 것같아도 미래가 없습니다. 장래가 보이지 않습니다. 이것이 바로 오늘본문이 지적하는 바입니다. 나라든 집이든 개인이든 평화의 길이 보여야 합니다. 이것이 없이는 우리는 미래를 전망할 수 없습니다. 미래가 없는 오늘은 절망인 것입니다. 가령 '평강'이라는 말을 주관적으로 '행복'이라 생각해봅시다. 그러면 행복이 무엇인지를 모른다는 것이 됩니다. 그리고 행복으로 향하는 길이 무엇인지를 모릅니다. 그리고 한평생을 헤맵니다. 얼마나 불쌍한 존재입니까.

오늘성경은 신학적으로 대단히 중요한 말씀을 합니다. 평강의 길을 알지 못한다고 하는 것입니다. 좀더 나아가서는 알지 못하게 심판받았다고 하는 것입니다. 오늘도 그런 사람들이 많습니다. 그만했으면 충분한데 상당히 애를 씁니다. 필요없는 애를 씁니다. 사서 스스로를 괴롭힙니다. 그게 잘사는 길이고 평강의 길인 줄 알지만 그것은 죽는 길입니다. 살기를 바라면서 죽는 길로 가는 사람이니 얼마나 비참한 사람입니까. 평강을 바라면서 멸망으로 치닫는 사람이니 얼마나 불쌍한 사람입니까. 여러분, 요새 우리 주변이 너무도 어지럽습니다. 숫제 뉴스를 보고 싶지 않습니다. 저 일련의 사건들 보십시오. 아주 복잡해졌는데, 아주 혼돈이 왔는데, 문제되는 것을 한마디로 요약하면 무엇입니까. '돈'입니다. 돈 문제더라고요. 돈 받았다느니 안받았다느니, 주었다느니 안주었다느니 하는 것입니다. 돈 밝히는 자들, 돈에 미친 자들의 광란이더라고요. 이것은 참으로 중요한 심판입니다. 마모니즘에 대하여, 돈이면 다인 줄 아는 사람들에 대하여 무서운 철퇴가 가해지는 것이 아닙니까. 이제야 깨달아요. '먹지 말 걸, 받지 말 걸…' 그 나이 되도록 그것도 몰랐던가요? 이런 멍청한 사람들이 나라일 한다고 껍죽대는 것이니… 결국 돈이 지배했다는 얘기입니다. 모두가 다 돈의 노예가 되었습니다. 형편없는 노예가 되었습니다. 그래, 지식보다도 돈이요, 정직보다도 돈이요, 인격보다도 돈이요, 명예보다도 돈이요, 진실보다도 돈입니까? 이런 인간의 대표격인 자가 하는 말 좀 보십시오. 그의 철학은 세 가지입니다. 돈이면 다 된다, 안되는 거 없다, 돈 때문이라고 한다면 어떤 일이라도 감수하겠다, 앞의 여생도 그저 열심히 돈만 챙겨라― 바로 이러는 사람입니다. 이런 자의 손에서 온나라가 흔들리고 있습니다. 돈 때문입니다. 그의 우상이 돈입니다. 그의 하나님이 돈입니다. 다 돈 독(毒)이 올랐습니다. 여러분, 만일에 돈 없으면 정치 못한다고 한다면 정치 그만둡시다. 부정한 돈이 아니고는 정치가가 될 수 없다면 그의 정치는 죄악입니다. 역사를 보고 이 세상을 가만히 보면 돈 한푼 없이도 정치하는 정치제도가 있습니다. 얼마든지 있습니다. 왜 쓸데없는 짓 하면서 이렇게 세상을 어지럽히는 것입니까. 돈이 이렇듯 권세를 누렸던 때가 없습니다. 비참합니다. 처절합니다. 평강의 길—우리는 분명히 알아야 합니다. 돈이 평화 아닙니다. 이거 하나 배우기 위해서 바야흐로 우리가 곤두박질하고 있는 것입니다. 아주 심플한, 단순한 진리 '돈이 행복이 아니다' 라는 것 한마디 배우기 위하여, 이거 하나를 깨닫지 못한 사람들 때문에 함께 고난의 길을 가는 것입니다.

「뉴욕 타임즈」가 최근에 돈과 인간의 함수관계에 대해서 많은 연구를 하고 정리해서 보고서를 내놓았습니다. 칼 융 연구소장 존 래비라고 하는 분이 이 논문을 썼는데, 그는 여기서 '아플루엔자' 라고 하는 특별한 신조어(新造語)를 쓰고 있습니다. 아플루엔자라는 병명을 하나 만든 것입니다. 바로 '풍요병' 이라는 것입니다. 저마다 이 병에 걸렸습니다. 그런데 이 병에 걸린 사람의 증상인즉 이러하다고 그는 말합니다. 첫째, 의욕이 약해지고 무엇에 헌신할 줄을 모른다고 했습니다. 돈이 있으면 더 의욕이 생길 것같지 않습니까? 그렇지 않습니다. 돈이 많으면 게을러집니다. 의욕이 약해집니다. 살겠다고 하는 강한 의지가 없어집니다. 사람이 풀어지고 맙니다. 그리고, 무엇이든지 헌신하지 않는 사람이 된다고 합니다. 둘째, 부가 커질수록 남을 의심합니다. 여러분, 돈많은 사람은 의심이 많습니다. 아내도 믿지 않습니다. 남편도 믿지 않습니다. 누구도 믿지 않습니다. 그래서 혹 누가 가까이 와서 반갑다고 악수를 청해도 '이 사람이 또 내 돈 축내려나보다' 하고 의심을 합니다. 돈많은 집 딸이 연애를 제대로 못합니다. 누가 사랑한다고 하면 '내가 돈많은 줄 아나보지' 하는 의심부터 합니다. 이 생각 하는 동안에 참사랑을 할 수도 없고 받을 수도 없는 사람이 되어버립니다. 참으로 섭섭한 일입니다. 믿지를 않습니다. 도대체가 의심이 많습니다. 그래서 친구가 없습니다. 돈많은 사람의 친구는 전부 가짜입니다. 거래가 있을 뿐이지 친구는 없습니다. 불쌍한 사람 아닙니까. 그래서 고독하고 그래서 미치는 것입니다. 돈 때문에 친구가 없습니다. 또한 지루함을 느낀다고 합니다. 의미를 상실했기 때문에 사는 게 도대체 사는 것같지를 않습니다. 지루합니다. 뭘 하기 위해서 열심히 뛰는, 그런 마음이 없습니다. 절실함이 없습니다. 사는 게 지루하니까 자살로까지 가는 것입니다. 그래서 도박을 합니다. 그래서 마약을 합니다. 또한 땀을 흘리지 않고 돈을 벌었을 경우는 죄책감이 있습니다. 자기가 못할 짓 많이 했다는 것을 스스로는 알고 있거든요. 그런고로 죄책감에서 헤어나지를 못합니다.

또하나는 아주 심리적으로 중요한 비판입니다. 돈많은 사람이 열등의식이 있습니다. 돈은 있는데 돈버느라고 공부를 못했습니다. 인격도 시원치 않다는 것을 본인은 알고 있습니다. 그래서 보니 대체로 돈많은 사람이 말이 많습니다. 무슨 모임에서든지 사람들을 앞에 놓고는 인생이 어떻고, 떠드는데, 가소로운 소리들입니다. 돈없는 사람들이 그 앞에서 그저 들어주고 있는 거지 들을만해서 듣는 게 아닙니다. 왜 이래지는고하니 열등의식 때문입니다. 혹이나 '나는 돈밖에 모르는 사람'이라고 할까 해서 '나도 지식 있소' 하는 것입니다. 그래 자꾸 떠드는 것입니다. 떠들수록 점점 더 바보가 되는 것입니다. 나는 돈밖에 다른 건 모른다는 것을 왜 인정하지 못합니까. 바로 돈있는 사람이 빠지는 아플루엔자입니다. 병입니다. 대단히 참고해볼만한 논문이라고 생각합니다.

여러분, 평강은 결코 권력에 있지 않습니다. 또 때로는 평강을 하나님의 책임으로 돌립니다. 하나님께서 왜 능력을 나타내시지 않을까, 하나님께서 왜 우리를 구원해주시지 않을까, 이럴 때에 왜 바른 길로 인도하시지 않는 것일까?―하나님께 책임을 돌리려고 합니다마는 오늘성경은 가르칩니다. "여호와의 손이 짧아 구원치 못하심도 아니요 귀가 둔하여 듣지 못하심도 아니라"하고요. 하나님의 능력이 없는 게 아닙니다. 하나님의 지혜가 없는 게 아닙니다. 하나님의 능력이 있어서 오늘 우리로하여금 궤도수정 하게 하시기 위하여, 바르게 깨닫도록 하시기 위하여, 바른 가치관을 가지게 하시기 위하여 하나님께서 친히 역사하고 계신 것입니다. 그런고로 오늘성경은 책임이 우리에게 있다고 말씀합니다. 우리가 하나님과의 사이에 사이를 내버렸습니다. 하나님과 우리 사이가 멀어졌습니다. 이게 근본문제인 것입니다. 죄 때문에 틈이 생긴 것입니다. 이것이 기본적인 것입니다. 모든 문제는 죄 때문입니다. 죄악이 하나님과 우리 사이에 사이를 내고, 나 자신을 이렇게 불안하게 만들고, 나 자신을 이렇게 파괴하고 있는 것입니다. 공의와 정직이 상실되었다고 말씀합니다. 사상이 근본적으로 악하다고 말씀합니다. 그 동기가, 깊이 악한 동기가 이제야 노출되고 있는 것입니다.

오늘말씀이 너무나도 확실하지 않습니까. "공의대로 소송하는 자도 없고 진리대로 판결하는 자도 없으며"―소송하는 자나 판결하는 자나 마찬가지입니다. 피고나 원고나 재판이나 어느 것 하나 믿어볼 게 없습니다. 뿌리째 흔들리는 것이니까요. 이것이 우리의 현실 아닙니까. 그러면 어디서부터 바로잡아야 하겠습니까. 모든것의 가장 기본적인 것이 무엇이겠습니까. 그것은 바로 '정직함' 입니다. 정직이 선보다 우선입니다. 의보다도 우선입니다. 진리보다도 우선입니다. 최우선적인 것은 정직입니다. 환자가 병을 고치려면 정직해야 됩니다. 의사 앞에 정직해야 됩니다. 아픈 건 아프다고, 먹은 건 먹었다고, 나는 이렇게 살았다고 옷을 홀랑 벗고 자신을 정직하게 내놓아야 치료가 되지, 길을 찾을 수 있는 거지, 의사 앞에 환자가 요렇게조렇게 거짓말을 하면 영원히 치료받을 수 없지 않겠습니까. 정직이 먼저입니다. 무엇보다도 다시 정직함을 찾아야 합니다. 아시는대로 다윗이 결코 의로운 사람은 못됩니다. 그러나 그는 정직한 사람입니다. 아브라함의 생애를 보아도 그가 그렇게 깨끗한 사람이 아닙니다. 그러나 그는 주의 말씀 앞에 정직했습니다. 모세가 위대한 하나님의 종이지마는 그도 의로운 사람은 아니었습니다. 기본적으로 하나님 앞에 정직한 사람이었습니다. 정직이란 게 무엇입니까. 회개입니다. 회개는 바로 사실을 인정하는 것입니다. 잘못된 것을 잘못됐다고 하는 정직입니다. 때로 우리는 좋은 구실과 목적을 내세웁니다. 그러나 잊지 마십시오. 목적이 방법을 정당화할 수는 없습니다. 잘못된 것은 어디까지나 잘못된 것입니다. 그대로 인정하는 것이 중요합니다. 그런데 말 중에서 가장 하기 어렵고 또 용기가 필요한 말이 "I'm sorry"입니다. "미안합니다"하는 말입니다. 우리교회에 나오는 어느 내외분이 다 상당한 분입니다. 둘 다 박사입니다. 그런데 예수를 믿고 그 남편이 교회에 나온 지 3년만에 어쩌다가 부부

싸움을 했습니다. 늘 하는 싸움이지만 한번 싸웠다하면 그 남편은 아주 끝을 보는 것입니다. 부인으로부터 사과를 받아내고야 마는 분인데, 예수믿은 지 3년인 오늘에 와서는 몇마디 말다툼이 나자 남편이 이러더라고 합니다. "여보, 그만하오. 내가 잘못했소. 미안하오." 부인이 하도 감격해서 이것 때문에 사흘을 울었다고 합니다. 결혼생활 20년만에 처음 듣는 말이래요. 되게 교만해서 어떻게 변명해서라도 자기가 옳다는 것이었는데 예수믿고 이렇듯 달라졌다고 합니다. "I'm sorry." 이 한마디에 부인은 말할수없이 행복하더라고 하는 것이었습니다. 본디 우리네는 정이 많아서 잘못했다고만 하면 곧 용서하는 체질이 있습니다. 그런데 이상하게도 이 한마디를 못하는 것입니다. 왜 그런 건지 내가 연구를 해보았습니다. 그랬더니 원인은 봉건주의에 있습니다. 자동차는 타고 다니는데 상투는 아직도 버리지 못했습니다. 되게 거만해가지고 고개를 숙이지 못하는 것입니다. 옛날 소위 양반들이라는 게 존두(尊頭)사상이 있어가지고 세수를 할 때에도 고개를 숙이지 않았다고 합니다. 물을 찍어가지고 얼굴에 발랐다고 합니다. '미물 세숫대야' 앞에 고개를 숙일 수 없다, 이것입니다. 이런 같잖은 체질이 지금까지도 우리 뼈 속에 흐르고 있습니다. 그래서 미안합니다, 잘못됐습니다, 하면 하늘이 무너지는 줄 압니다. 그것이 사는 길인 줄을 모릅니다. 해보십시오, 얼마나 좋은지…말하는 사람 좋고 듣는 사람 좋고 자유하고 마는 건데 그걸 못해가지고 못할고생 하는 것입니다. 나 죽고 너 죽자고요. 언제까지 이럴 것입니까. 이건 심판입니다. 현재적 심판입니다. 하나님께서 평강의 길을 막아버려 길이 없는 것입니다. 평강은 쟁취하는 것이 아닙니다. 주어지는 것입니다. 하나님께서 주시는 복입니다.

성도 여러분, 평강이 없습니까? 길이 안보입니까? 부(富)가 결코 행복이 아닙니다. 권력도 행복이 아닙니다. 이제쯤은 그것을 아십시다. 돈과는 무관합니다. 잘 못살아도 좋으니 평강의 길을 찾을 것입니다. 그 길은 실종된 공의와 정직을 찾는 데 있습니다. 성경은 말씀합니다. 스스로 성결케 하고 내일을 기다리라고. 내일은 하나님 손에 있습니다. 스스로 성결케 하고 내일을 기다릴 때 하나님께서 내일을 열어주실 것입니다. △

농부의 인내

 그러므로 형제들아 주의 강림하시기까지 길이 참으라 보라 농부가 땅에서 나는 귀한 열매를 바라고 길이 참아 이른 비와 늦은 비를 기다리나니 너희도 길이 참고 마음을 굳게 하라 주의 강림이 가까우니라 형제들아 서로 원망하지 말라 그리하여야 심판을 면하리라 보라 심판자가 문밖에 서 계시니라 형제들아 주의 이름으로 말한 선지자들로 고난과 오래참음의 본을 삼으라 보라 인내하는 자를 우리가 복되다 하나니 너희가 욥의 인내를 들었고 주께서 주신 결말을 보았거니와 주는 가장 자비하시고 긍휼히 여기는 자시니라

(야고보서 5 : 7 - 11)

농부의 인내

　현대인들이 정신적으로 걸리기 쉬운 병에 'anticipatory anxiety' 라고 하는 것이 있습니다. '예기불안' 이라고 하는 병입니다. 남보다 더 똑똑하다고 자처하는 사람들의 정신세계에 이같은 병이 있습니다. 그야말로 예기불안입니다. 지금 당장은 아무렇지도 않은 것같습니다. 그러나 앞으로 어떤 일이 있을까를 미리 생각하면서 병이 드는 것입니다. 불안해하는 것입니다. 지금 병이 든 게 아닙니다. 공해가 어쩌고 하면서 이제 병들 거라는 것입니다. 지금 당장 밥을 못먹는 게 아닙니다. 이제 앞으로 정치 경제가 뭐 어떻고 생태계가 어떻고 하면서 이제 우리는 망할 것이라는 것입니다. 지레 겁을 먹고 불안에 빠져버립니다. 이것이 정신병으로, 육체의 병으로, 사회의 병으로 그대로 파급하는 결과를 낳게 됩니다. 그래서 현대인들은 초조합니다. 불안합니다. 신경질적입니다. 절망 이전에 미리 절망합니다. 죽기 전에 미리 죽습니다. 그것이 현실입니다.

　해외출장 간 30대 후반의 중년사원이 있었습니다. 그가 난생처음 간 곳인데, 어느 순간에 그는 갑자기 가슴이 죄어오고 호흡이 가빠지고 심한 현기증이 나고, 그리고 식은땀이 나고 손발이 뻣뻣해지고 정신이 몽롱해지고…당장 죽을 것만 같습니다. 누구에게 구원을 부탁해야 되겠는데 그간에 배워왔던 영어회화도 까맣게 잊어버렸습니다. 그대로 손짓 발짓을 해가면서 간신히 사람을 불러 앰뷸런스에 실려서 병원에 갔다고 합니다. 이것이 그 사람만의 얘기가 아닙니다. 이런 사고를 불안발작이라고 합니다. 그러니까 예기불안에서 불안발작으로 치닫는 것입니다. 이제 이것은 고칠 수 있는 병이 아닙니다. 이것이 현대인의 모습입니다. 여러분, 육체의 건강은 면역성에서 평가됩니다. 의학을 전문으로 하는 의사들이 우리교회에 400명이 넘는데 그분들에게는 죄송한 얘기입니다마는 의사들이 소위 종합검진이라는 것을 합니다. 사람의 내장을 온통 뒤집다시피 해서 조사를 한 다음에 "당신은 건강합니다" 하고 말합니다마는 그게 건강이 아닙니다. 문제는 사람이 얼마나 넉넉한 면역능력을 가졌나 하는 것입니다. 다시말해서 추워도 그만 더워도 그만, 먹어도 그만 굶어도 그만이요, 이런 걸 먹어도 소화하고 저런 걸 먹어도 소화하고, 그리고 웬만한 감기 좀 지나가는 것 걸려도 상관없고…이런 사람이 건강한 사람입니다. 종합검진결과 평가로써는 완전한 것같으나 가는 감기 오는 감기 다 걸리고, 조금 춥다고 콜록거리다가 새벽기도도 못나오고, 또 뭘 하나 잘못먹으면 며칠동안 눈이 쏙 들어가도록 토하고 야단인 것은 면역능력이 약한 탓입니다. 면역지수가 낮습니다. 이건 건강한 것이 아닙니다. 모름지기 면역성에 따라서 그 사람이 얼마나 건강하냐를 평가할 수 있겠습니다.

    마찬가지로 정신력은, 사람의 정신적 건강이라는 것은 그의 인내력에 의해서 평가됩니다. 어디서 별로 반갑지 않은 전화 한 통이라도 받았다하면 밤에 잠을 못잔다거나, 어디서 한번 무슨 좋은 말 들었다고해서 며칠동안 낯을 활짝 폈다가 또 조금 어려운 일 만나면 금새 고꾸라지고 온집안식구를 못살게 굴고…이런 사람은 인내력이 없는 사람입니다. 인내력은 얼마나 참을 수 있느냐입니다. 좋은 칭찬을 들어도 교만하지 않고, 억울함을 당해도 낙심하지 않고 넉넉하게 견디고 참아나갈 수 있느냐의 여부가 인격의 척도가 되고 교양의 바로미터가 되는 것이라고 생각합니다. 일본 춘추전국시대에 천하를 주름잡던 세 인물이 있습니다. 오따 노부나가, 도요또미 히데요시 및 도꾸가와 이에야스가 그들입니다. 우리 귀에 익은 이름들입니다. 그런데 이 세 사람이 앵무새를 보고 언급했던 말을 비교해봅니다. 오따 노부나가는 말하기를 "앵무새가 울지 않거든 죽여버려라" 했습니다. 도요또미 히데요시는 "울지 않는 앵무새는 울려라" 했고, 도꾸가와 이에야스는 "울 때까지 기다려라" 했습니다. 바로 이 도꾸가와 이에야스가 혼란한 정국을 수습하고 평정할 수 있었던 인물입니다. 기다려요. 기다림의 능력이 약하면 아무 일도 못합니다. 그는 무능한 사람입니다. 그의 인격도 교양도 아무런 소용이 없습니다. 여러분은 얼마나 참을 수 있겠습니까? 사실은 신앙생활도 역시 인내에 의해서 평가됩니다. 많은 시련, 많은 고통을 얼마나 잘 참고 견디느냐— 거기서 신앙의 수준이 평가될 것입니다.

오늘본문에 길이 참고 기다리라고 말씀합니다. 사람이란 임종때가 되면 공통으로 세 가지를 후회한다고 합니다. 하나는 '좀더 참을 걸'—지나고보니 참지 못한 것이 그렇게 후회되는 것입니다. 하나는 '좀더 베풀 걸'—없다 없다 해도 넉넉히 줄 수 있었는데 베풀 수 있을 때에 베풀지 못한 것을 후회하게 됩니다. 하나는 '그렇게 원망 불평 하지 말고 좀더 즐길 걸'—얼마든지 감사하고 좀더 행복하게 살 수 있었는데 왜 쓸데없이 걱정하고, 쓸데없이 나도 괴롭히고 남도 괴롭혔던가 합니다. 역시 참지 못한 것이 후회로 남습니다. 오늘 본문은 종말론적인 인내를 말씀하고 있습니다. "주의 강림하시기까지 길이 참으라." 우리는 흔히 "내가 10년을 참았는데…"따위로 말합니다마는 그 말까지 하지 않아야 참은 것입니다. 언제까지든 주님 만나기까지 내 가슴에 담아둔 얘기가 있습니까? 그냥 가지고 주님 앞에까지 가십시오. 그 언제까지라도 터뜨리지 말아야 하는데 어쩌다 불식간에 터뜨리고만다면 수십 년 동안 쌓아온 덕이 하루아침에 무너지는 것입니다. 주의 강림하시기까지 길이 참으라 했습니다. 「명심보감」에 보면 공자와 그 제자 자로(子路)의 대화가 있습니다. '사람이 지닐 가장 중요한 덕목이 무엇이겠습니까?' 하고 자로가 물어봤는데 공자는 '그저 느긋하게 참는 것이니라' 하고 대답합니다. '천자가 참으면 나라가 해를 면하고, 제후가 참으면 나라가 커지고, 관리가 참으면 지위가 높아지고, 형제간에 참으면 부귀하게 되고, 부부가 참으면 한평생 해로하고, 친구 사이에 참으면 명예를 얻고, 자신에 대하여 참으면 재앙을 면할 수 있느니라.' 중요한 윤리적 교훈이라고 생각합니다. 인내는 신앙에 뿌리를 두고 있습니다. 하나님을 믿고, 그 능력을 믿고, 그 지혜를 믿고, 그 경륜을 믿고, 그 은혜 안에 내가 있음을 믿는 사람은 참는 것이 어렵지 않습니다. 그런데 하나님을 믿는 믿음이 약해질 때, 희미해질 때 어느 사이 우리는 아주 과민한 인간이 되고, 예기불안에 떠는 초라한 인간이 되어버리는 것입니다.

고린도전서 4장 5절에 보면 "주께서 오시기까지 아무것도 판단하지 말라" 합니다. 주님의 강림 바로 그 때까지 참으라고 말씀합니다. 이 인내의 내용이 무엇입니까. 먼저는 우리의 생각하는 일에서 인내가 있어야 됩니다. 다시말하면 판단에 인내가 있어야 합니다. 내 생각에서 바짝 죄고 속전속결 하는 것은 좋은 게 아닙니다. 그래서 똑똑한 사람이 실수를 많이 합니다. 그래서 자고로 아이큐가 90 이하인 사람은 걱정이 없다고 하지 않습니까. 똑똑한 척하고 민감하게 반응하고 민감하게 판단해버릴 때, 그것이 실수로 떨어지는 것입니다. 보십시오. 이스라엘백성이 애굽에서 나올 때, 60만의 큰 무리가 애굽에서 나와 큰 항오를 지어 가나안땅으로 갑니다. 행로 상으로 보면 북쪽으로 올라가서 동쪽으로 가야 합니다. 그런데 그렇게 가지 않고 홍해, 광야길로 하나님께서는 인도하셨습니다. 그대로 동쪽으로 동쪽으로 가고보니 큰 홍해가 앞에합니다. 앞에는 홍해가, 뒤에는 분노한 애굽군대가 따라옵니다. 어찌하면 좋겠습니까? 독 안에 든 쥐가 됐습니다. 사람들이 금새 하나님을 원망하고, 모세를 원망합니다. 애굽에 공동묘지가 없어서 여기까지 데려와 죽이려고 하느냐며 백성이 원망을 합니다. 그러나 모세는 말씀합니다. "너희는 두려워 말고 가만히 서서 여호와께서 오늘날 너희를 위하여 행하시는 구원을 보라(출 14 : 13)." 그리고 홍해를 쳐서 갈라놓고 이스라엘 60만 백성으로 육지같이 건너가게 합니다. 자, 이제는 그들이 어떻게 생각했겠습니까. 우리 판단이 잘못되었다, 하나님께서 이 광야의 길로, 이 홍해길로, 막다른 길로 인도하신 뚜렷한 경륜이 있고 목적이 있고 뜻이 있는데 우리는 성급히 하나님을 원망했구나—그야말로 가슴을 칠 노릇입니다. 참으로 잘못했습니다. 이런 일이 이스라엘 역사에만 있는 것이 아닙니다. 우리도 때때로 막다른 골목에 이른 것처럼, 다 망한 것처럼 판단해버릴 때가 있습니다. 아무쪼록 생각 조심합시다. 우리생각의 중심에 신앙이 있고 하나님이 계셔야 합니다. 어느 사이에 우리는 우리생각이 너무 민감하게 낙심하고 절망하고, 아주 끝난 것처럼 되고 맙니다. 이 병든 이성의 판단이 우리를 절망으로 끌어내리는 것입니다. 또하나는, 말에서 우리가 인내해야 합니다. 너무 쉽게 말해버리지 마십시오. 야고보서 1장 19절에 보면 듣기는 속히 하고 말하기는 더디 하라고 했습니다. 제발 말 너무 빨리 해버리지 마십시오. 좀 기다립시다. 보아하니 흔히들 빠르게 그만 토해버리고 뒷수습을 못합니다. 조금만 기다렸다가 말했으면 좋았을 것을 그렇게 바쁘지도 않은데 똑똑한 척하느라고 이래저래 다 말해버렸으니 얼마나 큰 실수입니까. 얼마나 많은 사람들의 마음을 아프게 합니까. 다 인내하지 못해서 그렇습니다. 말하기를 더디 하라—말하는 나도 생각하고 말을 듣는 저 사람도 생각한 연후에 말을 해도 되는 것이지 않습니까. 바로 며칠전에 국제대회가 있어서 시내 롯데호텔에 갔을 때였습니다. 거기서 이제 리셉션이 있고 강연도 있고 했는데 참 오랜만에, 본인 말로는 10년도 넘는 오랜만에 만나는 한 교수님이 있었습니다. 나를 딱 보더니 "목사님 참 많이 늙으셨네요" 합니다. 그래서 "나도 그건 아는데요"하고 말았습니다. 그 양반, 그 말 한마디 안했더면 참 좋았을 걸 싶었습니다. 나도 좋고 저도 좋았을 텐데…자기도 말해놓고 좀 캥겼던가봐요. "건강은 하시죠?"해서 "괜찮아요"했습니다. 그 사람도 그게 다 교양부족인 것입니다. 왜 그렇게 말이 빨리 나갑니까. 아, 10년됐으면 으레 그런 것을… 입이 쌌던 것입니다. 모름지기 말의 인내가 있어야 됩니다.

또 행동에 인내가 있어야 합니다. 너무 잽싸게 행동하는 것, 이게 바로 문제입니다. 미국 뉴욕 맨해턴에서 25년 동안 레스토랑을 경영한 사람이 자신의 경험을 이렇게 말하고 있습니다. 식당을 경영하다보면 각 나라 사람이 와서 식사를 하고 가는데 그 국적에 따라서 매너가 각색으로 다르다는 것입니다. 맛있는 수프를 대접해본즉 독일사람은 그게 맛있다 싶으면 꼭 웨이터를 불러서 "이건 무엇으로 만든 겁니까?"하고 물어보는 것입니다. 프랑스사람은 "참 이거 맛있습니다" 한마디 하고는 조금씩조금씩 계속 맛을 즐긴다고 합니다.

일본사람은 "맛있습니다. 고맙습니다"라는 말을 몇번이고 되풀이한다고 합니다. 그런데 한국사람은 후루룩 쩝쩝, 그냥 먹어버린다고 합니다. 한마디도 말이 없습니다. 제가 쿠알라룸푸르에 갔을 때 중국식당에서 저녁식사를 하게 되었습니다. 중국식사라는 것은 한 접시 한 접시 차례차례 나오는 것 아닙니까. 그런데 꼭 3접시씩 나오는 것입니다. 왜 그러느냐. 하니까 한국사람이어서 그렇대요. 한국사람만 왔다하면 그저 "빨리빨리"하는 통에 아예 3접시씩 내놓기로 했다는 것입니다. 심지어 어떤 중국집에서는 한국사람이면 식대를 할인해준다고 합니다. 다른 사람은 3시간 앉아 먹고 가는데 한국사람들은 30분만에 후딱 해치우고 가니까 그런다고 하는 것입니다. 왜 그렇게 서두릅니까. 그게 바로 망조가 아니던가요? 우리나라에서 되어지는 모든 일을 보십시오. 전부 '빨리빨리' 해서 망한 것입니다. 빨리 출세하고, 빨리 벌고, 빨리 잘살고…이 정신입니다. 죽는 것도 '빨리빨리' 입니까? 아무쪼록 행동 좀 늦춥시다. 어차피 일 다하는 것도 없고 끝나는 일 없습니다. 하다 말 것입니다. 인내의 대상이 누구입니까. 먼저는 나 자신에 대하여 인내합시다. 너무 서둘러 판단하고 서둘러 평가하지 마십시오. 또한 이웃에 대해서 인내해야 되겠습니다. 요한 웨슬리는 감리교 창시자입니다. 유명하지요. 특별히 그의 어머니 수산나는 세계적으로 유명한 어머니입니다. 위대한 어머니로 손꼽힙니다. 이 분은 평생 목사의 부인으로서 자식을 19명 낳았습니다. 가만히 생각해보니 그분의 배는 비어 있을 때가 없었을 것같습니다. 그렇잖아요? 19자녀를 낳았는데 15번째 아들이 요한 웨슬리입니다. 그래서 흔히들 우스갯소리도 합니다. "웨슬리의 어머니가 산아제한을 했더라면 요한 웨슬리는 태어나지 못했다"라고. 그런데 이 어머니가 아들을 앞에 놓고 뭘 깨우치도록 가르치는데 스무 번을 똑같은 말로 설명하고 또 설명하고, 친절하게 끝까지 설명하는 것입니다. 스무 번만에야 그 어린아이가 알아듣게 되었다고 합니다. 남편이 옆에서 보다가 하도 신통해서 "아니, 스무 번씩이나 그렇게 참고 같은 말을 해서 아이를 가르치다니" 하고 감탄을 했다고 합니다. 그러자 부인 왈 "열아홉 번 하고 그만뒀으면 이 아이는 모르고 말았을 것 아니에요? 열아홉 번 하고 그만뒀으면 열아홉 번 이야기한 것이 무효가 되는 것 아니에요? 애가 스무 번째 얘기함으로 알아들었으니 열아홉 번 수고한 것도 이제 아름다운 일이 되지 않았습니까?" 하더라고 합니다. 여러분, 보십시오. 우리네는 아이들 가르치면서 계속 쥐어박습니다. 그것도 모르냐, 싹이 노랗구나, 어쩌고 해가면서 말입니다. 이래서야 되겠습니까. 어린아이들에 대해서, 이웃에 대해서, 남편에 대해서, 아내에 대해서 길이 참으십시오. 이게 사랑이라는 것입니다. 세상에 대해서도 쉽게 낙심하지 맙시다. 하나님께서 세상을 이처럼 사랑하사 독생자를 주셨습니다. 어찌 세상을 그렇듯 쉽게 판단해버립니까. 하나님께서 사랑하시는 세상입니다. 함부로 다 끝났다고 말하지 맙시다. 망할 것이라고 푸념하지 맙시다. 세상에 대해서 절대로 절망해서는 안됩니다. 그것이 신앙이기 때문입니다. 인내의 자세에 대해서 성경은 말씀합니다. 농부의 인내를 배우라고. 농부의 인내를 보십시오. 씨를 뿌립니다. 빈 들에 씨를 뿌리고 집으로 돌아갑니다. 그리고 그 작은 씨앗을 향해서 기대를 가지고 믿음을 가지고 계속 가꿉니다. 부지런히 수고합니다. 그리고 이른 비와 늦은 비를 기다립니다. 내가 할 수 있는 일은 뿌리는 것이며 가꾸는 것이요, 비는 하나님께서 주십니다. 내가 할 일과 하나님의 하실 일을 분명히합시다. 하나님께서 비를 주시지 아니하면 그 모든 수고가 다 헛되고 마는 것입니다. 그 신앙을 가지고 오늘도 하나님의 긍휼을 의지하고 씨를 뿌립니다. 이것이 농부입니다. 내가 해서 내가 일구는 게 아닙니다. 내가 수고하고, 하나님께서 거두게 하시는 것입니다. 추수 때를 바라보고, 약속의 시간을 바라보고 꾸준하게 부지런히 나의 본분을 다하게 됩니다. 이것이 농부의 인내입니다. 길이 참고 마음을 굳게 하라, 잠시도 낙심하지 말라, 말씀합니다. 특별히 성경은 다시 우리에게 가르칩니다. 본을 삼으라고. 선지자로 본을 삼고 인내의 귀감인 욥을 본받으라, 성경의 모든 귀중한 믿음의 조상들을 보고 그 생애를 본으로 삼으라, 합니다. 특별히 히브리서 12장에 보면 예수 그리스도를 본으로 삼으라고 말씀합니다. 그는 십자가를 참으셨습니다. 그는 거역한 자를 참으셨습니다. 우리도 끝까지 참을 것입니다. 그 본을 따라서 참을 것입니다. 뉴턴은 말합니다. "내가 한평생 연구하는 가운데 발견한 가장 중요한 진리는 인내다. 인내가 성공의 어머니다"라고 그는 말했습니다. 길이 참을 것입니다. 성도 여러분, 나의 인내력을 점검해봅시다. 형편없이 불안하고, 예기불안에 떨고 있는 인간을 다시한번 십자가 앞에 묻어버리고 거듭나야 하겠습니다. 하나님을 바라보고 주님을 생각하면서 온유하게 겸손하게 믿음으로 길이 참고, 그 귀한 인내의 본을 따라서 약속의 땅을 향하여 길이 참고 약속을 받는 주님의 사람들이 되시기를 바랍니다. △

돌이켜 어린이같이

　그 때에 제자들이 예수께 나아와 가로되 천국에서는 누가 크니이까 예수께서 한 어린아이를 불러 저희 가운데 세우시고 가라사대 진실로 너희에게 이르노니 너희가 돌이켜 어린아이들과 같이 되지 아니하면 결단코 천국에 들어가지 못하리라 그러므로 누구든지 이 어린아이와 같이 자기를 낮추는 그이가 천국에서 큰 자니라 또 누구든지 내 이름으로 이런 어린아이 하나를 영접하면 곧 나를 영접함이니 누구든지 나를 믿는 이 소자 중 하나를 실족케 하면 차라리 연자 맷돌을 그 목에 달리우고 깊은 바다에 빠뜨리우는 것이 나으니라 실족케 하는 일들이 있음을 인하여 세상에 화가 있도다 실족케 하는 일이 없을 수는 없으나 실족케 하는 그 사람에게는 화가 있도다 만일 네 손이나 네 발이 너를 범죄케 하거든 찍어 내버리라 불구자나 절뚝발이로 영생에 들어가는 것이 두 손과 두 발을 가지고 영원한 불에 던지우는 것보다 나으니라 만일 네 눈이 너를 범죄케 하거든 빼어 내버리라 한 눈으로 영생에 들어가는 것이 두 눈을 가지고 지옥 불에 던지우는 것보다 나으니라 삼가 이 소자 중에 하나도 업신여기지 말라 너희에게 말하노니 저희 천사들이 하늘에서 하늘에 계신 내 아버지의 얼굴을 항상 뵈옵느니라

(마태복음 18 : 1 - 10)

돌이켜 어린이같이

　이천여 년 전 고대로마의 명사였던 티베리우스 그라쿠스의 아내 코넬리아는 현명한 부인으로 유명한 사람입니다. 한번은 당대 로마의 명사부인들이 이 코넬리아의 집에 모여서 즐거운 파티를 가졌습니다. 여인들이 모이는 장소라고해서 저들은 나름대로 각 나라에서 가져온 금은보석들을 몸에 지닐 수 있는 데까지 지니고 와서 서로 자랑하게 되었습니다. 목걸이, 귀걸이, 코걸이, 발걸이 할것없이 온 몸에 주렁주렁 귀한 보석들을 매달고 저마다 귀한 것이라고 뽐냅니다. 그런 때인데 그 와중에서도 유독 코넬리아는 말이 없습니다. 궁금히 여긴 여인들이 그라쿠스 장군의 집에는 더 크고 더 놀라운 보배가 있을 것이라 여기고 좀 보여달라고 코넬리아에게 조릅니다. 특별히 보여줄만한 것이 없다고 말하는데도 저들은 막무가내로 보여달라고 보채는 것이었습니다. 코넬리아는 마지못해 몸을 움직여 옆방으로 문을 열고 들어갔습니다. 모두들 호기심에 차서 열심히 주시했습니다. 굉장한 보배를 보여줄 거라고 생각했지요. 그런데 이윽고 뜻밖에도 두 어린아이의 손목을 잡고 나타난 코넬리아는 이렇게 말하는 것이었습니다. "여러분, 제 보배가 여기 있습니다. 이 두 아이가 제 보배입니다."

　여러분, 보배를 구하는 사람의 심리라는 게 묘합니다. 내가 값비싼 보석을 하나 가지고 있으면 거기서 다시 더 좋은 것을 가지고 싶어합니다. 내딴에는 굉장히 귀중한 것을 가졌다고 생각했지마는 나보다 더 좋은 것을 가진 사람의 그것을 보고나면 내가 가진 물건이 소중하지 않아집니다. 다시는 이걸 차고 나가고 싶지 않은 것입니다. 그것이 보석이 주는 아주 묘한 심리적 반응인데, 자, 가장 큰 것, 가장 귀한 것을 가졌다는 것은 바로 그 외의 나머지것에 대해서는 별흥미가 없다는 것을 의미합니다. 여러분, 여러분은 귀한 것이 보석입니까, 돈입니까, 명예입니까, 자녀입니까? 가장 귀한 보배—이 것만이면 되고 이것 외의 것은 아무것도 소중한 것이 없다고 할 수 있는, 가장 소중히 여기는 내 보배가 무엇입니까. 오늘의 모든 문제는 인간의 문제로 귀결됩니다. 인간문제는 가족문제요 가족문제는 자녀에 대한 문제입니다. 옛날에는 자녀라 하면 부자(父子)로 연결이 됩니다. 어디까지나 부모와 자녀의 문제였습니다. 그런데 요새는 자녀는 없고 부부만이 있습니다. 그것도 점점 희석되어가고 있습니다. 시카고대학의 돈 브라우닝이라고 하는 유명한 교수가 바로 며칠 전에 우리 한국에 와서 「Globalization of Family」라고 하는 논문을 발표한 바가 있습니다. 그 자리에서 들어보았습니다. 가정이 점점 문제되고 있는 것은 세계적인 추세입니다. 어느 나라 가정이든지 바야흐로 다 무너지고 있습니다. 대표적으로 미국을 들었습니다. 그는 이렇게 말합니다. 50%의 가정이 이혼을 하고, 30%의 아이들은 부모가 누군지를 모르고 자란다, 30%는 결손가정에서 자란다, 잘 계산을 해야 30%가 그런대로 형식적으로나마 부모의 사랑을 받고 자란다는 것입니다. 그러니 이제 이 세대가 어디로 갈 것이냐, 하는 것입니다. 인간성이니뭐니, 교육이니뭐니, 다 헛된소리입니다. 가정의 문제를 바로잡기 전에는 아무것도 바로될 것이 없다는 것입니다. 이 나라의 복잡한 문제도 바로 돈밖에 모른다는 것입니다. 돈이면 다 될 줄 아는 그 철학을 가정에서부터 가르쳤기 때문에 세상이 이렇게 어지러워지는 것입니다. 그러면, 하고 브라우닝교수는 이렇게 결론짓습니다. 가정이 잘못되는 뿌리는 극단적 이기주의에 있고, 또 헌신이 없다는 데 있다고.

　자, 여러분. 이기주의가 나에게 자유를 주었습니까? 나 하나 편하자고 자녀가 싫습니다. 자녀 원치 않습니다. 낳기도 싫고 키우기도 싫습니다. 자식이 귀찮은 존재입니다. 그래서 나 하나 편하겠다, 했는데 그래서 얻은 것이 무엇입니까? 또 commitment가 없습니다. 도대체 누구에게 매이는 건 질색입니다. 남편에게든 자녀에게든 무엇에든 헌신은 속박이다, 논리일 뿐이다, 하고 말하십니까? 그러나 아시는대로 행복은 헌신에 있습니다. 자기자신을 완전히 헌신할 수 있을 때에야 기쁨이 있는 것입니다. 소위 현대인들은 헌신하는 게 질색입니다. 헌신하면 크게 뭔가 잘못되는 줄 압니다. 그래서 뭐, 가정에 매여 있다니 말도 안된다고, 인형의 집이냐고 목청높여 자유를 운위합니다마는 그래서 얻은 것이 무엇입니까. 고독과 절망과 자살에 미치광이짓—이것이 바야흐로 온세계가 가고 있는 방향입니다. 행복의 가치관에 문제가 있습니다. 무엇엔가 매이고, 가정을 위해서 헌신하고… 그것이 행복하다는 것을 왜 모르는 것입니까. 미국에서 400만 부를 돌파한 베스트셀러 책 중에「A New Kids say the Darmdest Things」라 하는, 아주 재미있는 책이 있습니다. CBS방송에 '하우스 파티' 라고 하는 생방송 토크쇼 프로그램이 있는데 한 주간에 5회씩이나 방송을 하는 이 프로그램을 26년 간 진행해온 아트 링클레터라는 분이 쓴 책으로, 이 프로그램을 진행하면서 느낀 바를 정리한 것입니다. 그 중에 이런 이야기가 있습니다. 토크쇼에 아이들을 불러다놓고 물어봅니다. "너는 앞으로 어떤 사람이 되고 싶으냐?" 나름대로 대답을 하는데, 어떤 네 살바기 어린아이가 "나는 엄마가 되고 싶습니다"라고 대답하는 것입니다. 참 듣기 좋은 대답이구나, 하고 사회자는 다시 묻습니다. "그래, 엄마가 되어서는 어떻게 할래?" 그런데 이 어린아이 대답 좀 보십시오. "엄마는 되겠지만 아이는 안낳을 겁니다." "그건 또 왜?" "골치아프니까요." 이 어린아이의 마음속에 자신이 어머니한테 골치아픈 존재가 되어 있다는 인상이 각인되어 있었던 것입니다. 엄마가 되는 것은 좋지만 아이를 갖는 것은 싫다니, 이게 무슨 소립니까. 나는 귀찮은 존재다, 나는 골치거리다―이렇게 스스로를 인정하게 된 것입니다. 이제 이 아이가 어떻게 될 것같습니까.

오늘본문에 보면 예수님께서 매우 귀중한 교훈을 주십니다. 천국에서 큰 자가 누구냐, 만약 천국을 행복이라 한다면 천국에서 가장 행복한 사람이 누구이겠느냐, 가장 큰 행복을 누리고 사는 사람이 누구이겠느냐고 물으십니다. 이에 대한 해답도 오늘본문에 있습니다. 가장 큰 행복, 가장 위대한 행복의 사람은 어떤 사람이냐 하는 것입니다. 몇 가지로 말씀하십니다. 먼저 "돌이켜" 하십니다. 헬라어로 '스트라페테'라고 하는 이 말은 '뒤로 돌아' 하는 뜻입니다. 자, 어른이 되고 싶은 마음, 높아지고 싶은 마음, 부자가 되고 싶은 마음, 더 큰 일을 하겠다는 마음, 출세하겠다는 마음, 스스로 위대해지겠다는 마음에서 벗어나라는 것입니다. 그같은 이기적인 욕망에서부터 벗어나야 된다는 것입니다. 뭐 굉장한 일 할 것처럼 떠들지 말아야 됩니다. 그게 아니라는 것입니다. 돌이켜야 한다, 포기하고 대 전환을 이루어야 한다는 것입니다. 그리고 두 번째는 "어린아이와 같이 되지 아니하면"이라 하십니다. 어린아이와 같아야 한다는 말씀입니다. 건강진단이라는 것을 합니다. 요새는 또 정신건강진단도 합니다. 혹은 내 청춘이 어디까지 왔나, 그런 것도 진단한다고 합니다. 한 가지 더 진단해볼 것이 있습니다. 바로 '인간성' 진단입니다. IQ고 EQ고 이전에 자, 이제 내 인간성이 어디까지 왔는지, 바로 서 있는지 병들었는지를 묻고 싶거든 딱 한 가지를 물으십시오. 그 체크포인트는 바로 여기에 있습니다. 내가 어린아이를 좋아하는가 싫어하는가, 어린아이와 만날 때 내 마음이 확 열리는가, 아니면 어린아이를 보기만 해도 짜증이 나는가, 나 자신을 내가 볼 때 어린아이를 어떤 마음으로 대하는가—그게 중요한 것입니다. 어린아이를 보면 반가운가요 행복한가요? 아니면 저건 왜 태어나가지고 나를 괴롭히나 싶은가요? 아이들이 먼저 압니다. 그 느낌으로 예민하게 알고 있습니다. 자기를 반가워하는 사람인지 아닌지 말 없이도 잘 압니다. 그런데 내 마음은 어디 있느냐입니다. 예민한 작가 한 사람을 압니다. 철저하게 어린아이를 싫어하는 사람입니다. 자기는 어린아이를 미워한다고 거침없이 말합니다. 깜짝놀랐습니다. 내가 10년을 두고 그 사람을 지켜보았습니다. 아주 미치광이짓을 하더라고요. 사람 못쓰게 되더라고요. 그 인간성 자체가 완전히 비뚤어진 것입니다. 모름지기 어린아이를 좋아하는 마음, 어린아이를 기뻐하는 마음이 있어야 합니다.

사랑과 정열의 시인 하이네가 집에 있을 때 친구가 방문을 하게 되었습니다. 친구는 하이네의 집에 들어가보고 깜짝놀랐습니다. 서재에 한 10여 명이나 되는 어린아이들이 북새통을 이루면서 숨바꼭질을 하고 돌아갑니다. 온통 둘러엎으면서 자빠지고 엎어지고 난장판이 되어 있는 것입니다. 그 와중에 하이네가 섞여 있습니다. 눈이 휘둥그래진 친구가 "내가 알기로 자네는 어린아이가 하나도 없는데 이 웬 어린아이들이야?"했더니 하이네는 천연스레 웃으면서 "이웃에서 빌려왔지. 아이들과 함께 있어야 하니까. 아이들과 함께 있어야만 미래가 보이거든. 아이들과 함께 있어야만 시상(詩想)이 떠오르거든." 이렇게 말하더라는 것입니다. 어린아이와 함께 있어야 비로소 내 마음이 열리고 행복도 행복이 되며 미래가 보인다, 그 말입니다. 어린아이를 싫어하는 마음, 기피하는 마음이야말로 참으로 문제인 것입니다. 그것은 병든 인간성이라는 것을 알아야 됩니다. 그 파급효과가 어디까지 가는지 아십니까. 바로 여기에 문제가 있습니다. 뭐, 굉장한 이론이 필요없습니다. 어린아이를 내가 기뻐하는 것입니다. 그 자체에 행복이 있고 천국이 있다는말입니다. 그런가하면 또한 자기를 낮춰야 합니다. 어린아이 수준까지 낮춰야 합니다. simple mind입니다. 아주 정직한 마음입니다. 그럴 때에, 내 마음이 깨끗하고 내 마음이 정결해질 때에 하나님을 뵐 수가 있는 것입니다. 가만히 보면 한평생 같이 살면서도 불행한 부부가 많습니다. 그 이유를 살펴보면 부부간에 도토리 키재기를 하는 것입니다. 잘나면 얼마나 더 잘났겠습니까. 아직도 앉아서 네가 잘났냐 내가 잘났냐, 니 족보냐 내 족보냐, 하는 사람이 있습니다. 참 불행한 것입니다. 어린아이와 같은 마음이어야 합니다. 어린아이에게는 흑인도 백인도 따로 없습니다. 잘나고 못나고도 없습니다. 그저 깨끗한 마음, 정직한 마음뿐입니다. 「The Children's Letters to God」 곧 「하나님께 보내는 편지」라고 하는 책자가 있습니다. 그걸 보면 아이들이 하나님 앞에 편지 쓴다고 저희 나름대로 써놓은 글이 있는데 그 중에 이런 재미있는 글이 있습니다. '하나님, 하나님께서는 전세계 인간들을 다 사랑하신다는데, 참 힘드시겠습니다. 우리집은 네 식구밖에 없는데도 그 식구를 다 사랑하기가 참 힘들거든요.' 가끔 보면 "아빠가 이쁘냐 엄마가 이쁘냐?" 묻는데 아이들이 영악해서 둘 다 이쁘다고 대답합니다. 다 같이 고루고루 사랑한다는 것이 얼마나 힘듭니까. 하나님께서 온세상 사람을 다 사랑하시자니 얼마나 힘드실까, 하는 이 깨끗한 마음을 보십시오. 어른은 상상도 못하는 순결입니다. 여러분, 좀더 정직합시다. 모든 위선의 뚜껑, 족보니뭐니, 빨리 벗어버립시다. 요새 소위 명예퇴직 한 분들 가운데 '과거에 내가 어떠했고' 하고 쓸데없는 소리 하는 사람이 있는데, 깨끗하게 잊어버리고 아주 어린 아이마음으로 돌아가면 미래가 보일 것입니다. 진작 그랬어야 되는 것입니다. 쓸데없는 허상 때문에 자기 괴롭고 다른 사람 괴롭히고 하는 데에 문제가 있는 것입니다. 어린아이와 같이 스스로를 낮출 때 거기에 하나님나라의 참기쁨이 있는 것입니다.

    예수님께서 당신의 이름으로 어린아이를 영접하라 하셨습니다. "내 이름으로"―이것은 수직적 관계나 권위적 관계가 아니고 수평적이고 인격적인 관계를 의미합니다. 하나님 앞에서 나도 하나님의 자녀요 너도 하나님의 자녀입니다. 그리스도의 이름으로 영접할 것입니다. 내 자녀이기에 내가 이렇게저렇게 명령하는 것이 아니라는 말입니다. 유명한 요한 웨슬리의 어머니에 대해서 지난 주일에도 말씀드렸습니다마는 19자녀를 훌륭하게 키워낸 이 어머니 수산나의 자녀교육에는 나름의 규칙이 있었습니다. 그것은 이렇습니다. 어린아이가 졸라댈 때, 특별히 울면서 달라고 보챌 때에는 절대로 주지 말라는 것입니다. 줘 버릇하니까 문제가 생기는 것입니다. 울면서 발버둥칠 때에는 절대로 거부해야 됩니다. 그리고 자발적으로 고백할 때에는 어떤 죄라도 기쁜 마음으로 용서하라는 것입니다. 또한 좋은 행위를 했을 때에는 서둘러서 칭찬해줘라, 약속한 것이라고하면 사소한 것이라도 꼭 지켜라—수산나는 나름대로 이 네 가지 규칙을 세우고 자녀를 키웠다 합니다. 무디 선생의 유명한 설교가 있습니다. 그가 하루는 컵을 가지고 나가서 "자, 이 컵에 있는 공기를 어떻게 하면 빼겠습니까?"하고 질문을 던집니다. 어떤 사람은 이런 방법으로 어떤 사람은 저런 방법으로 빼야 된다고 대답합니다. 그러나 그는 조용하게 말합니다. "그렇게 강제로 공기를 빼려고들면 유리컵이 깨집니다. 컵에다 물을 부으면 공기는 조용하게 나갑니다." 그러고는 실제로 물을 부어보였다고 합니다. 여러분, 무엇을 가르치려고 따로 애쓸 것이 없습니다. 따로이 바른 길로 인도할 방도를 찾을 것이 아닙니다. 하나님의 말씀으로 그 마음을 채워주면 이 세상이 아무리 험해도 그들은 아름답게 자랄 수 있다는 것을 알아야 합니다. 제가 어느 글을 보니 이런 이야기가 있습니다. 어떤 아버지에게 아들이 "저는 아무리 공부를 해도 잘 안됩니다. 그러니 저, 학교 그만두고 말겠어요" 합니다. 자녀가 이렇게 나올 때 부모들은 어떻게 나올까—그 반응이 열두 가지로 나타난다고 합니다. 첫째는 명령하는 쪽입니다. "무슨 뚱딴지같은 소리냐? 쓸데없는 소리 그만둬라. 고등학교도 못나오고 사람 되겠냐." 밀어붙이는 것입니다. 두 번째로, 경고와 위협이 있다고 합니다. "그만두면 넌 인생의 낙오자가 된다"하는 것입니다. 세 번째는 훈계와 설교가 있습니다. "공부해서 남 주냐? 너 잘되라고 하는 것이지"하는 것입니다. 네 번째는 충고를 하는 것입니다. "공부하는 방법을 좀 바꾸어봐" 합니다. 다섯 번째로, 논리적인 설득이 있습니다. "너, 지난번에 나한테 약속한 것이 있지 않느냐? 약속을 지켜야지"하는 식입니다. 여섯 번째는 비평을 하고 비난을 합니다. "어쩌자고 그렇게 철딱서니없는 소리만 골라 하느냐? 허, 좋은 꼴 보게 됐구나" 하는 식입니다. 일곱 번째는 욕설을 하고 헐뜯는 것입니다. "너 미쳤냐?" 합니다. 여덟 번째는 분석하고 진단합니다. "너 요즘 제정신이 아니구나? 친구가 자살하는 것을 보더니 충격받았느냐?" 하는 식입니다. 아홉 번째는 동정하고 위로하는 것입니다. "성적이야 떨어질 수도 있는 거지. 뭐 공부 잘한다고 다 훌륭하게 되는 것은 아니란다. 누구나 한두 번씩 다 그런 생각 해본다" 하는데 이것이 위로가 되지를 않습니다. 열 번째는 캐묻습니다. "언제부터 그런 생각을 하게 되었느냐? 왜 그런 생각을?" 하고 따집니다. 어디 아프냐고 후퇴해서 빈정거리기도 합니다. 식사 때는 골치아픈 소리 하지 마라, 하기도 합니다. 열두 번째는 여전히 칭찬을 하는 것입니다. "그 정도면 공부 잘하는 거다. 너무 잘하려고 애쓰지 마라. 나는 그대로도 만족한다. 건강한 것만으로도 족하다. 나는 절대로 네게 실망하지 않는다" 하는 것입니다. 어느 아버지는 아이가 공부하는 책상 앞에 딱 한 줄 써놓았다고 합니다. '유능한 코치는 선수에게 실망하지 않는다' 라고. 언젠가 제 성적이 뚝 떨어졌을 때에 아들이 묻더랍니다. "아버지, 아직도 실망하지 않습니까?" 아버지가 "그럼! 나는 절대로 너에게 실망하지 않아." 그랬더니 다시 일어나더라고 합니다.

여러분, 자녀교육 별도로 하는 것이 아닙니다. 특별한 방법이 필요없습니다. 오직 사랑할 것입니다. 사랑은 곧 행복으로 이어지는 것입니다. 나는 너 때문에 행복하다, 너를 위해 수고하는 것은 내 즐거움이다, 오늘도 내일도 나는 마냥 기쁘기만 하다―이런 말 한마디가 저들을 다시 일으키는 것입니다. 어떤 일에도 실망하지 않는 그 모습을 보고 믿음이 무엇인지를 배우는 것입니다. 걱정할 것 다 하고 투정하면서 어떻게 하나님이 계시다고 하는 것입니까. 참신앙의 모습, 의연한 그리스도인의 모습을 그들에게 보여주고 항상 "너 때문에 나는 이처럼 행복하다"하는 모습을 저들이 보고 느낄 때 여기서 새로운 역사가 나타나는 것입니다. 그들을 위하여 수고하는 것 그대로가 행복이라고 하는 이 마음이 축복으로 이어지는 것입니다. 혹이라도 무슨 효도 받을 생각이라든가 장래가 어떻고 가문의 명예가 어떻고 하는 쓸데없는 소리 하지 마십시오. 누구 위해서 저들이 살아주는 게 아닙니다. 다만 어린아이와 같은 마음, 나 자신이 어린아이의 마음으로 돌아가서, 어린아이의 눈높이에서 내가 저들을 만날 때 하나님의 역사는 이루어지는 것입니다. △

효도의 지혜

너 낳은 아비에게 청종하고 네 늙은 어미를 경히 여기지 말지니라 진리를 사고서 팔지 말며 지혜와 훈계와 명철도 그리할지니라 의인의 아비는 크게 즐거울 것이요 지혜로운 자식을 낳은 자는 그를 인하여 즐거울 것이니라 네 부모를 즐겁게 하며 너 낳은 어미를 기쁘게 하라 내 아들아 네 마음을 내게 주며 네 눈으로 내 길을 즐거워할지어다
(잠언 23 : 22 - 26)

효도의 지혜

사람은 어렸을 적부터 자라가면서 평생에 걸쳐 부모에 대한 이미지가 차츰 발전하고 또 변하게 되는 것같습니다. 이런 이야기가 있습니다. 네 살 때는 '아버지는 전능하다' 라고 생각합니다. 못하는 게 없는 줄 압니다. 다섯 살이 되면 '아버지는 전지(全知)하다. 모르는 것이 없구나' 라고 느낍니다. 그러나 여덟 살이 되면 이제 '다 아는 것은 아니구나. 모르는 것도 있구나' 라고 생각합니다. 열두 살이 되면 '아무것도 모르는구나. 그도그럴것이 옛날사람이니까' 라고 생각합니다. 열네 살이 되면 '아버지에게 신경쓸 필요 없다. 워낙 무식하니까' 하고, 스무 살이 되면 '아, 부모는 구제불능이다. 너무 뒤떨어진 소리만 하는구나' 하고 생각하게 되며, 이제 35세가 되면 '아버지께 여쭈어보았으면 좋겠다' 하고 아쉬워집니다. 40세가 되면 '아버지라면 이런 때에 어떻게 하셨을까. 살아계셨으면 꼭 한번 여쭈어보겠는데…' 하게 되고 생전의 잔소리가 오히려 그리워집니다. 50세가 되면 '아버지는 훌륭했다. 나보다 훨씬 훌륭했다. 지금 후회가 많다. 젊었을 때 아버지의 그 소중한 지혜의 말씀을 좀더 귀담아들어둘 것을…' 하고 뉘우치게 된다고 합니다.

여러분은 어떻습니까? 에베소서 6장 1절로 3절에 "자녀들아 너희 부모를 주 안에서 순종하라 이것이 옳으니라 네 아버지와 어머니를 공경하라 이것이 약속 있는 첫 계명이니 네가 잘되고 땅에서 장수하리라" 합니다. 이 복음을 다시한번 새겨봅시다. 이것은 옛복음이요 영원한 복음이요 오늘의 복음입니다. 잘 안되는 일이 있습니까? 장수하지 못합니까? 원인은 효도하지 않았기 때문입니다. 효의 가정에 장수가 있습니다. 효를 저버리고 저 혼자 잘살겠다고, 저 잘난 것처럼 굴어서 되는 일이 없습니다. 부모님의 소중한 지혜와 교훈과 그 귀한 덕의 유산을 소중히 여길 때 거기에 축복이 있고 생명이 있고 부귀도 영화도 장수도 있다, 하는 말씀입니다. 효하겠다는 마음들은 간절하면서도 때로는 효의 지혜가 없습니다. 오늘본문에서는 효도란 이런 것이다, 이렇게 하는 것이다, 라고 가르쳐줍니다. 아주 간단하고 명확하게 부모를 즐겁게 하라, 부모를 기쁘게 하라, 합니다. 사랑에는 세 가지가 있다고 합니다. 하나는 '만약에' 하는 사랑입니다. 만일에 이렇게 해주면 나는 이렇게 하겠다―조건적입니다. 저가 나를 사랑하면 어떻게 하겠고 내 소원을 들어주면 어떻게 하겠다, 하는 따위의 사랑은 참사랑일 수가 없습니다. 또한 '때문에' 하는 사랑이 있습니다. 신세를 많이 지고 해서 사랑한다, 하는 유의 사랑입니다. 그리고 세 번째는 '그럼에도 불구하고' 하는 사랑입니다. 탕자의 아버지가 탕자를 사랑합니다. 그 자식이 이미 아버지를 등졌고 집을 나갔습니다마는 아버지는 한결같은 마음으로 그를 사랑합니다. 부모의 사랑이 차원높은 것은 바로 이것 때문입니다. '그러기 때문에' 가 아니고 아무 조건도 없습니다. 오직 하나, 내 자식이기 때문에 사랑하는 것입니다. '그럼에도 불구하고' 사랑합니다. 이 사랑을 우리가 슬프게 해드려서는 안될 것입니다.

 오늘본문에 부모님을 기쁘시게 하는 길을 자세하게 가르쳐줍니다. 먼저는 청종하라 했습니다. 귀담아 들으라는 것입니다. 흔히들 효도관광 시킨다고 합니다마는 그럴 것이 아닙니다. 앉아서 그 말을 들어드리는 것이 중요합니다. 조용히 그의 말씀을 들어야 됩니다. 만나야 듣지요? 자주 만나뵙고 자주 들어야 합니다. 그것이 그를 높이는 길이요, 그것이 그를 인격적으로 존중하는 길입니다. 공경이란 듣는 데 있습니다. 어느 초등학교 선생님이 상처(喪妻)를 하고 열두 살난 딸을 키우느라 어머니 몫까지 다 해줍니다. 딸을 정성껏 구김살없이 키워보려고 애를 썼습니다마는 학교일에 바빠서 시간을 내기가 어려웠습니다. 그러다가 방학이 되어 크리스마스 전후 사흘 동안 시간을 내어 이제는 딸하고 더불어 놀기도 하고 이야기도 하리라, 생각을 하고 딸을 찾았는데 딸은 제 방에 들어가서 문을 잠가버리고 사흘 동안 나오지를 않습니다. 밥만 먹고 또 들어가고… 영 자리를 같이할 수가 없습니다. 아버지는 섭섭했습니다. 그래, 무슨 곡절이 있겠지, 그동안 내가 너무 등한히해서 마음을 상했나보다고 생각했습니다. 크리스마스날이 되었습니다. 딸은 기쁜 얼굴이 되어 눈을 빛내면서 "아버지, 크리스마스 축하합니다" 하고 인사하더니 제가 뜬 장갑 하나를 내놓습니다. 크리스마스날 아버지에게 장갑 선물하기 위해서 사흘 동안 뜬 장갑이었습니다. 고맙게 받기는 했으나 아버지는 내심 섭섭했습니다. '내가 바라는 것은 장갑이 아닌데, 나는 너와 이야기를 하고 싶었는데…' 여러분, 참으로 부모가 바라는 것이 무엇이겠습니까? 만나서 이야기하고 싶어하는 그 심중을 잘 헤아려 잘 들어드리는 것이 중요합니다.

 이 시간에 저도 효도하는 마음으로 말씀을 드리겠습니다. 우리 어머니가 18세에 시집을 와서 무려 40년 동안을 4대독자 며느리로 시집을 삽니다. 80이 넘은 할아버지가 환갑이 다 된 어머니를 보시고 "아가야" 하고 부르십니다. 그리고 물어보십니다. "오늘이 며칠이냐?" 어머니가 대답을 해드립니다. 할아버지는 또 물으십니다. "음력으로 며칠이냐?" "예, ××일입니다." "장날이 언제냐?" 어머니는 또 자상하게 대답하십니다. 장날이 되면 찬거리가 좀더 나아지거든요. 그런데 할아버지는 조금 있다가 또다시 물어보십니다. 아가야, 오늘이 며칠이냐—왜 음력을 물으시는고하니 바닷가이기 때문에 물때 따라서 생선이 달라지거든요. 잡숫는 것 생각이 나서입니다. 요맘때면 뭐가 있겠다, 생각을 하시는 것입니다. 그래서 물으시는 것입니다. 그런데 할아버지는 다시 좀 있다가 또 물어보십니다. 저는 옆에서 공부를 하다가 "할아버지, 좀전에 물어보셨잖아요? 왜 자꾸자꾸 물어보십니까?" 하고 어린 생각에 그만 볼멘소리를 해버렸습니다. 순간 어머니가 저를 크게 꾸중하시는 것이었습니다. "백번이든 천번이든 어른이 물으시는 데는 한결같이 공손하게 대답을 해드려야지 그 무슨 소리냐?" 그랬는데, 제가 좀 나이가 들어서 연구해보았더니 노인은 자기가 한 말을 30분밖에 기억을 못합니다. 그래서 했던 말을 또 하는 것입니다. 이것을 잔소리라고 생각하면 안됩니다. 말하는 자의 입장에서는 새롭게 말하는 것입니다, 지금. 모름지기 들어야 됩니다. "너 낳은 아비에게 청종하고"—귀담아 들어야 합니다. 거기에 지혜가 있습니다. 이것이 부모에 대한 효도입니다.

  조선조 숙종대왕은 어질고 훌륭한 분으로 역사에 남은 좋은 분이었습니다. 그는 종종 평복을 입고 민정시찰을 했습니다. 신하와 함께 여기저기 다니면서, 어떤 일이 있는가 하고 보았는데, 어느 겨울에 연못가를 지나가면서 보니, 한 사람이 삿갓을 쓰고 상복을 입은 채 낚시질을 하고 있는 것이었습니다. 분명히 상주인데, 그렇다면 고기는 먹지 않을 것인데 어떻게 낚시질을 하고 있는 건지 이상하게 생각해서 다가가 물어보았더니 "아버지 세상떠나시고 홀로된 노모가 너무 쇠약해서 물고기라도 대접해야 되겠기에 상주가 이래서는 안되는 줄 알면서도 이렇게 법도를 어기고 있습니다"하고 대답하는 것이었습니다. 그 마음이 하도 갸륵해서 임금은 그에게 상을 내렸습니다. 이 소문이 나가자 그 마을의 한 어리석은 불효자가 '아, 그렇게 하면 상을 받는구나' 싶어 그도 상복을 입고 물고기를 잡으러 나갔습니다. 그도 임금을 만났습니다. 그래서, 물고기를 잡아가지고 집에 돌아가는 것을 신하가 따라가보았더니 이 불효자의 어머니가 집안에 있다가 대노해서 "밤낮 불효한 짓만 하더니 오늘은 웬일로 물고기를 다 잡아왔느냐"하고 소리를 지르는 것입니다. 이걸 보고 아, 이것은 효도가 아니고 효도 흉내내고 있는 것이구나, 임금을 속인 것이다, 해서 엄벌에 처해야 되겠다고 이 신하가 임금에게 건의했는데 임금은 웃으면서 말합니다. "아서라. 효도란 흉내만 내도 좋은 것이다. 상 주어라"하는 것이었습니다.

그렇습니다. 제발 흉내라도 좀 내보십시오. 부모를 기쁘게 하는 일이 무엇입니까? 오늘의 성경은 가르칩니다. 진리에 살고 의롭게 살고 지혜롭게 살아야 합니다. 잠언 10장 1절에 보면 "미련한 아들은 어미의 근심이니라"했고 17장 21절에는 "미련한 자의 아비는 낙이 없느니라"했습니다. 그런고로 의롭게 살고 지혜롭게 살고 착하게 사는 것이 부모님을 기쁘시게 해드리는 길입니다. 또한 "네 마음을 내게 주며 네 눈으로 내 길을 즐거워할지니라"라고 오늘본문은 말씀합니다. 마음을 드려야 한다고 말씀을 합니다. 네 마음을 내게 달라고 말씀합니다. 모름지기 마음으로부터 효도해야 합니다. 물질이 아닙니다. 마음을 드리는 데 효가 있는 것입니다. 제 1 회 국민 효행대상을 받은 오정인 할머니가 그때 71세였는데 기자회견에서 이렇게 토로하며 울었습니다. "52년 동안 마음에 쌓아두었던 죄를 이 시간에 들킨 것같은 심경입니다. 저는 마음으로 죄를 너무 많이 지었습니다. 시어머니가 미웠습니다. 지금 94세입니다. 52년 동안 시집살이를 하면서 시어머니 미운 때가 참 많았습니다. 어떤 때는 이제 그만살고 돌아가시지, 하는 생각도 있었습니다. 또한 시누이가 그렇게 미울 수 없었습니다. 그런 가운데서 나는 강요된 효도를 해왔습니다. 그럴 수밖에 없어서 시어머니를 모셨던 것입니다. 그러나 어머님은 이제 나이많아져서 90세가 넘고보니 거동을 못하므로 내가 목욕을 시켜드려야 하는데 깡마른 어머님의 몸을 목욕시켜드리면서 가슴아플 때가 많습니다. 내가 좀더 잘해드렸더면 이렇지 않으셨을 것인데…내가 잘못해드려서 이렇게 뼈만 남았구나, 하고요…정말이지 저는 진심으로 효도했던 때가 몇번이나 있었을까, 하는 생각을 합니다. 강요된 효행에 대해서 깊이 뉘우치고 있습니다." 여러분, 마음을 드리지 못하면 효도가 아닙니다. 오정인 할머니는 참으로 효부입니다. 왜요? 자신이 마음으로부터 드리지 못한 것을 알고 있었기 때문입니다. 그것을 죄스럽게 생각했기 때문입니다. 여러분, 마음으로부터 기쁨으로 정성을 다하지 못하는 바에 대한 뉘우침이 효의 시작인 것을 알아야 합니다.

그리고 부모의 길을 즐거워해야 합니다. 내 길을 기뻐하라고 말씀합니다. 내 뜻, 내 직업, 내 유산, 내 이름, 내 진실을…부모님의 진실을 자녀가 기뻐하여야 된다는 말씀입니다. 아주 중요합니다. 여러분, 우리나라에는 그런 것이 많지 못한 것을 유감스럽게 생각합니다. 제가 일본에 갔을 때 어떤 재벌의 소개로 한번 초밥집에 갔습니다. 수상도 오고 장관도 많이 오는 집으로, 아주 유명한 집입니다. 허름한 기와집입니다. 사람들이 줄을 서 있습니다. 얘긴즉슨 4대를 면면히 가업으로 이어오고 전통을 고스란히 지켜오는 초밥집이었습니다. 그런 점, 참으로 부러웠습니다. 우리네는 부모의 직업을 좋지 않게 여기는 경우가 많습니다. 참효가 무엇입니까? 부모님의 기업을 내가 소중히 여기고, 그가 사랑하는 것을 나도 사랑하고, 그의 뜻을 내가 이어가고 기뻐할 때 여기에 효가 있습니다. 저는 신학대학에 다닐 때, 지금은 프린스턴에 가서 명예교수로 계시는 샘 마펫 목사님이 오셔서 영어로 첫번설교 하는 것을 들으면서 대단히 감격한 적이 있습니다. 그의 아버지가 선교사였습니다. 그런데 그도 미국에서 공부를 많이 하고 대학교수가 되고 대학총장 물망에까지 올라간 유명한 학자인데, 다 버리고 한국으로 나와서 선교사로 일하겠다고 합니다. 왜요? 그는 아버지 마펫 선교사가 시무하던 평양에서 태어났거든요. 아버지가 한국을 사랑했고 한국민족을 위해서 한평생을 살았기 때문에 자식인 자기도 여기에 와서 그렇게 살다가 그렇게 가겠노라, 해서 40년 동안을 선교사로 일한 분입니다. 아버지의 유지를 이어받아서입니다. 그러기 전에는 자기는 그 아버지의 아들이 아니라고 하는 것입니다. 얼마나 소중한 효자입니까. 깊이 생각해야 합니다. 그리고 효가 사람에게 참용기를 줍니다. 때때로 보면 우리의 좌절은, 모든것 중에 부모를 거역한 것이 그 좌절의 깊은 곳에 있다는 것을 알아야 합니다. 어떤 분은 부모를 거역하고 제멋대로 결혼을 했습니다. 결혼생활이 어려워질 때 이런 얘기를 합니다. "결혼이야 잘될 수도 있고 못될 수도 있지마는 부모님의 뜻을 거스르면서 결혼한 이 일이 두고두고 마음에 사무칩니다." 여러분, 깊이 생각해야 합니다. 부모의 뜻을 소중하게 여기는 바로 그 마음이 부모를 기쁘시게 하는 것입니다.

제리라고 하는 대학생은 아이비 리그에 속한 대학 미식축구 선수입니다. 대학 1학년서부터 4년 동안 계속 축구선수로 한번도 연습에 빠지지 않고 딴에는 열심히열심히 연습을 하고 뛰었지마는 이상하게도 실력이 좋지 않아서 감독은 늘 그를 후보로만 두고 한번도 선수로 뛰게 하지 않았습니다. 그러던 중에 졸업반이 되었는데, 아버지가 세상을 떠났다는 전보가 왔습니다. 이제 다가오는 토요일이면 아주 큰 게임이 있는데 감독은 그에게 말합니다. "너는 어차피 출전하지 않을 거니까 가서 편안하게 장례 모시고 오너라." 그랬더니 갔다가 이내 금요일날 왔었습니다. 와서 감독 보고 말합니다. "감독님, 제가 이렇게 일찍 왔는데요, 제 간절한 소원입니다. 한 번만 필드에서 좀 뛰게 해주십시오." 그 소청이 너무도 간절해서 "그럼 한번 뛰어봐라"하고 감독은 승낙했습니다. 한 5분 뛰게 하다가 도로 불러들일 생각이었습니다. 했는데, 얼마나 훌륭하게 해내는지 이 선수의 공로로 그 게임을 훌륭하게 이겼습니다. 감독은 그에게 물었습니다. "네가 어떻게 그렇듯 잘하게 되었느냐?" 그는 대답합니다. "우리 아버지는 장님입니다. 제가 축구하는 것을 한 번도 보신 적이 없습니다. 그러나 이제 아버지는 세상을 떠나셨습니다. 그러므로 하늘나라에서 내가 축구하는 것을 보실 거예요. 아버지가 나를 지켜보고 계시다는 생각을 하고 아버지를 기쁘시게 해드리기 위해서 열심히 뛰었습니다." 어떻습니까? 부모님이 돌아가셨습니까? 이제 여러분을 지켜보고 있을 것입니다. 그 부모님에게 기쁨을 드리기 위해서도 오늘 성실하게 진실하게 정직하게 뛰어야 할 것입니다. 그것이 부모님을 기쁘시게 하는 길이니까 말입니다. 간혹 제게 물어보는 분들이 있습니다. "목사님, 한평생 새벽기도를 하셨는데 무슨 특별한 비결이라도 있습니까? 물론 건강해야 할 수 있는 일이겠지요?" 그러나 저는 믿습니다. 어머니가 한평생 새벽기도를 하셨기 때문이라고. 또, 제가 새벽기도를 갔다오면 어머니가 굉장히 좋아하셨습니다. 제가 새벽기도를 14살 때부터 다녔는데 새벽기도 갔다오면 말할수없이 좋아하십니다. 더구나 어머니는 먼저 갔다오시고 나는 지금 가고 해서 중간에서 만납니다. 그때의 기뻐하시던 어머니의 모습이 지금도 눈에 선합니다. 효도하는 마음으로 하다보니 새벽기도꾼이 된 것입니다. 여러분, 어떻게 하면 어머니를 기쁘시게 할 수 있겠습니까? 베토벤은 열일곱 살에 어머니를 여의었습니다. 11년 후에 그는 청각장애자가 됩니다. 음악을 하는 사람이 귀머거리가 되었으니 어떻게 음악을 하겠습니까. 그는 비관하고 유서를 써놓고 자살을 하려고 합니다. 그런데 바로 그 순간, 어머니의 얼굴이 불쑥 떠오릅니다. 기도하시는 어머니의 모습이 눈앞에 확 다가옵니다. 그는 그 자리에서 "어머니 죄송합니다"하며 통곡을 하고 회개하고 유서를 찢었습니다. 청각장애자로서 작곡을 합니다. 자신이 작곡한 것을 자신은 들어보지 못하면서 오늘 우리가 듣는바 그 많은 훌륭한 음악을 창작해낸 것입니다. 여러분, 부모님이 계시다면 그를 어떻게 기쁘시게 해드릴 것입니까? 부모님이 돌아가셨으면 이제 나는 어떻게 해야 효자가 되는 것입니까? 큰 성공은 없어도 좋습니다. 대단한 일 못해도 괜찮습니다. 우선 부모님을 기쁘시게 하는 거기에 마음을 둡시다. 그를 기쁘시게 합시다. 그리할 때, 효가 가풍에 이어질 때 후손들이 복될 것입니다. 예수를 믿어 구원에 이릅니다. 그러나 복은 효를 통해서 받는 것입니다. 약속된 축복입니다. 잃어버린 효를 다시 찾아서 이 땅에 하나님의 축복이 나타나게 되기를 바랍니다. △

내 증인이 되리라

　사도와 같이 모이사 저희에게 분부하여 가라사대 예루살렘을 떠나지 말고 내게 들은 바 아버지의 약속하신 것을 기다리라 요한은 물로 세례를 베풀었으나 너희는 몇 날이 못되어 성령으로 세례를 받으리라 하셨느니라 저희가 모였을 때에 예수께 묻자와 가로되 주께서 이스라엘 나라를 회복하심이 이 때니이까 하니 가라사대 때와 기한은 아버지께서 자기의 권한에 두셨으니 너희의 알 바 아니요 오직 성령이 너희에게 임하시면 너희가 권능을 받고 예루살렘과 온 유대와 사마리아와 땅 끝까지 이르러 내 증인이 되리라 하시니라

(사도행전 1 : 4 - 8)

내 증인이 되리라

　몇년 전 알래스카의 앵커리지를 방문했을 때, 집회 중에 잠시 시간을 내어 바닷가에 나가봤는데 아주 장관을 볼 수 있었습니다. 때마침 연어떼가 모여드는 것이었습니다. 연어떼가 저희 태어난 고향을 찾아가는 것입니다. 3년 전에 여기서 조그마한 연어로 부화되어 흘러들어가서 태평양 넓은 바다를 헤치고 다니다가 어느덧 25파운드나 되는 큰 연어가 되어서 이제 저희 고향으로 돌아오는 것입니다. 좌우간 얼마나 많은 떼가 모여서 올라가는지 참으로 대단한 장관을 이루었습니다. 특별히 재미있는 것은 큰 폭포 위의 연못에서 태어난 것들이라 그 연못으로 올라가기 위해서 폭포수를 거슬러올라가는 것이었습니다. 놀라운 광경이었습니다. 그런데 그 폭포 밑에 얼마나 많은 연어가 모여 있는지 모릅니다. 그 많은 연어떼가 번쩍번쩍하면서 물을 휘젓는데, 물보다 연어가 더 많은 것같았습니다. 사람들이 낚시질을 한다고 해서 낚싯대에다 미끼를 먹여 낚시질하는 줄 알았더니 그게 아닙니다. 낚싯대가 아니라 갈쿠리였습니다. 갈쿠리를 던져가지고 당기면 아무 데나 걸려가지고 나오는 것입니다. 아무튼 비록 미물 물고기이지마는 그 폭포낙수를 역으로 거슬러오르는 것을 볼 때 적이 존경스럽더라고요. 이것이 본능이라는 것입니다. 누가 가르치기를 했습니까. 누가 끌어당기기를 합니까. 아무것도 안보이는 것같은데 무서운 힘이 작용하고 있습니다. 무서운 생명력이 작용해서 그 본능으로 모든 동물이 삽니다. 먹는 것, 움직이는 것, 이동하는 것, 어느 한 가지 예외없이 본능에 이끌려서 생명들은 움직이고 그 생명을 스스로 이어가고 있는 것입니다. 동물입니다. 본능주도적 생명입니다.

그런데 동물 위의 높은 차원에 인간이라는 것이 있습니다. 그 차원은 이성에 의해서 지배되고 있습니다. 그래서 내가 여기 먹고 싶은 음식이 있어도 그것을 먹어서는 안된다, 하는 이성의 지시가 있다면 아무리 먹고 싶어도 먹지 않습니다. 그래서 인간입니다. 육체적 본능이 원하는대로 다 해서는 안됩니다. 할 수 있느냐 없느냐가 아니라 해도 되느냐, 해서 안되느냐가 문제입니다. 그래서 마땅한 도리에 입각해서 옳은 일을 취하고 이성의 판단과 양심에 의해서 동물성이 지배를 받습니다. 여기서 수양이 된 인간과 수양이 낮은 사람의 모습을 분간해볼 수 있습니다. 가령 여기 몸에 좋지 않은 음식이 있습니다. 그런데 계속 먹고 싶은 것입니다. 그리고 먹지 말라는 걸 더 먹고 싶어하는 사람이 있습니다. 이렇게 먹지 말아야겠다, 하는 생각과 먹고 싶은 욕망이 계속갈등을 일으킵니다. 이런 갈등에서 탈피하지 못하는 사람은 수준낮은 인간입니다. 수양이 잘된 사람은 먹어서는 안되는 음식에 대해서는 입맛이 동하지도 않습니다. 이쯤은 도달해야 인간이랄 수 있습니다. 해서는 안되는 일에 계속 끌리면서 안된다고 하는 가책에 끌려서 갈등에 빠지는 인간은 아직 수양이 덜된 것입니다. 가서는 아니될 길은 아예 가고 싶지 않고, 먹어서는 안되는 음식은 먹고 싶지도 않은, 이런 인간이 수준급에 도달한 인간이라는 말씀입니다.

그런가하면 그리스도인은 좀더 높은 차원에 있습니다. 그리스도인은 본능도 이성도 아닌 성령에 의해서 지배되는 인간입니다. 성령의 역사에 의해서 이성도 중생을 얻습니다. 다시 말씀을 드리면 하나님의 사랑과 은혜 안에서 성령이 감동해주는대로 끌려갑니다. 그리스도의 마음, 진리의 영이 나를 자유케 합니다. 진리의 영에 따라 삽니다. 그런데 아직도 좀 중생이 덜된 그리스도인이 있습니다. 그런 그리스도인은 이렇습니다. 과학적으로 생각하면 이것이 옳고 신앙적으로 생각하면 저것이 옳습니다. 그래 자기 이성적 지식과 신앙적 판단 사이에 여전히 갈등이 있습니다. 그런 사람은 아직도 중생하지 못한 사람입니다. 여러분, 성경을 읽으면서 의심이 많습니까? 그렇다면 아직도 이 갈등에서 벗어나지 못했습니다. 이제 중생하고 보면, 이성이 중생하고 깨끗한 이성이 되면 성경에 안믿어지는 것이 없습니다. 다 믿어지고, 합리적으로 이해가 됩니다. 자, 홍해를 육지같이 건넜다 했을 때 "그 무슨 당찮은 이야긴가?" 하는 사람이 있는가 하면 "하나님께서 창조주가 되시는데 그까짓 게 문제입니까?" 하는 사람이 있습니다. 예수님께서 부활하셨다 하면 "아, 하나님의 역사인데 그러셔야지요, 당연히"—이렇게 받아들일 것이지 "세상에 그런 일이 어떻게 있을 수 있나?" 하고 고민하는 사람이라면 아직도 예수 안믿는 사람입니다. 교회는 다니지만 아직도 성령으로 중생하지 못했습니다. 성령으로 중생한 사람은 그의 생각과 판단이 아주 확실합니다. 성경이 그대로 믿어지고 모든것이 합리적으로 이해되고 설명됩니다. 이런 사람이 그리스도인입니다. 야스페르스는 그리스도인의 신앙의 깊이를 3단계로 설명합니다. 하나는 전통적인 기독교신앙을 받아들이는 교리적 이해입니다. 기독교 교리를 받아들이는, 그런 단계입니다. 그 다음에는 정직해지는 단계가 있습니다. 자기의 모든 자랑, 공포, 위선, 거짓, 교만… 이런 것을 다 십자가에 못박아 버리고 하나님 앞에 항복을 합니다. 나는 죄인이로소이다, 나는 아무것도 아닙니다, 나는 당신 앞에 아무것도 아닙니다, 당신 뜻대로 하십시오, 하고 하나님 앞에 온전히 항복을 하는, 이같은 정직의 단계가 있는 것입니다. 세 번째 단계는 하나님의 자녀 된 고백을 분명히 하는 단계입니다. 하나님은 아버지요 나는 그의 자녀입니다. 율법적 관계에서 벗어나 이같은 은총적 관계로 관계가 개선이 됩니다. 그래서 로마서나 갈라디아서에 보면 계속해서 율법과 은혜의 관계를 말씀합니다. 예수믿고 교회 열심히 다니는 것같지마는 아직도 예수 안믿는 사람이 있습니다. 율법주의에 매여 있는 것입니다. 예컨대 이런 사람이 있습니다. 내가 십일조를 잘 바쳐야 부자가 된다, 기도를 많이 해야 공부도 잘하게 된다, 내가 주일에 빠지면 안된다, 하고 모든것을 율법적으로 이해합니다. 감기만 걸려도 '아, 내가 주일 빠졌더니 감기에 걸렸구나' 하고 차사고가 나면 '아이고, 내가 이거 주일 범했더니 차사고가 났구나' 하는 식으로 이해합니다. 열심히 믿고 기도하고 애쓰지마는 얼굴에 화색이 없습니다. 벌벌벌 떨어요, 벌 받을까봐. 이런 교인이 있는 것입니다. 율법주의에 매여 있는 교인입니다. 은혜 안에, 성령 안에 중생한 사람은 내가 하나님의 자녀인 것입니다. 로마서 8장 16절에서 우리가 하나님의 자녀임을 성령이 확증한다고 말씀했습니다. "성령이 친히 우리 영으로 더불어 우리가 하나님의 자녀인 것을 증거하시나니" — 나는 하나님의 자녀입니다. 그런고로 문제가 없습니다. 여러분, 아버지 어머니의 사랑을 많이 받는 분 있습니까? 아버지 어머니의 사랑을 받는 데는 예외가 없습니다. 공부를 잘하면 잘하는대로 사랑받고, 못하면 못하는대로 사랑받는 것이지 내가 잘하면 사랑받고 못하면 쫓겨납니까. 이런 생각이라면 유치한 생각입니다. 모든것이 하나님의 은혜이므로 예컨대 병들어도 은혜요, 잘못돼도 이건 하나님께서 나를 사랑하시기 때문입니다. 내가 어느 때에 죽어도 '아, 괴로운 세상, 이제는 그만살게 하시고 하나님나라로 옮기어가시는구나' 하지 조금도 미편함이 없습니다. 그야말로 하나님은 사랑이십니다. 그 사랑 안에 내가 있습니다. 이것이 성령의 역사입니다. 그래야 그리스도인입니다. 여기에 자유함이 있는 것입니다. 신학자 반하우스는 자폐증 그리스도인이 있다고 꿰뚫어보았습니다. 하나님의 말씀을 깨닫기도 하고 믿기도 하고 순종도 하는 것같은데 자폐증환자입니다. 표현을 하지 않습니다. 은혜받고도 어떻게 그 은혜를 간증하지 않을 수 있습니까. 이 어떤 기쁨인데 이 기쁨을 드러내지 않겠습니까. 그런데 벙어리교인입니다. 가만히 숨죽이고 지냅니다. 우리 기독교역사에 잊지 못할 분으로 최봉석 목사님이 있습니다. 공부를 많이 못한 사람이지마는 목사가 되어서 전도를 많이 하다가 1944년에 순교한 분으로 유명합니다. 늘 거리를 다니면서 소리질러 전도하시던 분인데 사람들은 그를 최권능 목사님이라 불렀습니다. 이 분이 한번은 버스를 타고 "예수믿으십시오, 예수믿으십시오"하고 전도를 하는데 채필근 목사님이 그 버스에 타고 있었습니다. 물론 최봉석 목사님도 채 목사님을 알아보았는데, 그런데도 짐짓 앞에 다가가 "예수믿으십시오." 했것다! 채 목사님이 조금 어이가 없어져서 "여보 최 목사, 나 채 목사요 채 목사"하고 눈을 크게 뜨는데, 최 목사님은 아랑곳하지 않고 "어, 벙어리교인이구만"하는 것이었습니다. 어떻게 예수믿는 사람이 말이 없느냐—그것입니다. 무릇 말이 없으면 자폐증신자입니다. 간증이 없기 때문에 은혜가 소멸됩니다. 그 가졌던 은혜가 다 소멸됩니다. 오늘 여러분이 은혜를 받고 돌아가 간증을 한번 해보십시오. 누구를 보고 "아, 글쎄 이런 귀한 말씀을 깨달았어요"하고 말하는 동안에 어느덧 내게 더 은혜가 되는 것을 깨닫게 됩니다. 그러나 가만히 있으면 꼭 '3시간' 갑니다. 3시간 지나면 없었던 일이 되어버리는 것입니다. 그래서 자폐증교인은 항상 겉돌고 맴돌다 맙니다. 은혜가 지속되지 않습니다.

오늘의 성경말씀은 신학적으로 대단한 의미가 있는 요절입니다. 여러분이 잘 아시지 않습니까. "땅끝까지 이르러 내 증인이 되리라"—대체 어느 계기에 이런 말씀을 하셨는지 잘 생각해보면 대단히 중요한 의미를 알 수 있습니다. 자, 예수님께서 세상에 복음을 전하실 때 제자들은 기대가 컸습니다. 왜냐하면 그 능력, 그 지혜, 그 권능, 그리고 그 인기… 아, 이것만 가지면 나라가 독립될 것만 같거든요. 이 세상을 확 뒤집어놓고, 로마군대를 다 몰아내고, 그리고 다시금 다윗의 왕국을 건설했으면 얼마나 좋을꼬—꼭 그렇게 되리라고 믿고, 예수를 정치적 메시야로 믿고 따라왔습니다. 그런데 예수님께서는 말없이 비참하게 십자가에 달려버리십니다. 실망이 너무 큽니다. 아주 실망을 했습니다. 그러던 중에 예수님께서 부활하셨습니다. 좀 석연치 않은 데가 있지마는 좌우간 부활하셨거든요. 부활하신 것은 분명하단말씀입니다. 아, 이제야말로 더 높은 차원에서 역사가 이루어지려나보다, 싶습니다. 본문말씀에서도 제자들이 여쭈지 않습니까. "나라를 회복하심이 이때니이까?" 정치적으로 독립하는 때가 이때입니까, 세상이 달라지는 때가 이때입니까, 살기좋은 세상이 되는 때가 이때입니까, 하고 여쭈는 것입니다. 그때의 예수님의 대답은 이렇습니다. 그건 너희의 알 바 아니요 너희가 성령을 받으면 권능을 얻고 내 증인이 되리라—세상이 달라질 것입니까, 하고 여쭈는데 그건 너희 알 바 아니요 오직 네가 달라질 것이니라, 성령이 임하면 너희자신이 달라질 것이다, 내 증인이 될 것이다, 하고 말씀하시는 것입니다. 대단히 중요한 의미가 있는 말씀입니다. 실제로 초대교회에는 변화가 일어났습니다. 사람 하나하나가 달라집니다. 세상은 달라진 게 없는데 한 사람 한 사람이 기쁨에 충만하게 되고 진리에 충만하게 되고 유무상통 하게 됩니다. 내것을 내것이라 하는 사람이 없고, 용기의 사람, 아주 담대한 사람이 되어서 거침없이 복음을 증거하는, 그런 역사가 이루어졌단말씀입니다. 그렇게 달라진 것입니다. 그러니까 보십시오. 오순절과 부활절은 대단히 중요한 의미가 있습니다. 부활절의 역사는 다 알고 있으면서도 저들은 조용했습니다. 이제 오순절에 성령이 감동할 때 이 부활사건이 바로 나 자신에게 주어진 사건이 되더라고요. 그래서 퍼져나가면서 증인이 된 것입니다. 오늘본문은 오해가 많은 요절입니다. 가끔 어떤 목사님들도 보면 그저 땅끝까지 이르러 내 증인이 되라, 예수의 증인이 됩시다, 하고 말하는데 그건 왜곡입니다. 성경을 자세히 보십시오. "증인이 되리라" 하십니다. '되리라' 와 '되라' 는 하늘과 땅 만큼 차이가 있습니다. 성령은 바로 그리스도의 영이 아닙니까. '되리라' 하는 것은 이제 성령이 임하면 너희가 성령 차원에서, 하나님의 차원에서 하나님께 고용된 증인이 될 것이라 하는 선포입니다. 이것과 '증인 되라' 하는 말은 얘기가 전혀 틀립니다. 그런데 사람들이 쉽게 생각해서 증인이 되라, 증인이 되라, 하는 말로 안이하게 넘어가는데 그런 말 성경에 없습니다. 하나님께서 뭐가 답답하여 증인이 되라고 부탁하시겠습니까. 복음을 전파하라는 말씀은 있습니다. 그러나 증인 되라는 말씀은 없습니다. 누구보고 증인 되라고 해서 증인 될 수 있는 것입니까. 너희가 증인이 될 것이다—헬라말로 '에세스데 무 마르투레스' 인데, 이 말에는 아주 중요한 뜻이 있습니다. 영어로 번역하면 'You shall be my witness' 입니다. 네가 내 증인이 될 것이다, 하는 말씀입니다. 증인이라는 것이 무엇입니까. 이것은 학자가 돼달라는 것도 아니고 선생이 돼달라는 것도 아닙니다. 도덕가가 돼달라는 말도 아닙니다. 지도자가 되고 정치가가 돼달라는 것도 아닙니다. '증인'이라는 것은 아주 정직하고 단순한 의미를 가진 것입니다. 증인이란 자신에 대해서 증거하는 자가 아닙니다. 어떤 사건에 대해서 그 사건의 진실을 위해서 내가 증인이 되는 것입니다. 그러니까 증거하는 일을 위해서 고용되는 자가 증인입니다. 이것을 알아야 합니다. 내가 나를 위해서 증거하는 것이 아닙니다. 그리스도의 증인이 되는 것입니다. 또하나 중요한 것은 이 증인을 통하여 사실이 사실 되고 사건이 사건이 됩니다. 아시는대로 어떤 사건이라도, 우리 요새 많이 겪고 있습니다마는, 사실은 분명히 있었을 것입니다. 그런데 이 사실은 내가 믿지 않으면 그 사실이 내게는 사실이 안되고 맙니다. 내가 모르고 내가 믿지 아니하면 사실이 아닌 것이 됩니다. 믿을 때에야 그 사건이 사실이 되고 내 생애에 새로운 의미를 가지게 됩니다. 여러분, 특별히 그런 일 있지요. 젊은사람들, 부모님이 사랑을 합니다. 많이 사랑합니다. 부모님들은 그렇듯 뜨겁게 사랑하고 있는데 본인들은 부모님이 나를 사랑한 일이 없다고 합니다. 한번도 사랑해본 일이 없다고 합니다. 자, 이렇게 되면 얘기가 달라지지 않습니까. 부모님이 나를 사랑한다는 증거가 없는 것입니다. 증거를 지금 못받아들이고 있는 것입니다. 그러는 동안은 엄청난 사랑을 받아도 이 사람에게는 사랑은 없는 것이 됩니다. 그러니까 가출을 하고 그러니까 절망을 하는 것이지요. 증거를 통해서만 사실이 사실화

합니다. 그래서 증거가 없는 사건은 때때로 그냥 미궁에 묻히는 경우가 많습니다. 여러분도 최근 미국에서 벌어진 사건을 아마 신문에서 몇번 보았을 것입니다. 몇년을 두고, 지금도 말썽이 되고 있는 사건이 있지요. 남의 나라 일이니까 이름은 대지 않겠습니다. 제 아내를 죽였습니다. 그런데 죽였는지 안죽였는지 아무도 모릅니다. 몇년을 두고 재판을 벌여도 알 수가 없습니다. 모두가 생각에는, 심증으로 볼 때는 꼭 죽인 것인데 증거가 없습니다. 그래서는 오랫동안 갇혔다가 무죄석방 됐다가 또 갇혔다가 또 나왔다가 합니다. 아직까지도 그렇습니다. 여러분, 어떻게 생각하십니까? 사건은 분명히 있었겠지요. 그러나 증거가 나타나기까지는 이게 오리무중(五里霧中) 되고 맙니다. 모든 사람에게 아직도 풀리지 않는 수수께끼가 되는 것입니다. 우리나라에도 있지요. 일련의 많은 사건들이 있습니다. 청문회도 해보고 별짓 다해보아도 어디까지가 사실인지 아무도 모르겠습니다. 왜요? 증거가 없으니까요. 증거를 가지고야 확실한 얘기가 되니까요. 또 증인이 없거든요. 진리란 증거와 함께 사실화하고 사건화하는 것이다, 이 말입니다.

주님 말씀하십니다. "너희가 내 증인이 되리라." 증인이 되려면 먼저는 경험한 사실이 있어야 합니다. 그게 중요합니다. 보고 듣지 않은 사람은 아무 의미가 없습니다. 재판할 때 뭐라고 합니까. 거기 있었느뇨, 있었습니다, 소리 들었느뇨, 못들었습니다, 그러면 가십시오, 합니다. 소용없지요. 보았느냐, 들었느냐를 묻는 것입니다. 요새 보니 뭐 자꾸자꾸 물어보는데, 사실 많은 것 물어볼 필요가 없습니다. 받았소, 안받았소—끝입니다. 딴소리가 왜 필요합니까. 소용없는 얘기입니다. 받았느냐 안받았느냐—그것만 묻고 그것만 대답하는 것입니다. 증거가 필요하거든요. 사건 자체가 중요하고요. 그 다음에는 내가 증거하는 그분을 사랑해야 됩니다. 요새도 보니 사랑하는 사람이 없습니다. 이 분을 위해서 내가 증인이 될 수 있는 사랑하는 마음이 없으니까 아무도 나타나지를 않습니다. 점점 어려워지는 것입니다. 또한 용기가 있어야 됩니다. 내 생명을 걸고라도 사실을 밝혀야 되겠다, 이 진리는, 사실을 밝히는 일은 내 생명보다도 더 중요하다, 라고 생각하는 증인이 있을 때에만 확실해지는 것입니다. 그런데 오늘도 보니까 그 많은 사건들이 우리 앞에 분명히 있는데 증인이 없고 증거도 없습니다. 그 많은 세월을 두고, 그렇게 많은 시간을 소비했지마는 아직도 오리무중입니다. 이제 생각해보십시오, 예수 그리스도의 사건을. 그는 하나님의 사람입니다. 하나님의 계시자로 오셨습니다. 그 예수께서 말씀하십니다. 내 뜻을, 내가 무엇을 원했고 무엇을 했는지 너희가 증거하라고요. 특별히 중요한 것은 부활입니다. 예수님의 부활사건을 만난 열한 제자를 앞에 두고 하신 말씀입니다. '너희를 지금 내가 만나서 얘기하고 있지 않느냐, 내가 부활하지 않았느냐, 죽었다가 사흘만에 부활했다는 이 사실에 대하여 너희가 증인이다.' 사도행전을 죽 읽어나가면 계속적으로 말씀합니다. 사도들이 어디 가서나 내가 증인이오, 우리가 증인이오, 하고 선언합니다. 바로 그 용기입니다. 사실은 예수 그리스도를 십자가에 못박은 사람들이 여기 살아 있습니다. 그분을 죽인 사람들이 지금 눈앞에 살아 있다고 한다면 나도 죽을 각오가 되어 있어야 하는 것입니다. 이래서 증거란 어려운 것입니다. 그래서 증인은 곧 순교자입니다. 순교자만이, 죽음을 전혀 두려워하지 않는 순교자만이 부활의 증인입니다. 저 부활의 세계를 환히 바라보고 있기 때문에 안심하고 죽을 수 있는 것입니다. 스데반처럼 말입니다. 이게 부활의 증인입니다. 순교자만이 부활의 증인입니다. 예수믿는 사람은, 최고로 잘믿는 사람은 세상에서 얼마나 손해보느냐가 중요하지 않습니다. 마지막 죽을 때 어떻게 죽느냐가 중요합니다. 우리교인들도 가령 입원해 있는 병원에 가보면 마주앉아 얘기하고 헤어질 때 "천국에서 다시 만납시다"하면서 빙그레 웃고 인사를 하는 분이 있습니다. 그러고 왔는데 1시간 후에 죽었다는 것입니다. 얼마나 아름다운지. 내세를 믿는 사람은 죽는 모습이 다릅니다. 그게 바로 증인입니다. 오늘도 세상이 시끄럽습니다. 이것은 이 세상뿐인 줄 아는 사람들 때문입니다. 내세가 있는 줄 아는 사람, 천당이 있는 줄 아는 사람의 생애는 다릅니다. 영원한 세계가 크게 다가오고 세상에 사는 것은 잠깐 지나가는 일일 뿐이라고 인식하는 사람은 다릅니다. 그래서 하늘나라의 세계를 믿는 스데반은 돌에 맞아 죽으면서도 얼굴은 천사의 얼굴과 같을 수 있었던 것입니다. 그가 바로 부활의 증인입니다. 뿐만아니라 이 시간에 내가 달라집니다. 내 생활이 달라지고 세계관이 달라지고 가치관이 달라집니다. 변화된 나 자신, 인격, 그것이 바로 증인이더라고요. 증거물이 아닙니다. 증인입니다. 증인을 요구하고 계십니다. 증인이 되리라고 말씀하십니다. 증인이 된다고 말씀하십니다. 성령이 임하면 꼭 너희가 내 증인이 될 것이다, 하십니다. 여기서 중요한 문제를 생각합니다. '성령이 너희를 고용해서 증인되게 하리라.' 사실입니다. 사도행전 전체의 맥락이 그것입니다. 성령이 제자들을 고용했습니다. 사용해서 증인되게 했습니다. 나 스스로가 증인된 것이 아니라 성령이 증인되게 했습니다. 그것이 성경이 말씀하는 진리입니다. 자, 예수님께서는 그 정치적인 문제, 세계 경제적인 문제, 많은 복잡한 문제를 놔두고 한 사람 한 사람에게 복음을 전하시고 십자가에 죽으셨습니다. 그것이 예수님의 해결방도였습니다. 이 길을 통해서 하나님의 나라를 세우고자 하셨습니다. 이제 성령을 받은 사람은 같은 방법을 씁니다. 성령을 받았기 때문에 세계가 변화되기를 기다리지 않습니다. 천지개벽이 되기를, 정치적으로 해결되기를 원치 않습니다. 해결의 길은 오직 지금도 한 사람 한 사람에게 복음을 전하고 한 사람 한 사람이 복음을 받고 구원을 받는 데 있습니다. 여기에 우리의 증인됨이 있어야 합니다. 성령이 임하면 권능을 받고 너희가 내 증인이 되리라, 하십니다. △

하나님의 말씀으로

　이러므로 우리가 하나님께 쉬지 않고 감사함은 너희가 우리에게 들은 바 하나님의 말씀을 받을 때에 사람의 말로 아니하고 하나님의 말씀으로 받음이니 진실로 그러하다 이 말씀이 또한 너희 믿는 자 속에서 역사하느니라 형제들아 너희가 그리스도 예수 안에서 유대에 있는 하나님의 교회들을 본받은 자 되었으니 저희가 유대인들에게 고난을 받음과 같이 너희도 너희 나라 사람들에게 동일한 것을 받았느니라 유대인은 주 예수와 선지자들을 죽이고 우리를 쫓아내고 하나님을 기쁘시게 아니하고 모든 사람에게 대적이 되어 우리가 이방인에게 말하여 구원 얻게 함을 저희가 금하여 자기 죄를 항상 채우매 노하심이 끝까지 저희에게 임하였느니라

(데살로니가전서 2 : 13 - 16)

하나님의 말씀으로

조지 버나드 쇼라고 하면 국어사전에도 이름이 나와 있는 유명한 영국극작가입니다. 그의 작품 「세인트 조안」이라고 하는 희곡은 프랑스의 성녀 잔 다르크 이야기를 각색한 것입니다. 거기에 이런 대목이 있습니다. 찰스 왕이 조안에게 이렇게 말합니다. "오, 소리 소리, 어째서 나에게는 들리지 않는고. 임금은 나야, 너는 아니야. 임금은 나인데 하늘의 소리가 내게는 들리지 않는구나." 왜 너같은 사람에게만 들리는 거냐, 하는 것입니다. 이에 대해서 조안은 대답합니다. "들리지 않는 것이 아닙니다. 듣지 않는 것입니다. 고요한 가운데 기도하십시오. 모든 욕망을 버리고 마음을 비우고 명상을 해 보십시오. 마음을 열고 진실하게 기도하십시오." 이렇게 왕에게 대답하는 장면이 나옵니다. 여러분, 사실상 우주는 하나님의 말씀으로 충만합니다. 어디에나 하나님의 말씀이 있습니다. 계속 들려지고 있습니다. 그러나 듣지 않는 데 문제가 있습니다. 예수님께서 친히 말씀하십니다. "사람이 떡으로만 살 것이 아니요 하나님의 입으로 나오는 모든 말씀으로 살 것이라(마 4 : 4)." 말씀을 듣지 않기 때문에 죽어갑니다. 말씀을 듣지 않기 때문에 사람이 사람된 본연의 위치에서 떠납니다. 말씀을 듣지 못한 사람들로 인해서 세상은 이렇게 어지럽습니다. 하나님의 사람들은 하나님의 음성을 듣습니다. 하나님의 말씀이 들려지지 않을 때 성경은 이것을 심판이라고 합니다. 하나님말씀을 전혀 들을 수 없는 사람을 강퍅케 된 사람, 이미 멸망한 사람이라고 못박습니다. 성경에 보면 많은 사람들이 마음이 굳어지고 굳어져서 강퍅케 되어 전혀 아무 말씀도 들을 수 없는 사람들로 살아가다가 비참하게 멸망하는 이야기를 무수히 읽을 수 있습니다. 사람은 근본 창조될 때부터 하나님의 음성을 듣도록 창조되었습니다. 하나님께서 말씀하십니다. 아담아, 아브라함아, 모세야, 사무엘아… 계속 말씀하십니다. 이렇게 말씀을 들을 때 감격하며 하나님의 사랑을 크게 느끼는 사람이라면 구원받은 사람입니다. 하나님의 음성이 들릴 때에 두려움에 떨고떤다면 그 사람은 불신앙의 사람입니다.

여러분에게는 지금 하나님의 음성이 어떻게 들려오고 있습니까? 얼마나 분명하게 들려오고 있습니까? 피치 못할 것은 우리가 언제고 주님 앞에 딱 가서 서야 한다는 것입니다. 그 순간을 위해서 우리는 오늘 무엇을 듣고 있는 것입니까? 말씀하시고 응답하시고, 그 말씀과 응답 사이에 인간존재의 뿌리가 있는 것입니다. 로마서 10장 17절에서 "믿음은 들음에서 나며 들음은 그리스도의 말씀으로 말미암았느니라"하고 확실하게 증거하고 있습니다. 이스라엘백성이 애굽에서 나와 광야를 거쳐 가나안으로 갈 때 하나님께서는 광야에서 그들을 훈련시키십니다. 하나님의 백성으로 훈련시키십니다. 그럴 때에 말씀을 주셨습니다. 직접 들려주고자 하셨습니다. 그들은 이 무서운 소리에 견딜 수가 없어서 출애굽기 20장 19절이나 신명기 5장 25~27절에 보면 하나님 앞에 부르짖습니다. 하나님이여, 직접 말씀하시지 말아주십시오, 너무너무 두려워서 견딜 수가 없습니다, 모세에게 말씀해주십시오, 우리는 모세를 통하여 하나님의 말씀을 듣겠습니다, 그리고 순종하겠습니다—이렇게 간청합니다. 신명기 5장 29절에 보면 너무도 귀한 말씀이 있습니다. "항상 이같은 마음을 품어 나를 경외하며 나의 모든 명령을 지켜서… 복받기를 원하노라"

— '이같은 마음'이 무엇입니까. 하나님의 말씀을 직접 들어야 되겠다, 하나님의 얼굴을 직접 보아야겠다고 도전하는 식의 자세가 아닙니다. 그런 오만불손한 생각이 아니라 '하나님, 저는 감당할 수가 없습니다, 모세에게 말씀해주십시오, 우리는 모세를 통해서 듣겠습니다' 하는 '이같은 마음'을 하나님께서 크게 축복하십니다. 그들에게 영원한 복이 있겠다고 말씀하시는 것을 볼 수 있습니다. 여기에 하나님의 긍휼이 있고 사랑이 있고 하나님의 뜻이 있습니다. 이스라엘 백성은 광야에 머무는 동안 하나님의 사람으로 사는 법을 배웁니다. 그 법을 세 가지로 요약해볼 수 있습니다. 하나는 성전중심입니다. 철저하게 성막을 중심으로 합니다. 그 다음은 율법중심이고, 그 다음은 모세중심입니다. 모세를 하나님의 사람으로 받아들여 모시고, 모세를 통하여 인도받으며 모세를 통하여 말씀을 듣습니다. 모세를 중심으로해서 그렇게 순종하고 살았습니다. 이것이 광야생활에서 얻어진 신앙구도였습니다.

여러분, 인간은 역사의 음성을 들을 줄 알아야 합니다. 양심의 소리를 들을 줄 알아야 합니다. 그리고 하나님의 말씀을 들을 줄 알아야 합니다. 말씀이라고 할 때 말씀에는 적어도 몇 가지의 중요한 개념이 있습니다. 말씀이라고 말씀, 말씀, 하지마는 개념을 분명히 해야 합니다. 몇 가지로 성경은 말씀합니다. 첫째는 태초에 말씀이 계시니라, 하는 그 말씀, 로고스입니다. 로고스란 '성자되심'을 말합니다. 삼위일체 중에서 성자되심을 뜻합니다. 삼위일체 중의 성자를 뜻합니다. 이것은 말씀의 뿌리요 근본입니다. 말씀으로 천지를 창조하시고 말씀이 태초부터 우리와 함께하십니다. 그 말씀입니다. 그 다음은 선지자를 통해서 전해지는 말씀입니다. 하나님의 말씀이 선지자의 입을 통해서 전해집니다. 선지자가 특별한 사람이 아닙니다. 다 보통사람입니다. 소모는 농사꾼도 있고, 뽕나무집 사람도 있고, 요나같이 성정이 못된 사람도 있습니다. 여러 모양의 사람입니다마는 상관없습니다. 하나님께서 등용하시어 그에게 말씀을 주셔서 보내십니다. 그가 누구냐를 물을 것이 없습니다. 이 사람을 통해서, 선지자를 통해서 하나님의 말씀을 들어야 했습니다. 그 다음에는 예수님 자신이 세상에 오십니다. 말씀이 육신이 되어 우리 가운데 오십니다. 인격으로 오십니다. 이것이 말씀의 근본이요, 초점이요, 중심입니다. 그런고로 예수믿는다는 것은 예수 그리스도를 하나님의 말씀으로 받아들이는 것입니다. 예수님을 하나님의 아들로 받고 하나님의 계시 그 본체로 받아들이는 데 그리스도인된 모습이 있습니다. 그 다음에는 예수 그리스도를 만난 사람들, 그를 체험한 사람들에 의해서 그것이 증거됩니다. 사도들에 의해서입니다. 사도들에 의해서 증거되는 말씀을 케뤼그마라고 합니다. 선포되고 초대교회에서 증거된 말씀입니다. 그러니까 사도들을 통해서 그리스도의 말씀을 들은 사람이 그리스도인입니다. 그 다음에는 이것이 기록이 됩니다. 곧 성경입니다. 그래서 성경을 가리켜 흔히 '기록된 계시'라고 합니다. 그냥 책이 아닙니다. 기록된 계시, 즉 하나님의 말씀이라고 믿습니다. 바로 여기에 그리스도인된 모습이 있습니다. 우리가 성경을 통해서 하나님의 말씀을 듣습니다. 그 다음에는 교회적으로 볼 때 성례와 설교를 통해서 듣습니다. 성례는 몸으로 체험하도록 상징적으로 나타난 것입니다. 상징화한 말씀, 그리고 귀로 듣는 설교말씀―이 말씀을 통해서 우리는 하나님의 말씀을 듣게 되는 것입니다.

　　오늘본문으로 돌아가봅니다. 데살로니가교회―대단히 중요한 교회입니다. 사도 바울이 여러 편지를 썼습니다마는 편지들 중 첫번째로 쓴 편지가 데살로니가전서입니다. 오늘본문이 있는 편지입니다. 그는 데살로니가교회를 세웠습니다. 핍박 중에 세웠습니다. 그 뒤에 멀리 가 있으면서 데살로니가교회를 향하여 편지를 씁니다. 그 내용이 오늘본문에 있는 것입니다. 내가 너희에게 하나님 말씀을 전할 때 너희는 그것을 사람의 말로 듣지 아니하고 하나님의 말씀으로 들었다, 나는 그것을 감사한다—거기에 생명의 역사 가 있었기 때문입니다. 그리고 1장 5절에도 보면 복음이 너희에게 전해질 때 말로만 아니라 능력으로 전해지고 성령으로 전해지고 큰 확신으로 전해진 것을 감사하게 생각한다고 말씀합니다. 바울을 통해서 하나님의 말씀을 들었습니다. 여기서 우리가 생각해야 합니다. 하나님의 말씀으로 듣기 이전에 그 하나님의 말씀을 전하는 사람에 대한 문제입니다. 바울에 대한 문제가 남아 있습니다. 바울을 하나님께서 보내신 자로 믿고야 하나님의 말씀을 들을 수가 있습니다. 본래 사도(아포스톨로스)라고 하는 말은 보내심을 받았다는 뜻입니다. 하나님께로부터 보내심을 받은 사람, 이 인격에 대한 신앙이 먼저입니다. 그를 통해서 말씀을 듣는 것입니다. 예수님께서도 친히 제자들을 파송하시면서 '너희를 영접하는 것은 나를 영접하는 것이요, 나를 영접하는 자는 나 보내신 이를 영접하는 것이니라' 하셨습니다. 이렇게 동일시하십니다. '너희의 말은 나의 말이요, 나의 말은 하나님의 말씀' 이라는 말씀입니다. 이 맥락에서 우리의 신앙이 똑바로 서야 합니다. 대단히 중요한 것입니다. 그가 누구냐가 아주 중요한 것입니다. 어떻게 받아들이냐가 중요합니다.

 갈라디아서 4장 14절에 보면 사도 바울이 그 편지 중에 참 귀한 말씀을 합니다. 특별히 목회자로서는 이 장면이 대단히 귀합니다. "너희를 시험하는 것이 내 육체에 있으되 이것을 너희가 업신여기지도 아니하며 버리지도 아니하고 오직 나를 하나님의 천사와 같이 또 그리스도 예수와 같이 영접하였도다.""너희의 눈이라도 빼어 나를 주었으리라." 이렇게 감격하고 있습니다. 어떤 모습으로 영접하느냐가 중요합니다. 어느 교회 부흥회를 인도하러 갔는데 그 교회 장로님이 어느날 조용한 시간에 제 숙소를 찾아와 이런저런 얘기를 나누는 중에 이렇게 말하는 것이었습니다. "목사님, 우리 교회 목사님은 설교가 시원치 않아서 걱정입니다. 그래서 제가 설교 좀 잘하라고 책을 몇권 사다 드렸거든요. 드리고서 가만히 들어보니까 그 책 안 본 것같아요." 그래서 제가 그 장로님에게 이렇게 말했습니다. "큰 병이 들었습니다." 여러분, 설교를 어떻게 듣는 것입니까? 교역자를 어떤 눈으로 봅니까? 바로 거기에 여러분의 신앙의 수준이 있는 것입니다. 하나님께서 보내신 분입니다. 아주 중요합니다. 어떤 분은 한평생 예수를 믿었지마는 기연가미연가하고 다니다가 나이들면서 우리 교회에 나오더니 "이건 하나님께서 인도하신 거라 난 여기서 생을 마치렵니다" 합니다. 하나님께서 인도하시고 하나님께서 만나게 하셨다는 그 믿음이 없으면 소용이 없는 것입니다. 하나님께서 저 분을 보내셨고 하나님께서 저 분을 세우셨다, 하는 믿음이 아주 중요한 것입니다. 그 다음에야 그를 통해서 하나님의 말씀을 듣게 되는 것입니다. 이것이 참믿음입니다. 좀더 신학적인 말씀을 드린다면, 우리는 하나님의 말씀을 역사를 통해서 듣고, 사건을 통해서 듣고, 양심을 통해서 듣습니다. 오늘의 모든 상황을 통해서도 하나님의 말씀을 듣습니다. 이것을 자연계시라고 합니다. 일반계시라고도 합니다. 이제 예수 그리스도를 통해서 듣고, 선지자를 통해서도 듣고, 성경을 통해서 듣고, 나아가서는 설교를 통해서 듣게 될 때 이것을 특별계시라고 합니다.

    성경으로 돌아가봅니다. 사도행전 10장에 보면 고넬료라고 하는 사람이 있습니다. 이 사람은 로마군대의 백부장입니다. 점령지에 와서 주둔하고 있는 로마장교입니다. 아주 으리으리한 사람입니다. 이 사람이 참 경건해서 조용히 하나님을 경외하고 그 말씀을 따르고 있었습니다. 이제 하나님께서 특별한 경륜이 계시어 이 사람에게 천사를 보내 말씀하십시다. 욥바에 있는 피장 시몬의 집에 가서 베드로를 청하라고. 성지를 방문했을 때 욥바의 그 피장 시몬의 집이라는 데를, 이천 년 동안 서 있는 그 집을 가보았습니다. 보니 바람벽에 '베드로가 있던 집'이라고 씌어 있습디다. 자, 고넬료가 이제 베드로를 모셔옵니다. 모셔왔을 때 고넬료가 베드로를 어떻게 대합니까? 저 사람은 한낱 갈릴리어부에다 초라한 텁석부리영감입니다. 그리고 이쪽은 로마장교입니다. 그러나 고넬료는 자기 친척 친지를 다 모아놓고 있다가 베드로가 들어왔을 때 그 앞에 떡 무릎을 꿇습니다. 엎드려 경배를 하는 것입니다. 베드로가 하도 황송해서 얼른 그를 잡아 일으키면서 말합니다. "나도 사람이라(행10 : 26)"—이러지 마시오, 나도 사람이오… 베드로가 원래 우쭐하기 잘하는 사람인데 고넬료의 그 겸손을 감당할 수가 없어서 나도 사람이오, 하고 일으키는 것을 볼 수 있습니다. 고넬료가 말합니다. 지금 우리는 다 하나님 앞에 있습니다, 말씀하십시오, 당신에게 주신 말씀을 우리에게 전해주십시오—그럴 때 베드로가 담대하게 주 예수 그리스도의 복음을 전하고, 또 전할 때 그들이 그 자리에서 성령을 받고 방언을 합니다.

언어가 통하지 않는 사람들인데도 불구하고 성령 안에서 저들이 다 알아듣는 것입니다. 이를 보고 깜짝놀라서 베드로는 당장 거기서 세례를 줍니다. 세례주자면 총회 모이고 결의해가지고 법부터 세우고 해야 하는데 다 무시하고 세례를 주었고, 그 다음에 사도행전 15장에 보면 이 문제가 좀 시끄러워졌을 때 베드로는 말씀합니다. 당시의 장면을 죽 설명하면서 하나님께서 하신 일을 누가 막겠느냐고 설파합니다. 생각해보십시오. 고넬료가 베드로를 모셔들이는 마음, 그것이 신앙입니다. 그를 통해서 하나님의 말씀을 듣습니다. 그것이 바로 예배입니다. 저는 이 장면을 사랑합니다. 그리고 종종 생각합니다. 고넬료와 베드로와의 관계 같은 것이 우리 소망교회에도 누구에게나 이루어졌으면 좋겠다고요. 바로 거기에 은혜가 있고 그 사람만이 교인입니다. 교회에 나와 앉았다고 다 교인인 것은 아닙니다. 예배를 통해서 하나님의 말씀을 듣습니다. 사도 바울도 보면 그가 다메섹도상에서 예수님 만나고 다메섹에 갔을 때 하나님께서 아나니아를 보내십니다. 서로 전혀 모르는 사람입니다. 아나니아는 더욱이 사울을 두려워합니다. 예수믿는 사람을 체포하기 위하여 왔다면서요, 하고 거부하려고 하지마는 하나님께서 가라 하시니 가서 안수하고, 주께서 나를 보내시어, 그대가 만난 그 예수께서 나를 보내시어 내가 여기에 왔소, 라고 말하는데 바울은 하나님께서 보내신 사람으로 아나니아를 받아들이고 그를 통하여 하나님의 말씀을 듣습니다. 여기서 사도 바울이 사도되게 되는 것입니다. 그런고로 우리는 생각해야 합니다. 듣는 말도 많고 보는 사건도 많습니다. 그러나 듣는 말씀이 하나님의 말씀 되는 데는 몇 가지 조건이 있습니다. 하나는 하나님께서 보내셨다고 하는 믿음을 가져야 한다는 것입니다. 또하나는 이 만남의 관계가 하나님의 섭리 중에 이루어졌다고 하는 믿음이 있어야 한다는 것입니다. 결코 인간의 문제가 아닙니다. 하나님께서 주선하시고 하나님께서 이 은혜의 시간을 우리에게 주신 거란말입니다. 더 중요한 것은 성령이 역사하여야 한다는 것입니다. 성령이 역사하지 않으면 성경은 한낱 역사서에 불과합니다. 낡은 고전문학일 뿐입니다. 그러나 성령받은 사람이 성령 안에서 읽으면 구절구절에서 하나님의 음성이 들립니다. 유명한 칼 바르트의 말대로 'The Word of God waits for us in the Bible'인 것입니다. 하나님의 말씀이 성경 안에서 우리를 기다리시는 것입니다. 이 사람이 그리스도인입니다. 성경을 읽으면서 하나님의 음성을 듣고, 성경을 해석하는 설교를 들으면서 내게 주시는 말씀을 듣습니다. 성령 안에서. 오직 성령입니다.

누가 얘기합디다. "목사님, 설교하기 얼마나 어렵습니까?" "왜요?" "교인들 가운데는 박사도 있고, 초등학교도 못나온 사람도 있고, 여든 노인도 있고, 어린아이도 있고, 성공한 사람, 실패한 사람, 교만한 사람, 예쁜 사람, 안예쁜 사람… 이 많은 부류의 사람들이 가득찼는데 어떻게 한 목소리로 설교할 수 있습니까? 참 거 어렵지 않겠습니까? 나는 대학생들만 놓고도, 같은 나이 학생들을 앞에하고도 설교하기가 어려워요." "그래서 설교와 강의는 다른 거예요. 강의는 당신이 지식을 전하는 것이지만 나는 성령 안에서 말하고 또 듣는 이들은 성령 안에서 듣는 거예요. 내가 무슨 말 하나 상관없지요. 듣는 모든 사람이 각자의 필요한대로 하나님의 말씀으로 들으니까." 이걸 알아야 됩니다. 거기에 그리스도인됨의 본질이 있습니다. 사도행전 16장 14절로 보면 사도 바울이 빌립보에 가서 그 한적한 곳에서 안식일을 지내는데 거기서 루디아와 몇 여인들을 만납니다. 생전 처음 만나는 사람들이지만 복음을 전하게 되는데, 성경은 이렇게 증거합니다. '성령이 그 마음문을 열어' ―성경에 이같은 말씀이 사도행전에만 일곱 번 있습니다. 성령이 마음문을 열어주시매 처음 만나는 사람으로부터 하나님의 말씀을 듣고 구원을 받고 교회를 세우고 한평생 사도 바울을 위해서 헌신하는 것을 볼 수 있습니다. 이것이 성령의 역사입니다. 성령 안에서 이루어집니다. 성령이 임하면서 결국은 베드로를 통해서 그리스도를 보고, 베드로를 통해서 하나님을 만나고, 베드로를 통해서 하나님의 말씀을 듣게 되는 역사가 초대교회에, 오순절에 시작이 되었던 것입니다. 하나님의 말씀으로 믿고 하나님의 말씀으로 받고 하나님의 말씀으로 순종합니다.

아주 칠흑같이 캄캄한 밤, 정말 몇미터 앞이 보이지 않는 그런 밤에 배를 몰고 가던 선장이 한참 가다보니까 앞에 불빛이 하나 보입니다. 그것은 배의 불빛임에 틀림없었습니다. 그 배와 가까워지는 것을 느끼고 이대로면 충돌하겠구나 싶어 선장은 전등으로 신호를 보냈습니다. '그쪽과 우리가 충돌하게 되겠으니 15도 동쪽으로 돌려라. 뱃머리를 돌려라' 하고 전했습니다. 그쪽에서도 얘기합니다. '당신이 돌려요.' 선장은 화가 났습니다. '나는 선장이다' 하고 신호를 다시 보냈습니다. 그랬더니 그쪽에서 답신이 오는데 '나는 일등병이오!' 합니다. 선장은 다시 전합니다. '이것은 군함이다. 그러니 그 배를 돌려라!' 그쪽에서 대답이 오는데 웬걸 '나는 등대요!' 하는 것이었습니다. 누가 돌려야겠습니까? 여러분, 하나님의 말씀 앞에 그대로 순종하는 것입니다. 그리스도인이란 교회를 내 아버지 집으로, 하나님의 집으로 생각하는 사람입니다. 그렇게 알고 교회를 출입하는 것입니다. 그리스도인이란 성경을 읽을 때마다 하나님의 말씀으로 고백하면서 읽고, 설교를 들을 때마다 하나님께서 내게 주시는 말씀으로 듣는 것입니다. 바로 거기에 진정한 그리스도인됨이 있습니다. 벌써 몇년 전 얘기입니다마는 어느날, 우리 교회에 오셨다가 나가시는 한 분이 미국에서 오신 분이라고 하면서 제게 편지를 하나 써주었습니다. 한국말이 서툴다고 카드에 영어로 썼는데 내용이 이랬습니다. '내가 20년 동안 기도해온 기도제목이 있는데, 오늘의 설교말씀을 들으면서 응답을 받았습니다. 감사합니다' —내가 그 편지를 오랫동안 보관한 적이 있습니다. 가장 귀한 편지였습니다. 예수 믿는 사람은 설교를 통하여 기도응답을 받습니다. 거기서 믿음을 얻고, 힘을 얻고, 용기를 얻고, 능력을 얻는 것입니다. 말씀이 능력으로 화하는 것입니다. 여기에 그리스도인의 참모습이 있습니다. △

너는 내 앞에서 완전하라

아브람의 구십 구 세 때에 여호와께서 아브람에게 나타나서 그에게 이르시되 나는 전능한 하나님이라 너는 내 앞에서 행하여 완전하라 내가 내 언약을 나와 너 사이에 세워 너로 심히 번성케 하리라 하시니 아브람이 엎드린대 하나님이 또 그에게 일러 가라사대 내가 너와 내 언약을 세우니 너는 열국의 아비가 될지라 이제 후로는 네 이름을 아브람이라 하지 아니하고 아브라함이라 하리니 이는 내가 너로 열국의 아비가 되게 함이니라 내가 너로 심히 번성케 하리니 나라들이 네게로 좇아 일어나며 열왕이 네게로 좇아 나리라 내가 내 언약을 나와 너와 네 대대 후손의 사이에 세워서 영원한 언약을 삼고 너와 네 후손의 하나님이 되리라 내가 너와 네 후손에게 너의 우거하는 이 땅 곧 가나안 일경으로 주어 영원한 기업이 되게 하고 나는 그들의 하나님이 되리라

(창세기 17 : 1 - 8)

너는 내 앞에서 완전하라

　여러분이 잘 아시는 영국의 작가 G. 엘리오트는 나름대로 인간을 이렇게 분석하고 있습니다. 사람들은 알게모르게 다섯 가지 감옥에 갇혀 살고 있다는 것입니다. 문제는 자기가 감옥에 갇혀 있다는 것을 자기도 모른다는 데 있습니다. 알 때도 있지마는 모를 때가 더 많습니다. 철창이 없는 감옥, 쇠사슬에 매인 것도 아닌데 더 강력하게 붙들려 있는 감옥, 그 감옥에 매여 있다는 말입니다. 여기서부터 자유해야만 인간이 바로 설 수 있고 자기성취를 이루어갈 수 있다는 것입니다.

　다섯 가지 중 첫째가 이기적인 '자기사랑의 감옥'입니다. 가만히 보면 남을 사랑한다 해도 결국은 자기사랑입니다. 특별히 자기자식을 사랑한다는 말 같은 것은 철저하게 자기중심적입니다. 자기삶의 연장일 뿐입니다. 이웃을 위하고 누구를 돕는다 하더라도 결국을 보면 자기를 위하는 것입니다. 사람은 이기적인 이 자기사랑의 감옥에서 출옥하지 못한다는 것입니다. 그것이 문제입니다. 이렇게 살다 보면 번민도 많고 고통도 많고, 또 사람들로부터 배척당합니다. 이기주의자를 성원하는 일은 없습니다. 자기자신도 마지막에 자기를 배척합니다. 내가 이렇게 형편없는 인간이라는 것을 스스로 깨닫게 되기 때문입니다. 어쨌든 이기심, 자기사랑, 이것이 큰 감옥입니다. 이로부터 벗어나기 전에는 사람답게 살지 못합니다.

　두 번째는 근심이라고 하는 감옥입니다. 사실 근심이야말로 쓸데없는 것 아닙니까. 걱정해서 되는 일이란 아무것도 없습니다. 걱정을 하고보면 내 마음 상하고 남의 마음 해치고 주변분위기까지 다

못쓰게 됩니다. 인간이 가지고 있는 잠재력을 다 말라버리게 합니다. 가지고 있는 능력, 지혜마저 다 사라져버립니다. 물론 창의력은 상상조차 못합니다. 근심하는 자는 그야말로 가장 비겁하고 나약한 사람으로 전락할 수밖에 없습니다. 더욱이 걱정은 쓸데없다는 것을 알면서도 이 감옥에서 헤어나지를 못합니다. 아주 쓸데없는 걱정, 이것이 감옥입니다.

세 번째는 과거를 생각하는 '향수의 감옥'입니다. 과거를 생각합니다. 그래서 옛날로 돌아가봅니다. 그 당시에는 그때가 제일 어려웠다고 생각했는데 지금와서는 그때가 좋았다 합니다. 특별히 잘못되기 쉬운 게 뭐냐하면 과거에 대해서 가정법을 쓰는 것입니다. 그때에 그러지 말았어야 되는데, 이 사람하고 결혼하지 말았어야 하는데, 그 말을 믿지 말았어야 되는데, 그때 좀더 열심히 공부할 걸, 뭘 할 걸…이렇게 생각하는 것입니다. 이거야말로 아무 소용 없는 짓입니다. 이것은 과거지향적인, 과거에 대한 향수와 미련에 불과합니다. 이것도 하나의 감옥입니다. 여기 꽉 붙들리게되면 절대로 미래를 향해 나아갈 수가 없습니다. 미래를 망치는 것입니다. 여러분, 비행기를 타보시지요? 옛날에는 비행기가 프로펠러 비행기였습니다. 프로펠러 비행기는 앞에 있는 공기를 잡아당기면서 앞으로 추진됩니다. 그러나 요즘의 제트 엔진은 뒤로 밀치면서 나갑니다. 그래서 엔진이 전부 뒤에 있습니다. 어떤 것은 아주 꼬리에 붙어 있습니다. 모름지기 과거를 밀쳐버려야, 떨쳐버려야 앞으로 나아갈 수 있습니다. 훨씬 더 강하게 나아갈 수 있습니다. 과거로부터 벗어나지 못하면 아무 일도 할 수가 없습니다. 연을 날려보았습니까? 연이 높이높이 올라가는 것같으나 결국 연 줄에 매달려 있습니다. 제아무리 올라가도 그 한계에서 더는 못올라갑니다. 이걸 알아야 됩니다. 과거를 향하는 향수, 미련, 이것을 차단하기 전에는 과거라는 감옥에서 영영 헤어나지 못합니다. 현재와 미래를 다 망치게 됩니다.

또하나는 남의 것만 좋게 보는 '선망의 감옥'입니다. 내것이 왜 중요하지 않습니까. 나는 새 다섯 마리보다 내 손에 있는 한 마리의 새가 중요합니다. 그런데 언제나 남의 것만 좋아보입니다. 남편도 남의 남편이 좋고, 아이들도 남의 아이들이 잘하는 것만 같고…다른 사람과 비교하면서 다른 사람의 처지를 선망하는 것입니다. 이게 바로 또한번 감옥입니다. 어느 사이에 나도모르게 여기에 빠져들어가기 시작하면 자기페이스에 빠져들게 되고 자기에게 주신 소중한 은사도 다 망각하게 됩니다. 남의 것은 남의 것이고 내것은 내것입니다. 이걸 분명히해야 됩니다. 남의 일에 끌려갈 필요가 없습니다.

또하나는 증오라고 하는 감옥입니다. 어느 사이에 남을 미워하고 시기 질투하고 있는 것입니다. 제가 가끔 북한을 도웁시다, 하고 여기저기 가서 강연을 할 때가 있는데 한번은 그 강연 끝에 어떤 장로님이 내 손을 잡고 "북한 공산당놈들에게 쌀을 주면 안됩니다" 합니다. "그놈들은 굶어죽어야 됩니다" 합니다. 그래서 제가 "아니, 무슨 말씀을 그렇게 하십니까?" 했더니 "아, 그놈들이 모두 지난날에" 하면서 한참 얘기를 합니다. 그래서 내가 "아니, 내 얘기 좀 들어보실래요? 나는 공산당 때문에 감옥에도 갔었고 광산에 끌려가 죽을 고생 하다가 구사일생으로 살아났소. 그리고 내 아버지는 내 목전에서 총살당하셨습니다. 어떻습니까?" "그래도 도우려 하시는 거요?" "도와야지요. 무슨 말씀 하시는 거예요? 이제쯤은 좀 잊어버리세요." 아직도 미워하고 있습니까? 뭘 대단한 사람이라고. 아직 이만

큼이라도 살아 있으면 고마운 줄 알지 왜 이렇게 사람들이 오래도록 한을 품습니까. 참 몸서리가 납니다. 너무 오래도록 한을 품고 이걸 풀지를 못합니다. 한을 그대로 뭉쳐가지고 죽어버립니다. 이 증오, 이걸 어떻게 하면 좋겠습니까? 이 감옥에서 헤어나오지 못합니다. 얼굴 한번 펴보지 못하고 살다가 갑니다. 참으로 궁상이라고 생각합니다. 증오는 사람의 뼈를 말립니다. 시기와 질투로 인해서 세상이 얼룩집니다. 모름지기 이로부터 벗어나야 합니다.

오늘본문말씀을 보면 아브라함이 하나님의 말씀을 듣고, 하나님의 약속만 믿고 75세 때에 고향을 떠납니다. 창세기 12장에 보면 하나님께서 너의 본토 친척 아비집을 떠나라, 하실 때 갈 바를 알지 못하는 채로 하나님의 약속과 그 축복만을 믿고 떠납니다. 아주 훌륭한 일입니다. 아주 위대한 역사를 이루었습니다. 하나님께서는 또 내가 네게 자손을 주마, 아들을 주리라, 그리고 그 아들을 통해서 하늘의 별처럼 바다의 모래알처럼 계속해서 자자손손이 복을 받게 해주겠다, 약속하십니다. 또 땅을 주마, 약속하셨습니다. 내가 지시할 땅으로 가라, 하고 약속하셨는데 오늘본문대로 보면 99세가 될 때까지 25년 동안 기다렸는데 아직도 주시지 않았습니다. 기막힌 일입니다. 지쳤습니다. 주신다 주신다 약속만 해놓으시고 약속의 성취가 오지 않았다는 말입니다. 이렇게 지쳐 있는 바로 이 시간에 하나님께서 또 말씀하십니다. 똑같이 말씀하십니다. 네 후손에게 복을 주고 너와 네 후손에게 내가 약속한다, 하십니다. 아브라함이 '엎드렸다' 했습니다. 엎드렸다—저는 궁금합니다. 엎드려서 무슨 생각을 했을까? '하나님 너무 하십니다. 아니, 그 말씀 하신 지가 25년입니다. 그런데 뭘 또 그 말씀이십니까? 나는 신이 아닙니다. 하나님은 영원하시지만 나는 늙어가지 않습니까. 내 아내도 자꾸 늙어가고요. 벌써 단산한 지가 언젠데 아직도 그 말씀을 하십니까?' 답답했겠지요. 아브라함이 말이 없습니다. 그냥 엎드리기만 했습니다. 속으로 중얼중얼했을까요? 그러나 하나님께서는 너는 내 앞에서 행하여 완전하라, 하고 말씀하십니다. '완전'이라는 말은 히브리말로 '다미미'입니다. 영어로는 blameless입니다. 깨끗하고 완전한 것입니다.

아브라함은 그동안에 온전치 못했었습니다. 곁길로 가고 넘어지고 휘청휘청했습니다. 하나님 말씀하십니다. 왜 휘청거리느냐, 똑바로 서라, 왜 의심이 많으냐, 꿋꿋이 서라, 왜 방황하느냐, 바로 믿으라―이렇게 말씀하십니다. 사실 아브라함은 아들을 주신다는 말씀을 듣고 고맙게 생각을 하고 그대로 기다렸습니다. 그런데 10년을 기다려도 소식이 없습니다. 아내는 자꾸 늙어갑니다. 그래서 생각하기를 '이거 안되겠다. 아무래도 편법을 좀 써야지' 해서 아내의 몸종 하갈을 아내와의 타협 하에 취해가지고 이스마엘이라는 아들을 낳았습니다. 이스마엘은 어디까지나 서자입니다. 뭐 종자는 분명합니다. 밭이 다르지. 그런데 낳아놓고나니 하갈이 이제는 얼마나 도도하게 구는지 모릅니다. 사라가 이 일로 인해서 또… 보통 있는 일 아닙니까. 짜증을 내고 가정에 불화를 일으킨 모양입니다. 아브라함은 할 수없이 이스마엘과 하갈을 내쫓습니다. 바로 이런 때입니다, 지금. 이런 때에 하나님께서 아브라함에게 말씀하시는 것입니다. 참 기막힙니다. 확실히 아브라함은 자식을 주신다는 약속에 대하여 똑바로 스스로를 지키지 못했습니다. 벌써 실수를 많이 했습니다. 어떤 때는 몸종 하나를 양자로 삼았는데 그 양자나 주 앞에 서기를 바랍니다, 하기도 하고 이스마엘이 하나님 앞에서 살아남기를 원합니다,

하는 기도를 드린 적이 있습니다. 그러나 하나님께서 그게 아니라고 하십니다. 네 아내 사라가 아들을 낳을 것이다, 하십니다. 혈육의 자녀가 아니라 언약의 자녀이어야 한다고 하십니다. 약속을 받고 낳는 자녀이어야 한다—이렇게 말씀하십니다. 아브라함은 기가 막혔습니다. 또 땅을 주신다고 했지요. 가나안땅 주신다 했으면 거기서 죽든지 살든지 결판을 내야 되는데, 흉년이 드니까 그만 보따리 싸가지고 하나님께 여쭙지도 않고 애굽으로 갔습니다. 다시 돌아오면 되지, 하고 갔겠지요. 그런데 그는 거기서 하나님께서 특별히 보호해 주시지 않았더라면 아내 잃어버리고 자신은 죽을 뻔했습니다. 그러나 하나님의 은혜로 무사히 다시 돌아오게 되었습니다. 그러니 그 두 약속을 다 못지킨 것입니다. 이런 가운데 지금은 부끄럽고 죄송한 마음이 있습니다. 이미 신앙적 정조는 깨졌습니다. 순결을 잃었습니다. 그리고 또 앞으로도 완전히 믿음으로 살 자신이 없습니다. 바로 이 순간에 하나님께서 여전히 말씀하십니다. 너는 내 앞에서 완전하라, 하십니다. 하나님 앞에서 완전하려면 이제는 극복해야 될 것이 두 가지 있습니다. 하나는, 자기자신을 완전히 부정해야 합니다. 자기판단, 자기능력, 자기지혜, 자기과거, 자기지식, 인간적인 모든 것을 깨끗이 부정해야 됩니다. 자기부정, 자기포기가 우선되어야 합니다. 모름지기 온전한 믿음을 가지려면 자기자신을 깨끗이 버려야 되는 것입니다. 자기를 위하는 마음이나 자기주장같은 것이 조금이라도 있으면 예수를 아무리 오래 믿어도 똑바른 신앙을 가질 수가 없습니다. 자기를 완전히 부정해야 됩니다.

그 다음에는 하나님의 위대하심과 크심을 바로 이해해야 됩니다. 내게는 불가능하나 그는 가능합니다. 나는 사랑받을 자격이 없으나 그는 나를 사랑하십니다. 나는 아무것도 모르지만 그는 알고 계십니다. 하나님의 위대하심을 바로 알아야만 그 안에 있는 나를 발견할 수가 있는 것입니다. 오늘본문을 자세히 보면 이제 아브라함은 몇 가지를 극복해야 합니다. 나약함, 자기실수, 잘못된 인간적 타성을 극복해야 했습니다. 지금 나이 99세입니다. 지금 자식을 낳는다는 것이 가능합니까. 재미있는 얘기가 있습니다. 어떤 사람이 나는 장가를 잘 가야겠다, 생각을 했습니다. 완전한 여성을 만나서 결혼을 해야겠다, 하고 기차에 올라 여행을 떠납니다. 이 도시 저 도시를 다니면서 완전한 여성과 만나고 사귀려고 애를 썼습니다. 그렇게 애를 쓰다가 나이 칠순이 됐습니다. 그 나이가 되어 고향에 돌아왔습니다. 친구들이 묻습니다. "그래, 완전한 여성을 만나기라도 했나?" "만났지. 그러나 결혼은 못했지." "그래, 어떤 사람이던가?" "그 여자는 완전한 남자를 찾고 있더군. 그런데 나는 완전한 남자가 못되고, 그래 결혼이 안될 수밖에." 여러분, 완전한 것이 있을 수 있습니까? 이미도 완전은 아예 물건너갔습니다. 그러나 오늘 이 시간에 하나님께서 주시는 말씀 앞에서 아브라함은 자신의 나약성과 과거를 극복해야 합니다. 그걸 알아야 됩니다. '지난날에 내가 완전하지 못했으니 앞으로도 완전하지 못합니다. 기대하지 마십시오.' 이렇게 말씀드릴 수 없다는 것입니다. 그것은 어디까지나 내 생각입니다. 지금 나이 얼마입니까. 99세입니다. 아내는 지금 89세입니다. 이미 단산했습니다. 이 문제를 로마서 4장 19절에서는 특별히 신학적으로 매우 중요한 말씀으로 거론합니다. "자기 몸의 죽은 것 같음과 사라의 태의 죽은 것 같음을 알고도"라고 말씀합니다. 죽은 자와 방불합니다. 99세에 89세면 이젠 생산문제에 관한 한 끝난 것 아닙니까. 그런데 그런 죽은 자와 방불한 가운데서도 하나님의 약속을 믿었던 것입니다. 절대로 약해지지 않고 믿었습니다. 그것은 위대한 신앙, 기독교신앙의 뿌리인 것입니다. 이 뿌리를 말씀하고 있습니다. 아브라함은 정말로 자기의 나약함을 돌아보지 않았습니다. 하나님께서 원하시면 하십시오, 하나님의 뜻이면 됩니다—이렇게 받아들이고 있습니다. 그러기 위해서 자기의 나약함을 완전히 극복했습니다. 하나님께서 모세를 부르실 때에 보십시오. 모세야, 네가 이스라엘백성을 건져라, 하실 때 모세의 나이가 80세였거든요. 그는 애굽에서 이미 사람을 죽이고 도망해나온 처지이고 또 광야에서 양을 치는 지가, 처가집 신세를 지고 있는 지가 40년입니다. 나이 80인데 뭘 하겠다고 하겠습니까. 하나님, 나를 부르시려거든 한 30세 때쯤 청년 때에 부르실 것이지 인생 다 끝난 지금, 좌절과 허망함에서 헤어나지 못하는 이 끝난 인생을 왜 부르십니까, 안됩니다, 나는 말도 할 줄 모르고 형편이 없습니다—그때 하나님께서 크게 책망하십니다. 사람의 입을 지은 자가 누구냐, 가라면 가지 할 수 있다 없다가 무슨 말이냐, 하십니다. 여기서 모세는 확실한 믿음을 가졌습니다. 그러기 위해서는 자기의 과거나 나약함을 다 극복해야 했습니다.

또 특별히 아브라함의 입장에서는 죄책이 문제입니다. 하나님 앞에 드리고 싶은 말씀이 있습니다, 나는 이미 죄를 지었고 서자를 만들었습니다, 가나안땅도 떠났다 온 사람입니다, 나는 죄가 많습니다, 그런고로 지금 말씀하시더라도 제가 이것을 받을만한 자격이 없습니다, 이제는 약속의 성취를 받을만한 그릇이 되지를 못합니다—부끄러움이 있는 것입니다. 그럼에도 불구하고 하나님께서는 말씀하십니다. 너는 내 앞에서 완전하라고. 저는 구약에 나타난 인물 중 가장 훌륭한 분은 다윗이라고 생각합니다. 다윗은 골리앗을 죽였다해서 위대한 것이 아닙니다. 그의 지혜와 그의 용맹이 훌륭했다는 것이 아닙니다. 다윗은 분명 죄인입니다. 왕으로 있으면서 자기를 위해 싸우는 장군의 아내를 빼앗고 그 장군을 죽였습니다. 용서할 수 없는 무서운 죄를 지었습니다. 그런데 나단 선지의 책망을 들으면서 그는 다 회개해버렸습니다. 만천하에 고해버렸습니다. 자, 남의 아내를 취하여 요새말로 간통을 하고, 그리고 그 남편을 몰래 죽여버린 자, 그것을 은폐하려고 했던 사람이라는 것을 남들도 알게 다 공포해버렸습니다. 부끄러워졌습니다. 이쯤되고보면 요새의 우리네같아서는 무슨 말이 나오겠습니까. "하야하시지요. 그래놓고 어떻게 정치를 한단말이오? 그런 주제에 누구를 재판할 것이오?" 할 것 아닙니까. 그러나 문제는 여기에 있습니다. 이때 만일에 다윗이 하야를 했다면 그는 하나님의 사람이 아닙니다. 나는 부끄러우니까 체면이라도 세워야겠다고 생각하여 베들레헴에 내려가 목자 노릇이나 했다면 그는 결코 회개한 사람이 아닌 것입니다. 그는 하나님께 의를 바쳐버렸습니다. 그리고 오직 하나님의 말씀에 의지하여 그 백성을 다스립니다. 그 얼굴로. 그래서 위대한 것입니다. 그의 회개는 온전한 것이었습니다. 오직 하나님만 의지하고 나라를 다스립니다. 다윗의 위대한 점이 거기에 있습니다.

아브라함은 부끄러운 과거를 여기서 극복해야 합니다. 이미 잘못된 일이 많고 잘못으로 인한 결과가 나타나고 있습니다. 바로 이스마엘입니다. 이스마엘이 이제 앞으로도 이삭과 함께 자라게 됩니다. 보통 복잡한 문제가 있는 게 아닙니다. 후속결과가 아주 좋지 않습니다. 이제 그는 무슨 말을 해야 됩니까. 참으로 과거를 극복한다는 것이 얼마나 어렵습니까. 신약성경에 보면 예수님께서 십자가에 달려 돌아가실 때 베드로가 수제자인 주제에 예수님을 세 번이나 부인합니다. 예수님의 십자가를 대신 지든가 같이 지든가 하지 못했더라도 그래 법정 앞에서 예수를 세 번이나 부인하고 맹세하고 저주하고 할 것입니까. 그리고 도망갔다가 예수의 부활을 만나고, 그 다음에 다시 서게 되는데, 이 사건은 불과 50일 전에 있었던 사건입니다. 모두가 다 아는 사실입니다, 베드로가 도망갔던 것을. 창피하게 예수를 부인하고 비겁하게 처신했던 것 다 알고 있습니다. 자기도 알고. 그런 가운데 그는 성령에 충만하여 초대교회에 하나님의 말씀을 전합니다. 예수부활에 대해서 '우리가 증인'이라고 증거합니다. 그 용기가 대단한 것입니다. 그러기 위해서는 지난날의 모든 부끄러운 실수들을 깨끗이 극복해야 했습니다. 이것이 온전함입니다. 그리고 다시 새롭게 하나님의 말씀을 들어야 합니다. 하나님께서는 똑같은 옛날약속을 다시 말씀하십니다. 다시 환기시켜 말씀하십니다. 보십시오. 내가 네게 자손을 주리라, 네 자손과 언약을 세운다, 이 땅을 너에게 주리라, 그리고 내가 그들의 하나님이 되리라—또 말씀하십니다. 대단히 귀한 말씀입니다.

그리고 대전제가 여기 있습니다. 너는 내 앞에서 완전하라, 나는 전능한 하나님이니라—'엘 샤다이'입니다. 엘은 하나님이라는 뜻이고 샤다이는 전능이라는 뜻입니다. 엘 샤다이라는 말을 깊이 연구해 보면 모성적 전능을 말하는 것이 됩니다. 두 가지가 있습니다, 전능에는. 폭군적 전능, 부성적 전능이 있고 모성적 전능이 있습니다. 부성적 전능이라는 것은 막대기를 들고 이놈아 앉아, 서, 아니면 때린다, 하면서 가라 오라 하는 위압적, 폭군적 전능입니다. 이것은 율법적인 것입니다. 그러나 어머니는 아이 손을 붙잡고 울면서 네가 그래서 되겠니, 하고 다독거리고 타이릅니다. 이게 모성적 전능입니다. 제 개인 얘기를 하겠습니다. 저는 아버지로부터 많이 맞고 자랐습니다. 지금 생각해도 많이 맞았습니다. 그런데 어머니로부터는 한 번도 맞은 기억이 없습니다. 그러나 저는 어머니가 제일 무서웠습니다. 내가 혹 잘못하는 것이 있으면 가만히 두고 보시다가 어느 때에 손을 딱 잡으시고 기도하면서 말씀하십니다. 내가 너를 낳기 전에 십 년 동안 기도했다, 기도하고 너를 낳았다, 마흔 살에, 그리고 너를 위해서 내가 얼마나 기도하느냐. 그런데 네가 그래서 되겠느냐—저는 이 한마디에 꼼짝을 못합니다. 저는 어머니의 말씀을 전혀 거역할 수가 없었습니다. 이것이 모성적 전능입니다. 때리고 눕히는 그런 전능이 아닙니다. 사랑으로 가슴을 녹여놓는 것입니다. 그 지혜와 능력과 그 깊은 사랑, 이것이 하나님의 전능입니다. 나는 전능한 하나님이다, 너는 내 앞에서 완전하라—결정적인 시간에 왔습니다. 내년에 아들을 낳게 되는데 25년을 기다린 바입니다. 이제 말씀하십니다. 새 믿음을 촉구하십니다. 자신을 보지 마라, 과거에 노예되지 마라, 죄책에 매이지 마라, 너 자신의 의에 움직이지 마라, 내가 너를 의롭다 하리라, 믿으라—믿으면 그 믿음을 의로 여기시고 의롭다 하십니다. justification—의롭다 하시는 사랑입니다. 의롭다고 보아주시는 사랑입니다. 의를 만들어내는 그런 사랑입니다. 주의 음성에 귀를 기울이십시오. "너는 내 앞에서 행하여 완전하라." △

환난 중에 즐거움

　그러므로 우리가 믿음으로 의롭다 하심을 얻었은즉 우리 주 예수 그리스도로 말미암아 하나님으로 더불어 화평을 누리자 또한 그로 말미암아 우리가 믿음으로 서 있는 이 은혜에 들어감을 얻었으며 하나님의 영광을 바라고 즐거워하느니라 다만 이뿐 아니라 우리가 환난 중에도 즐거워하나니 이는 환난은 인내를, 인내는 연단을, 연단은 소망을 이루는 줄 앎이로다 소망이 부끄럽게 아니함은 우리에게 주신 성령으로 말미암아 하나님의 사랑이 우리 마음에 부은 바 됨이니 우리가 아직 연약할 때에 기약대로 그리스도께서 경건치 않은 자를 위하여 죽으셨도다
　　　　　　(로마서 5 : 1 - 6)

환난 중에 즐거움

　미국에 세인트 루이스라고 하는 도시가 있습니다. 어느날 여행 중에 있던 한 변호사가 그곳에서 하루를 머물게 됐습니다. 마침 그 날은 주일이어서 크리스찬인 그는 낯선 이 도시에서 교회를 찾아 예배를 드리고자 했습니다. 그러나 호텔을 나서서도 어디에 교회가 있는지 알 수가 없었습니다. 그는 길 한가운데 서 있는 순경한테 물었습니다. "여행 중에 주일을 맞아 교회를 찾고 있습니다. 어디로 가면 교회가 있습니까?" 순경은 이렇게저렇게 가면 교회가 있다고 일러 주었습니다. 변호사는 순경이 일러주는대로 교회를 찾아가 예배를 드렸습니다. 많은 은혜를 받고 기쁜 마음으로 돌아왔습니다. 돌아오는 길에 그 순경을 또 만났습니다. 변호사는 그 순경한테 묻고 싶은 것이 있었습니다. "내가 당신이 일러준 교회를 찾아가면서 보니까 도중에도 다른 교회가 많던데 하필이면 왜 맨끝에 있는 그 교회를 소개하셨습니까?" 순경이 대답합니다. "저는 참된 교회가 어떤 교회인지는 잘 모릅니다. 그러나 여기서 교통정리 하면서 그동안 예배를 마치고 나오는 사람들의 얼굴을 보았더니 그 교회에서 나오는 사람들이 제일 행복해보입디다. 그래서 제가 그 교회를 소개했습니다." 대단히 중요한 뜻을 시사하고 있다고 생각합니다. 예배를 마치고 돌아가는 사람들의 표정, 마음, 그것이 바로 그 교회의 성격이요 교회의 수준이요 교회의 성장도라고 생각합니다.

　기독교는 기쁨의 종교입니다. 한국교회가 처음 시작됐을 때 유교문화에 젖어 있는 분들이 목사님이 되고 교회를 인도하면서 써놓은 글들이 있습니다. 거기 보면 재미있는 얘기가 많은데 그 중에 이렇게 말한 글을 볼 수 있습니다. 비유해서 말할 때 불교는 상갓집과 같다고 했습니다. 그저 '나미아미타불 관세음보살'이요 '인생 무상'이라고 하지 않습니까. 모든것이 무상하다, 나무관세음보살… 하는 것이니 상갓집과도 같다는 것입니다. 다 죽고 다 없어진다, 합니다. 그러니 죽음의 종교다, 하는 말씀입니다. 그리고 유교는 마치 뭐와 같은고 하니 제삿집과 같다고 했습니다. 밤낮 뭐 효도한다고 하면서 제사지냅니다. 유교대로 살다보면 일 년 내내 제사만 지내게 되기 십상입니다. 제사지내는 일에 정성을 다하니 유교는 제삿집과 같다는 것입니다. 반면에 기독교는 잔칫집과 같다고 했습니다. 상당히 깊은 철학적 의미를 담은 비교라고 생각합니다. 기독교는 확실히 '희락의 종교'입니다. 복음은 바로 행복과 기쁨을 말하는 것입니다. 행복은 욕망충족에서 오는 것이 아닙니다. 물욕이라든가 식욕이라든가 성욕이라든가 정치적 욕망이라든가 지배욕이라든가, 혹은 어떤 지식을 추구하는 지적 욕구, 이의 충족에서 오는 것이 결코 아닌 것입니다. 되고자 알고자 보고자 하는 것에 대한 자기성취로 인해서 오는 유의 기쁨을 말하는 것이 아닙니다. 기독교에서 말하고 있는 기쁨이란 하나님의 자녀가 되어서 오는 영광과 특권, 구원받은 자의 정체의식에서부터 솟아오르는 기쁨인 것입니다. 구분해 말하면 우리를 괴롭히는 모든 죄, 그로 말미암은 저주, 이로부터 구원받아서 자유하고, 이제 주님께서 하나님의 자녀에게 약속하신 영원한 하나님의 나라를 바라보면서 얻는 그 기쁨, 바로 그 현재적인 영원한 기쁨인 것입니다. 철학자들, 신학자들이 말하는대로 하면 'eternal now'—그런 기쁨이 바로 그리스도인의 기쁨인 것입니다.

여러분, 죄송하지만 지금 연세가 얼마입니까? 여러분 나이대로 잠깐 멈추고 생각해보십시오, 내가 지금 무엇을 깨닫고 있나를. 이제쯤은 철이 나야 되는 것 아닙니까. 돈만 벌면 되는 줄 알았는데 그 돈이 별것 아니지요? 출세하면 되는 줄 알았는데 그 출세한 사람들 요새 고생 많이 합니다. 그거 이제 다 잊어버립시다. 그러니 아이들까지 출세하라고 밀어붙이지 마십시오. 뭐 연애하면 좋을 줄 알고 죽자사자 연애해보지만 별것 아니지요? 또 자식을 낳아서 키운다고 하다가 이제와서 무자식 상팔자다, 어쩌고 합니다. 그러니 이제쯤은 좀 알아야 할 것 아닙니까. 적어도 행복이라는 것은 물질이나 출세나 명예 같은 것에 달린 것이 아니라고요. 어떤 사람들은 뭘 본다고 사방 구경다니면서 피곤합니다. 대충 보고 마십시오. 뭘 그렇게 많이 봐요? 어차피 눈에 차지 않는 것입니다. 이제쯤은 좀 달관할 때가 되지 않았습니까. 최소한 기쁨이 뭔지, 행복이란 어디서 오는 건지, 이쯤은 알고 살아야 될 것이 아닙니까. 아직도 헛된 일에 바락바락 매달려 그렇게 아귀다툼을 해야 되겠습니까. 아무쪼록 생각을 좀 바로 해봅시다. 오늘본문은 우리에게 중요한 것을 가르쳐줍니다. "우리가 믿음으로 의롭다 하심을 얻었은즉 우리 주 예수 그리스도로 말미암아 하나님으로 더불어 화평을 누리자" 합니다. 화평 — 샬롬, 하나님과 더불어 화평하는 것, 이것이 기쁨의 뿌리입니다. 하나님과 등지고, 하나님과 원수지고, 하나님 앞에 숨기고 숨어 살면, 하나님의 낯을 피해서 살면 행복이 있는 것입니까. 아무래도 이건 안되는 것입니다. 하나님을 속이고는 못삽니다. 죄짓고는 못삽니다. 그러고는 누구도 행복할 수 없습니다. 기쁨의 근본은 하나님과 화목하는 데 있습니다. 자, 탕자가 집을 나갔다가 거지가 됐다고 합니다마는 가령 그가 부자가 되고 출세하고 잘살았다면 행복했을까요? 그렇지 않습니다. 아버지 품을 떠나서는 절대로 행복할 수 없는 것입니다. 잘되건 못되건, 가난하건 부하건 그런 것은 행복과 상관이 없습니다. 이것은 진리입니다. 성경적 원리입니다.

다시 성경은 좀더 깊이 말씀합니다. 믿음으로 말미암아 의롭다 하심을 얻었으니 — 이것은 모든 공로를 배제하고 우리의 의를 완전히 도말했다는 것을 의미합니다. 오직 믿음으로입니다. 우리는 다 죄인입니다. 그러나 오직 믿음으로 의롭다 하심을 얻어서 이제 하나님의 자녀 되고 또 예수 그리스도로 말미암아 화평을 누리자, 합니다. 예수 그리스도를 중재자로 해서, 예수 그리스도의 보혈로 예수 그리스도께서 우리의 구주가 되심으로해서 그 안에서 우리가 하나님과 화평을 누립니다. 하나님과 화평을 누린다면 오늘 이 시간 죽어도 한이 없습니다. 이대로 죽어도 주님을 반가이 대할 수 있는 그러한, 하나님과 완전히 종말론적으로 화평한 가운데 사는 사람, 이 사람에게 기쁨이 있습니다. 이 사람에게만 기쁨이 있습니다. 그 다음에야 먹는 것도 좋고, 자는 것도 좋고, 가는 것도 오는 것도 좋은 것입니다. 이 화평이 없으면 모든것이 근본적으로 흔들리게 되는 것입니다. 참화평은 여기에 있는 것입니다. 본문 2절에서 "이 은혜에 들어감을 얻었으며"라고 말씀합니다. 이 은혜 — 'this grace' 입니다. 헬라어로 '카리스 타우테스' 라고 하는 이 말은 대단히 중요한 의미가 있습니다. 이 은혜, 이같은 은혜, 여기에 들어감을 입었을 때에야 이제부터 새로운 세계에 살아가게 됩니다. 새로운 세계를 전망합니다. 밝은 미래를 바라보며 오늘을 사는 것입니다. 예수님의 모습을 보십시오. 그는 내일아침처럼 십자가에 돌아가십니다. 이것을 잘 알고 계십니다. 십자가 지시기 그 전야에 제자들과 만찬을 나누시면서 하신 말씀 중에 요한복음 14장 27절에 보면 "나의 평안을 너희에게 주노라"하시는 말씀이 있습니다. 얼마나 확실한 말씀입니까. 그 평안은 절대적 평안입니다. 누구도 건드리지 못하는 평안입니다. 누구도 빼앗지 못하는 신비로운 기쁨이 그에게 있었습니다. 어떤 의미에서는 오히려 십자가가 다가오기 때문에 기쁘셨을 것입니다. 만일에 그렇지 않다면, 십자가가 다가오지 않았다면 아직도 할일이 많습니다. 이것도 해야 하고 저것도 해야 하고…그러나 죽음이 막상 다가오고 보니 이제는 단순합니다. 나의 기쁨－깨끗해졌습니다. 이걸 알아야 됩니다. 나의 평안을 너희에게 주노라, 이것은 세상이 주는 것과 다르다, 하십니다. 이것은 물질이 아닙니다. 세속적 욕망 충족이 아닙니다. 예수님 친히 평안하셨습니다. 그런고로 우리에게 평안을 주십니다. 내게 없는 평안이라면 누구에게 평안을 줄 수 있겠습니까. 내가 먼저 평안해야 됩니다. 아무것에도 매이지 않는 자유 속에서 깨끗한 평안을 하나님 앞에서 누리고 계셨습니다.

요한복음 15장 11절에 보면 "내가 이것을 너희에게 이름은 내 기쁨이 너희 안에 있어 너희 기쁨을 충만하게 하려 함이니라" 하십니다. 또 다음과 같이 비유해서 이를 새기도록 하십니다. "여자가 해산하게 되면 그 때가 이르렀으므로 근심하나 아이를 낳으면 세상에 사람 난 기쁨을 인하여 그 고통을 다시 기억지 아니하느니라(요 16 : 21)." 예수님께서는 해산의 고통을 앞두고 해산 다음에 있을 기쁨을 먼저 생각하십니다. 그러면서 기뻐하셨습니다. 이같은 기쁨, 이같은 은혜, 이것을 오늘도 우리에게 주시려고 하는 것입니다. 오늘의 말씀에 "즐거워하느니라" 합니다. 현재에 즐거워한다는 말씀입니다. 과거에 주신 은혜, 의롭다 하심을 얻은 신분, 약속된 미래, 그 속에서 그리스도인은 영원한 기쁨을 오늘도 실제로 누리게 되는 것입니다. 여러분, 이 기쁨이 충만할 때, 이 기쁨이야말로 가장 위대한 창조력이요, 생명력이 되는 것입니다. 이에 대해서 오늘의 성경은 좀 더 실제적으로 말씀합니다. "환난 중에도 즐거워하나니" — 환난 중에도 기뻐합니다. 왜? 알기 때문입니다. 생각이 벌써 저 앞에 가 있기 때문입니다. 하나님의 뜻인 줄 알고, 하나님의 손에 있는 줄 알고, 하나님의 목적 하에 있는 목적적 고난이라는 것입니다. 의미없는 고난이 없습니다. 또 결과를 미리 생각합니다. 이 고난을 통해서 하나님께서 하나의 작품을 만들어내고 계십니다. 그런고로 이 작품의 세계, 저 앞의 세계를 바라봄으로 내가 결과를 미리 알고 기뻐하는 것입니다. 또 이것은 내게 유익하다는 것을 압니다. 참으로 유익합니다. 교황 요한 바오로 2세가 발표한바 '구원에 이르는 고통'이라고 하는 제목의 공한이 있습니다. 그는 고난을 많이 겪은 사람입니다. 어렸을 때부터 고생을 많이 한 사람입니다. 그런 그 나름대로 그는 자신의 신앙을 이렇게 간증하고 있습니다. '고통 속에는 신비로운 능력이 들어 있습니다. 괴로움은 두려워할 것도 아니고 피할 것도 아닙니다. 고통은 인간을 구원에 이르도록 하는 데 필요한 하나님의 도구입니다.'

여러분, 우리가 당하는 고난을 잠시라도 저주라고 생각하지 마십시오. 혹이라도 심판이라고도 생각하지 마십시오. 고난은 나에게 필요한 축복이다, 나를 연단하시는 것이다, 하나님께서는 고난을 통하여 나를 어디론가 바로 인도하시는 중에 계시다, 라고 믿고 받아들여야 합니다. 그래서 사도 야고보는 말씀합니다. "너희가 여러 가지 시험을 만나거든 온전히 기쁘게 여기라(약 1 : 2)." 왜요? 믿음의 시련이 큰 구원을 이루기 때문입니다. 오늘 다시한번 성경은 구체적으로 말씀합니다. 환난 중에도 기뻐할 이유가 있습니다. 먼저 환난은 인내를 낳습니다. 환난으로 인해서 잡다한 것들이 다 물러갑니다. 잡스러운 생각, 사치스러운 생각, 어리석은 생각 다 제해버리고 순수한 인내를 만들어냅니다. 그리고 인내는 또 연단을 낳습니다. 연단이라는 의미의 헬라말 '도키메'는 '성품'이라고 고쳐 번역하기도 하는데 저는 그쪽을 택하고 싶습니다. 인내는 성품을 낳는다, 라고요. 여러분, 사람을 가르쳐본 일 있습니까? 아이들을 좀 가르쳐보려고 해보았습니까? 사람이 가르친다는 것이 지식을 줄 수는 있으나 성품을 만들어내기는 참 어렵습니다. 사람 바로잡기 어렵습니다. 제가 얼마전에 목사님들만 모이는 세미나에 갔었는데 마침 다음에 목사님 한 분이 일부러 찾아와서 말하는 것이었습니다. "목사님, 제가 목사님을 만나서 특별히 감사드려야 할 일이 있었는데 마침 오늘 만나뵈었으니 꼭 말씀을 드려야만 되겠습니다." "무슨 말씀이신데요?" "목사님이 몇년 전에 목사 사모들만 모아놓고 일 년 동안 사모학을 가르친 일이 있지 않습니까?" "그랬습니다만…" "그때 제 아내가 거기 참석했었는데 목사님의 강의를 듣고 사람이 달라졌어요. 저는 도저히 아내를 가르칠 수가 없드만요. 이십 년을 가르쳐도 말 안들어요. 영 한치도 양보가 없는 거예요. 그런데 목사님의 강의를 듣고 오더니 싹 달라지는 것입니다. 그 후로 얼마나 좋아졌는지 모릅니다. 덕분에 제가 목회하기 참 수월해졌지요. 그 강의 녹음한 테이프까지 들어보았습니다. 참으로 감사합니다." "아, 그래요?"하고, 제가 얘기했습니다. "글쎄올시다. 어쨌든 하나만은 분명합니다. 제 마누라 가르치는 남편은 없지요." 여러분, 정말 성품을 바꾸자면 하나님께서 손을 좀 보셔야 됩니다. 거저는 안됩니다. 말로써 안되는 것입니다. 하나님께서 환난을 통하여 개인이건 민족이건 내려치실 때에야 비로소 성품이 나옵니다. 그리스도 닮은 성품이 나옵니다. 어떤 사람 보니 아주 오래 예수믿는데 되게 구두쇠면서 입버릇이 고약합니다. 성품 고치는 것, 참 어렵습니다. 성품을 그리스도 닮은 성품으로 바꾸는 것은 오직 환난입니다. 아프고 괴롭지마는 이건 유익한 것입니다. 환난은 인내를, 인내는 성품을 이룬다―얼마나 귀한 말씀입니까.

그런가하면 그리스도 닮은 성품이 다시 소망을 이룬다고 했습니다. 쓸데없는 것 다 끊어버리고 참소망, 영원한 소망, 그리스도를 향한 소망, 순수한 소망의 사람으로 만듭니다. 환난이 이렇게 만듭니다. 아주 귀한 것입니다. 사도 바울을 보십시오. 그렇듯 위대한 인물도 고백합니다. 나에게 육체의 가시가 있다, 이것 때문에 겸손하고 이것 때문에 내가 있다, 이 가시는 나에게 주시는 은혜다―그렇게 생각하고 그렇게 받고 그렇게 기뻐합니다. 환난은 인내를, 인내는 성품을, 성품은 소망을, 그리고 성령이 우리와 함께함으로 하나님의 사랑을 확증할 때 그 영혼이 소생함을 얻습니다. 영혼이 소생함을 얻을 때 그 이성이 밝아집니다. 이성이 어두우면 자꾸 절망쪽으로만 생각이 갑니다. 그래서 자살까지 하게 되는 것입니다. 정신적으로 자살하여 이미 죽어 사는 사람 많습니다. 그러나 구원받은 성품, 구원받은 영혼은 그렇지 않습니다. 그리고 구원받은 이성이 될 때 밝은 미래가 보입니다. 환한 앞을 전망하게 됩니다. 소망이 보입니다. 그 소망의 빛 안에서 현실을 합리적으로 생각합니다. 합리적인 행복을 생각합니다. 구체적인 행복을 생각합니다. 이것이 그리스도인의 모습입니다.

여러분, 비록 우리가 이 땅의 이 현실에 삽니다마는 우리는 먼 미래를 바라봅니다. 우리 앞에 다가오는 고난이 있습니다. 그러나 고난 다음을 생각합니다. 나치독일에서 살아남은 어떤 분이 쓴 책에 이런 말이 있습니다. '기차가 터널 속으로 들어가 어두워졌다고 해서 기차표를 찢든가 기차에서 뛰어내리는 사람이 있더냐? 기차가 터널 속으로 지나가게 되어 캄캄해졌더라도 우리는 기관사의 기술을 믿고 조용히 기다리는 것 아니겠느냐. 우리가 터널과 같은 캄캄한 순간을 지나가도 조용히 기다리는 것이 참으로 지혜로운 일이 아니겠는가.' 오히려 환난 중에도 기뻐합니다. 왜냐하면 우리는 하나님의 자녀이기 때문입니다. 하나님의 사랑 안에서 있는 일이기 때문입니다. 더 큰 효과를 내다보고 있기 때문입니다. 그런고로 그리스도인은 항상 기뻐할 뿐더러 오히려 환난 중에도 기뻐하는 것입니다. 이 기쁨이 모든 근심을 이기고 어리석음을 이기고 절망을 이기고 승리하게 하는 것입니다. △

선으로 악을 이기라

    너희를 핍박하는 자를 축복하라 축복하고 저주하지 말라 즐거워하는 자들로 함께 즐거워하고 우는 자들로 함께 울라 서로 마음을 같이하며 높은 데 마음을 두지 말고 도리어 낮은 데 처하며 스스로 지혜 있는 체 말라 아무에게도 악으로 악을 갚지 말고 모든 사람 앞에서 선한 일을 도모하라 할 수 있거든 너희로서는 모든 사람으로 더불어 평화하라 내 사랑하는 자들아 너희가 친히 원수를 갚지 말고 진노하심에 맡기라 기록되었으되 원수 갚는 것이 내게 있으니 내가 갚으리라고 주께서 말씀하시니라 네 원수가 주리거든 먹이고 목마르거든 마시우라 그리함으로 네가 숯불을 그 머리에 쌓아 놓으리라 악에게 지지 말고 선으로 악을 이기라

               (로마서 12 : 14 -21)

선으로 악을 이기라

유명한 역사가 찰스 에이베어드에게 어떤 기자가 "당신이 한평생 역사를 연구하면서 깨달은 바가 무엇입니까? 그 많은 시간 세계 역사를 연구하면서 얻은 것이 무엇입니까?" 하고 물었습니다. 그는 확실하게 대답했습니다. "나는 역사를 연구하면서 네 가지 진리를 깨달았습니다. 이 깨달음이 내가 얻은 것의 전부입니다." 그가 얻은 깨달음은 이렇습니다.

그 첫째는, 하나님께서 어떤 것을 멸하시려고 할 때에는 그것이 개인이건 국가건 막론하고 권세욕에 날뛰게 하신다는 것을 알았다는 것입니다. 하나님께서 겸손하게 만드시면 그것은 축복이요, 교만하도록 내버려두신다면 그것은 심판이라는 것입니다. 권세욕에 날뛰면서 자기자랑 하고 자기명예에 빠지고 교만해지는 것을 보면 하나님께서 저들을 버리시는구나, 한다는 것입니다. 교만 뒤에는 반드시 망하고 권세욕에 날뛴 다음에는 반드시 떨어지더라는 것입니다. 역사를 보면서 그것을 배웠다고 그는 토로했습니다. 그런고로 누구든 개인으로 교만해지든 국가적으로 교만해지든 권세욕에 날뛰는 것을 보거든 이제 석양이 오고 마지막이 온 줄로 알면 되겠다, 하는 것입니다.

두 번째로, 하나님의 맷돌은 있는지 없는지 의심까지 될 정도로 천천히 돌아가는데 그러나 하나님의 맷돌은 부드럽게 갈아서 결국은 의는 의로 불의는 불의로, 선은 선으로 악은 악으로 골라내시고야 만다는 것을 깨달았다는 것입니다. 여러분, 하나님의 심판이 어디에 있느냐고요? 반드시 있습니다. 의는 의로 불의는 불의로 깨끗하게 갈라놓으십니다. 이것을 역사 속에서 읽었다, 하는 것입니다.
　세 번째로, 꿀벌이 꽃에 가서 꿀을 도적질합니다. 그 꿀이 괴어 있는 것을 벌꿀들은 다가가 물어도 안보고 막 뽑아냅니다. 강도질을 하는 것처럼 보입니다. 그러나 결국은 그때문에 꽃이 열매를 맺는 것입니다. 마찬가지로 이 세상에는 악한 사람도 있어 강도질하는 사람도 있고 불의가 득세하는 일도 있지마는 결과적으로는 다 합쳐져서 저만치 가서는 의의 열매, 선의 열매를 맺게 되는 것을 보았다는 것입니다. 이것이 그의 역사의식입니다.
　네 번째로, 날이 차츰 어두워질 때는 별을 볼 수 있는데, 암혹과 혼란이 길어지면 이것이 다 지나가기 전에 반드시 소망의 별이 나타나는 것을 보았다는 것입니다. 여러분, 이제 끝났다, 캄캄하다, 망했다, 하는 소리 함부로 할 것이 아닙니다. 망하기 전에 다시 새로운 별을 보여주십니다. 새벽별을 보여주시고, 소망의 별을 보여주시는 것입니다. 그런고로 역사를 아는 사람은 절망할 필요가 없습니다.
　이 네 가지 깨달음이 그의 간증이요 증거하는 바 역사의식이었습니다. 여러분, 역사는 대결상황인 것처럼 보입니다. 계속되는 전쟁입니다. 아주 힘의 대결로 보여집니다. 현실적으로는 그렇습니다. 생존을 위한 싸움, 평등을 위한 싸움, 번영을 위한 싸움, 자유를 위해서 계속 싸우는 끝없는 싸움이 현실 속에서 계속되고 있는 것이 사실입니다. 전쟁상황이라는 것은 무엇을 의미하는 것입니까. 좀더 깊숙히 생각해보면 우선 경제전쟁이 있습니다. 이 무한경쟁시대에 와서 우리가 지금 시달리고 있습니다. 그런데 이 경제전쟁 뒤에는 반드시 정치전쟁이 있습니다. 정치적 힘이 작용하고 있습니다. 또 정치적 싸움 뒤에는 도덕적 전쟁이 있습니다. 피할 수 없습니다. 도덕적 전쟁에 실패하면 경제, 정치가 다 곤두박질합니다. 다 망하는 것입니다. 도덕적 전쟁 뒤에는 종교전쟁이 있습니다. 새로운 시각으로 세계를 보십시오. 이 세계는 종교전쟁으로 지금 무서운 싸움을 하고 있습니다. 그런 시대입니다. 그것이 현실입니다.

    전쟁상황이라는 것은 생사의 문제입니다. 둘 중의 하나입니다. 죽느냐 사느냐입니다. 어떤 의미에서 생존과 영광은 동의어입니다. 잘살고 못살고가 문제 아닙니다. 살아남느냐 죽느냐가 문제입니다. 살아남으면 영광을 누릴 것입니다. 살아남지 못하면 끝나는 것입니다. 어떤 등산가가 산에 올라갔다가 갑자기 쏟아지는 폭우를 만났습니다. 아시는대로 높은 산에서는 물이 흡수되지 않기 때문에 그대로 내려쏟아집니다. 그때는 홍수사태가 나는데 그는 너무 물살이 빨라서 황급히 높은 나무 위로 올라갔습니다. 발밑으로는 엄청난 홍수가 그대로 쏟아져내립니다. 그는 돌아올 수 없어서 거기서 밤을 새웁니다. 오들오들 떨면서 한밤을 새우는데 자꾸 졸음은 오고 이걸 이길 수 없어서 허리띠를 풀어가지고 몸을 나무에다 비끌어맸습니다. 밤새 거기서 고생을 했습니다. 아침에 비가 멎고 물이 다 빠진 다음에 허둥지둥 그는 집으로 돌아올 수 있었습니다. 돌아와서 자기의 그 어려운 경험을 얘기했습니다. 집안식구들은 한마디씩 합니다. 얼마나 배가 고팠느냐, 얼마나 추웠느냐, 아이들 생각은 나더냐, 내 생각 나더냐…그는 대답했습니다. 아무 생각도 안나더라, 어떻게 해야 살아남느냐 하는 생각만 나더라… 어떻게 해야 살아남을까 — survival이 문제였던 것입니다. 오늘 이 세대, 잘살고 못살고, GNP가 어떻고, 그게 문제가 아닙니다. 살아남느냐 살아남지 못하느냐가 문제입니다. 그러한 전쟁상황에서 우리는 계속 싸워나가고 있는 것입니다.

생존은 싸움인 것입니다.

　오늘성경은 우리에게 귀중한 말씀을 합니다. 악에게 지지 말라 ― 소극적으로 말씀하고 있습니다. 악에게 지지 말라 ― 승리 이전에 우선 패하지 않아야 됩니다. 살아남아야 됩니다. 정신적으로 말하면 여러분, 낙심을 하면 진 것입니다. 좌절해도 안됩니다. 실의에 빠져도 안됩니다. 나약해졌다면 벌써 진 것입니다. 한 30여 년 전입니다. 제가 어느 가정에 심방을 갔는데 그 집 안에 좀 소란한 일이 있어서 예배를 드릴 수가 없었습니다. 4대독자라던가, 초등학교 이삼학년쯤 되는 그 집 아들녀석이 밖에서 놀다가 싸움박질을 해서 몇대 맞았습니다. 맞고 속상해서 분풀이를 하려고 하는데 어머니가 이 소식을 듣고 달려나가 붙들었습니다. 그리고 끌고 들어오니까 "맞았으니 때려주어야 되잖아. 왜 나를 붙들어? 붙들지 마!" 하면서 바락바락 소리를 지르는 판에 제가 심방을 간 것입니다. 예배를 드려야 하는데 이놈이 얼마나 시끄럽게 소리소리지르며 우는지 난리가 난 것같았습니다. 무슨 수가 나야겠기에 제가 그 아이를 붙잡고 한마디 했습니다. "사내자식이 왜 지느냐. 이겨라" 했더니 이기겠다고 합니다. "자신있냐?" 했더니 자신있대요. "꼭 이겨야 된다" 하니까 "그럼요" 하면서 울면서도 소리를 지릅니다. 그래 내가 "이 녀석아, 울면 진 거야!" 했더니 뚝 그치더라고요. 울면 진 것입니다. 좌절했으면 진 것입니다. 낙심했으면 패자입니다. 그걸 알아야 합니다. 벌었느냐 못벌었느냐가 문제 아닙니다. 좌절하고 실의에 빠졌으면 진 것입니다. 적으로 인해서 내 의지가 무너지고, 내가 궤도이탈을 하게 되고, 내가 바른 동기의식을 잃어버렸다면 벌써 진 것입니다.

　또한 미워하면 진 것입니다. 끝까지 사랑해야지요. 사랑하려고 했다가 미워한다면 진 것입니다. 주려고 했다가 받으려고 합니다. 진 것입니다. 이 마음이 바로 패자의식이라는 것을 잊지 말아야 됩니다. 선을 행하십니까? 끝까지 선을 행하고 낙심하지 마십시오. 그것이 승리인 것입니다. 좀더 나아가서는 무관심하면 진 것입니다. 수고하고 애쓰다가 마지막에 가서 에이 이거 틀렸다, 끝났다, 싹이 노랗다 한다면 이제 진 것입니다. 기대를 포기하지 맙시다. 절대로 포기하면 안됩니다. 포기하든가 절망하든가, 이제와서 무관심해지고 저버리려 하지 마십시오. 그러면 진 것입니다. 잊지 말 것입니다. 좀더 나아가서는 심령이 자유로워져야 합니다. 돈을 벌고도 번민에 빠졌다면 진 것입니다. 매를 맞고도 내 마음이 평안하다면 그것은 이긴 것입니다. 분명히 내가 맞은 것이 아니라 때린 것인데, 분명히 이겼다고 생각되는데 내 마음은 불안해 견딜 수가 없습니다. 괴롭습니다. 그러면 진 것입니다. 내 영혼이 얼마나 자유한가―그것이 승리의 바로미터입니다.

악에게 지지 말라, 악으로 인해서 악해지지 마라, 악을 악으로 갚지 마라, 악으로 인해서 내 스스로 번민에 빠지지 마라, 그리고 다시 말씀합니다. "선으로 악을 이기라." 악을 이기라, 끝까지 사랑하라, 원수까지도 사랑하라, 목마르거든 마시우고 배고프거든 먹여라―이래야 승리인 것입니다. 빼앗긴 것이 아닙니다. 준 것입니다. 주는 마음으로 바꾸면 이긴 것입니다. 그런데 주지 못하는 마음이면 빼앗긴 것입니다. 자녀에게 주는 것도 기쁜 마음으로 주면 준 것이지만, 주고 싶지 않아서 '자식은 괜히 낳아가지고 말썽이구만, 이거 뺏겼다' 한다면 강도만난 것입니다. 그런 식이면 한평생 강도만나고 삽니다. 이런 사람은 자유인이 아닙니다. 패자인 것입니다. 이 점 우리는 깊이 생각하여야 합니다.

　이상재(李商在) 선생이라고 하면 우리나라 독립을 위해서 역사적으로 수고를 많이 하신 분입니다. 그가 한번은 정치적인 오해에 걸려 투옥된 적이 있습니다. 감옥에 들어와 있지만 분명히 오해로 인함이니 잘못 온 것이지요. 분하고 억울했습니다. 악한 사람들에게 이용당하는 것이 너무도 싫었습니다. 분해하고 있다보니 감방 마루쪽 틈서리에 누가 종이조각을 돌돌 말아서 끼워놓은 것이 눈에 띄었습니다. 그걸 딱 뽑아 펴서 보니 성경구절이 쎠어 있습니다. 마태복음 5장 38로 40절에 있는 말씀이었습니다. "악한 자를 대적지 말라 누구든지 네 오른편 뺨을 치거든 왼편도 돌려대며 또 너를 송사하여 속옷을 가지고자 하는 자에게 겉옷까지도 가지게 하며 또 누구든지 너로 억지로 오리를 가게 하거든 그 사람과 십리를 동행하고"― '말도 안돼!' 하고 이상재 선생은 코웃음쳤습니다. 이걸 실천할 사람이 어디 있다는말인가, 하고 비웃었습니다. 그렇게 한참 투덜거리다가 도로 끼워넣었어요. 그랬는데 조금 있다가 왠지 마음이 찜찜하여 자기도모르게 또 뽑아내서 읽어보았습니다. '말도 안돼! 악한 놈은 미워해야지, 이런 놈은 저주해야지' 하면서 다시 돌돌 말아 도로 끼워놓았습니다. 그 짓을 그는 몇며칠이나 되풀이했습니다. 그러다가 마침내는 예수님의 말씀 앞에 무릎을 꿇고 말았습니다. 예수믿게 된 것입니다. 훗날 그는 말했습니다. '나는 그 쪽지에 사로잡히고 말았다. 예수님의 말씀에 나는 노예가 된 것이다.'

　여러분, 악한 자가 끝까지 밉습니까? 오른뺨을 치거든 왼뺨을 돌려대라, 하십니다. 5리를 가라거든 10리를 가라고 하십니다. 속옷을 달라거든 겉옷까지 주어버리라 하십니다. 이 마음이 납득가지 않으면 여러분의 마음은 결코 자유인이 아닙니다. 이 마음이 옳고, 이 마음이 합리적이고, 과연 그러하다, 하고 이 마음을 따를 때 비로소 여러분은 자유인입니다. 이긴 것입니다. 이 말은 말이 안돼, 그럴 수 없어, 평생 나를 괴롭히는 원수인데!⋯아닙니다. 원수라고 생각하는 한 내가 패자라는 것을 알아야 됩니다. 승자에게는 원수가 없습니다. 승자에게는 긍휼이 있을 뿐입니다. 남편이 지지리도 속을 썩이는 술꾼인데 그 부인 보고 남편에게 예수믿으라고 권해보았느냐고 물었더니 "그따위 악당한테 예수믿으라는 말이 무슨 소용 있습니까? 죽어 지옥갈 사람인데요." 안믿을 거니까 말도 안한대요. 제가 말했습니다. "남편이 불쌍해보이고 사랑스럽게 보이고 전혀 미운 마음이 없어질 때까지는 당신남편은 예수 안믿을 겁니다." 마음에서 이미 실패하고 질 것이 아닙니다. 선으로 악을 이겨야 합니다. 이긴다는 말의 뜻이 뭡니까. 요한복음 16장 33절에 보면 예수님께서 말씀하십니다. 내일아침처럼 십자가를 지실 것인데 제자들에게 말씀하십니다. "너희가 환난을 당하나 담대하라 내가 세상을 이기었노라." 도대체 물리적으로 정치적으로 어떻게 이기신 것입니까? 그러나 예수님께서는 분명히 이기셨다고 말씀하시고, 다 이루었다고 말씀하십니다. 이겼습니다. 어떻게? 예수님께서는 제자들이 자기를 배반할 것임을 알고 계십니다. 너희가 다 흩어질 것이다, 그러나 나는 혼자 있는 것이 아니다, 아버지께서 나와 함께 계시니라─ 결코 고독하시지 않았어요. 외롭지 않으셨습니다. 무엇보다도 중요한 것은 당신을 버릴 제자들임을 알고 계시면서도 '너희들이 나를 버리고 갈릴리로 갔다가 다시 돌아와서 나를 위해 많은 고생을 하고 순교할 것이다' 하고 제자들을 믿으셨습니다. 바로 눈앞에 배신이 있건마는 예수님께서는 그들을 믿으셨습니다. 하나님을 믿으시고 사람도 믿으셨습니다. 조금도 낙심하시지 않았습니다. 그런고로 이기신 것입니다. 저는 늘 짓궂은 생각을 합니다. 예수님 십자가에 돌아가실 때 만일에 창으로 찌르고 침을 뱉고 머리를 흔들고 저주하는 그 못된 것들을 내려다보시면서 '아이구 내 팔자야' 하고 탄식하셨다면, '이놈들 어디 두고보자, 내가 심판때에 너희들을…' 하고 저들을 미워하고 저주하셨다면, 그리고 만일에 절망하셨다면 예수님의 십자가는 아무 의미도 없습니다. 이걸 알아야 합니다. 마지막 한마디가 이렇게 중요한 것입니다. 깨끗하게 용서하고 잊어버리고 위하여 기도하고, 그리고 예수님의 마음에 조금도 어두운 그림자가 없었습니다. 그래서 이기신 것입니다. 그렇습니다. 이 승리는 목적에 변함이 없으셨고 끝까지 사랑하셨고, 악으로 악을 이긴 것이 아니라 선으로 악을 이기신 그것입니다.

「적극적 사고방식」이라고 하는 책을 써서 유명한 노만 V. 피어리 목사님은 책 속에서 미운 사람을 사랑하는 구체적인 방법을 제시합니다. 첫째 미운 사람의 장점을 종이에 기록하라, 합니다. 아무리 미운 사람이지마는 그 사람에게도 장점이 있습니다. 그 장점만을 종이에 기록하라는 것입니다. 그리고 그것을 매일 읽으라 합니다. 그리고 그 사람의 그 장점만 보고 생각하라 합니다. 둘째, 미운 사람을 위해서 기도하라 합니다. 미운 마음이 높아지면 높아질수록 더 열심히 그를 위해서 기도하라 합니다. 셋째는, 기회가 있는대로 직간접으로 미운 사람을 도와주라 합니다. 그에게 봉사하라 합니다. 넷째는, 미운 사람을 의식적으로 직접, 간접적으로 칭찬하라 합니다. 다른 사람하고 이야기할 때도 아, 그 사람 좋은 사람이다, 하고, 직접 만날 때도 듣든 안듣든 칭찬하라 합니다. 그리고 다섯째, 그 사람을 직접 만날 때는 미소띤 얼굴로 친절하게 대하라 합니다. 그러면 선으로 악을 이길 것이다, 합니다. 성경에 보면 스데반이 돌에 맞아 죽습니다. 그러나 그 얼굴은 천사의 얼굴과 같았다고 합니다. 천사의 마음이기에 천사의 얼굴을 하고 자기를 죽이는 자를 위해서 기도합니다. 이것이 그리스도인의 승리입니다. 사도 바울은 아주 억울하게 빌립보에서 감옥에 갇혔습니다. 죽을고생을 하고 매를 맞았습니다. 피투성이가 됐지마는 그는 받은바 은혜를 생각하면서 기도하고 찬송을 불렀습니다. 깊은 밤에 홀로 찬송을 불렀습니다. 그래서 선으로 악을 이겼습니다.

여러분, 우리 북한사람들 어떻게 대하려고 하십니까? 제가 놀란 것은 북한에서 피란나온 사람들이 있고 남쪽에 있어 북한을 모르는 사람들이 있습니다. "북한사람을 도와줍시다"할 때 많은 사람들이 호응하고 좋게 돕습니다마는 이상한 것이 하나 있습니다. 피란내려 왔던 사람들 중에 절대로 안된다는 사람들이 있습니다. 공산당놈들은 안된다, 합니다. 심지어 나를 보고도 '목사님, 그거 안됩니다' 합니다. 비참한 얘기입니다. 그런 사람 참 불쌍한 사람입니다. 지금 몇 년 됐는데 아직도 그 마음을 가지고 삽니까. 답답한 사람입니다. 그러고도 예수믿는다고 합니까. 우리 마음에 있는 미운 마음, 깨끗이 없어져야 됩니다. 그 사람이 어쨌건 나는 사랑할 것이고, 나는 용서할 것이고, 나는 봉사할 것입니다. 선으로 악을 이기라—그럼으로 내가 승리하는 것이기 때문입니다. 그럼으로 내가 자유하기 때문입니다. 그것이 나를 구원하는 길이기 때문입니다. △

긍휼의 뜻을 배우라

예수께서 거기서 떠나 지나가시다가 마태라 하는 사람이 세관에 앉은 것을 보시고 이르시되 나를 좇으라 하시니 일어나 좇으니라 예수께서 마태의 집에서 앉아 음식을 잡수실 때에 많은 세리와 죄인들이 와서 예수와 그 제자들과 함께 앉았더니 바리새인들이 보고 그 제자들에게 이르되 어찌하여 너희 선생은 세리와 죄인들과 함께 잡수시느냐 예수께서 들으시고 이르시되 건강한 자에게는 의원이 쓸데없고 병든 자에게라야 쓸데있느니라 너희는 가서 내가 긍휼을 원하고 제사를 원치 아니하노라 하신 뜻이 무엇인지 배우라 내가 의인을 부르러 온 것이 아니요 죄인을 부르러 왔노라 하시니라

(마태복음 9 : 9 - 13)

긍휼의 뜻을 배우라

　몇해 전의 일입니다. 나이가 좀 많이 들어서 뒤늦게 그리스도를 영접하고 교회에 나온 분이 있었습니다. 한 일 년 동안 교회에 열심히 나오면서 그는 '늦게 시작을 했으니까 먼저 믿은 사람들을 좀 급하게 따라잡아야겠다'고 생각해서 본인 말대로 열심히 성경공부를 했습니다. 과외수업도 하고, 개인교습도 받고 하면서 어쨌든 빨리 성경과 교리를 익혀야겠다해서 공부를 하는데, 성경이 고어(古語)로 된 성경이라서 뜻이 잘 통하지 않으므로 영어성경, 독일어성경을 대조하면서 읽었다고 합니다. 여러 가지 주석서도 참고했습니다. 그렇게 하면서 열심히 성경공부를 해나가다가 제게 와서 묻습니다. "목사님, 성경에 보니까 긍휼이라는 말이 있는데, 이 긍휼이라는 단어가 참 중요한 것같지마는 뜻을 잘 모르겠어요. 그래서 영어성경으로 돌아가 읽어보았더니 영어성경에는 'love'라고 되어 있는 거예요. 그래서 'I want your love'라고 되어 있거든요. 그렇다면 '사랑'이라고 번역했으면 간단하겠는데 그걸 왜 긍휼이라고 해서 헷갈리게 합니까? 왜 '사랑'이 아니고 '긍휼'입니까?" 그래서 제가 대답을 이렇게 했습니다. "똑같은 사랑이요 단어도 같지마는 그 개념은 서로 다릅니다. 자식의 부모에 대한 사랑이 있고, 부모의 자식에 대한 사랑이 있습니다. 할아버지가 손자손녀를 사랑하는 사랑이 있습니다. 그 사랑이 같지 않습니다. 또 젊은사람들끼리 남녀간에 사랑하는 것, 이런 것은 수평적 사랑입니다. 부모의 자식사랑, 자식의 부모사랑은 수직적 사랑입니다. 그런데 '긍휼'이라고 하면 이는 아주 높은 위치에서 우리 인간을 사랑하시는 하나님의 사랑을 표현하는 것입니다.

이 사랑을 긍휼이라고 합니다." 이렇게 말했더니 "아하, 그렇군요. 그런 귀한 뜻이 있군요." 이렇게 받아들이는 것을 보았습니다.

오늘본문에 나타난 '긍휼'이라는 말은 헬라어로 '엘레오스'입니다. 예수님께서 친히 구약의 호세아 1장 6절을 인용하십니다. "내가 인애를 원하고 제사를 원치 아니하노라." 이렇게 번역되어 있습니다. 인애(仁愛)라는 말이나 자비라는 말이 다 같은 뜻으로 사용됩니다마는 히브리말로는 유명한 '헤세드'라는 말입니다. 헤세드는 특별한 의미를 가진 구약적인 하나님의 사랑을 지칭하는 단어입니다. 그리고 일반적으로 구약에서 많이 사용되는 말은 자비와 긍휼인데 그 히브리원문은 '라함'이라는 단어입니다. 복수로 말할 때는 '라하밈'입니다. 히브리말을 굳이 인용하는 것은 그 어원이 중요하기 때문입니다. 히브리말에 '레헴'이라고 하는 말이 있습니다. '레헴'이라는 말에서 '라함'이라는 말이 나왔습니다. 레헴이란 바로 여인의 자궁을 의미합니다. 얼마나 신비로운 말입니까. 여인의 자궁—그것이야말로 사랑의 고향이거든요. 사랑의 뿌리가 거기에 있습니다. 자궁과 같은, 그런 사랑을 '긍휼'이라고 하는 것입니다. 그래 어떤 주석가는 이것을 이런 말이라고도 합니다. 새가 모이를 주워 먹고 돌아와서 새끼에게 그것을 토해내어 먹이는 것을 봅니다. 그럴 때 보면 막 몸을 비비꼬면서 토해 먹입니다. 꽤 큰 새끼는 아예 주둥이를 어미의 목구멍 속에 집어넣어가지고 꺼내 먹습니다. 이렇게 해가면서 새끼를 키우는 어미새의 모습을 볼 수 있는데 이런 사랑을 '긍휼'이라고 한다는 해석입니다. 이렇게 그 어원과 배경을 생각하고보면 너무도 신비롭고 무궁무진한 진리가 그 속에 있는 것입니다. 이것은 창조적 사랑입니다. 자궁 속에서 생명이 출생합니다. 생명이 거기서 나오는 것입니다. 그 사랑 속에서 나오는 것입니다. 이 사랑은 절대적으로 주도적입니다. 자궁이 생명체를 보호합니다. 모든 필요한 것을 다 공급해줍니다. 그 체온과 영양과 그 사랑까지도 공급합니다. 태모교육이라고 하지 않습니까. 그렇게 공급을 해주어서 그 생명이 존재합니다. 또한 신비로운 교육적 의미가 있습니다. 아시는대로 자궁 속에서 무럭무럭 자라지 않습니까. 자라서 아기가 되어 나오는 것입니다. 오래오래 기다려서 아주 작은 생명체로부터 커서 하나의 갖추어진 생명이 되어 나옵니다. 자궁으로부터입니다.

다시한번 크게 눈을 뜨고 우주를 바라봅시다. 이 우주라고 하는 것이 하나님의 자궁입니다. 그 하나님의 품 속에서, 그 속에서 우리가 자라가고 있거든요. 생명을 받아서 생명으로 삽니다. 생명의 은혜로 생명으로 삽니다. 그 긍휼 속에서 우리가 무럭무럭 하나님의 사람으로 자라가는 것입니다. 얼마나 신비로운 말입니까. 하나님의 긍휼, 생명력과 놀라운, 신비로운 사랑이 크게 작용합니다. 이것을 통칭 긍휼이라고 말하고 있습니다.

오늘본문에 나타난 맥락은 여러분이 잘 아시는 바입니다. 너무나 귀한 말씀이지요. 어떤 날 예수님께서 지나가시다가 가버나움 세관에 앉아 있는 세리, 그러니까 세금을 받고 있는 세리 마태라는 사람을 부르십니다. 부르시기만 한 것이 아니라 많지도 않은 열두 제자의 하나로 삼으십니다. 당시에는 로마가 예루살렘을 통치하고 있었습니다. 유대나라는 로마의 식민지였습니다. 세리란 여기서 세금을 받아 로마에 갖다바치는 사람들이었습니다. 누군가든 하긴 해야 할 일이긴 합니다. 결국은 로마사람의 심부름을 해주는 사람들입니다. 그래서 모두가 세리는 비도덕적이고, 비애국적이고, 비종교적인 사람으로 생각했습니다. 죄인과 같은 부류로 취급했습니다. 이렇게 멸시받고 천대받는 존재가 세리인데 예수님께서 하필이면 이런 사람을 불러서 당신의 제자로 삼으셨습니다. 한순간에 예수님의 제자가 된 마태는 감격한 나머지 자기집에서 잔치를 베풀었습니다. 친구들, 친구라야 전부 세리들인데 그들을 불러놓고 큰 잔치를 벌여 예수님을 모실 때 바리새인들이 영 못마땅해합니다. 예수님이 하필이면 왜 저런 사람들하고 저렇듯 친하게 지내는가 했습니다. 마음으로만 그리 생각하고 점잖게 있는 것이 아니라 그들은 참다못해서 시비를 걸고듭니다. "어찌하여 너희 선생은 세리와 죄인들과 잡수시느냐" 합니다. 어떻게 그런 집에 출입을 하느냐, 어째서 그런 사람들과 사귀느냐, 하고 아주 사나운 비난을 하게 됩니다. 그때 예수님께서 대답하시면서 인용하신 말씀입니다. "내가 긍휼을 원하고 제사를 원치 아니하노라" — 번제보다 하나님 아는 것을 원하노라, 하십니다. 번제보다도 하나님의 긍휼, 긍휼하신 하나님이라는 것을 깨닫는 것을 원하신다, 함입니다. 깊이 생각해야 합니다.

자, 여기서 한번 짚고 넘어갈 것이 있습니다. 제사보다 긍휼을 원하신다고 제사와 긍휼을 대비해서 말씀하셨다, 하는 것이 깊은 의미를 가집니다. 한번 대비해보십시오. 제사는 일반적으로 사람이 하나님께 드리는 예물입니다. 하나님께 제물을 바칠 때, 짐승을 잡아 불태워서 드립니다. 사람들의 하나님께로 향하는 종교의식입니다. 그런데 긍휼이란 아무것도 드리는 것이 없습니다. 오직 가슴입니다. 하나님의 그 크신 긍휼을 내가 수용하는 것입니다. 받아들이는 것입니다. 긍휼을 원하노라 — 무형적이지마는 이것이 더욱 중요한 것입니다. 제사보다 긍휼, 이것을 설명하시는 예수님의 드라마틱한 비유가 하나 있습니다. 바로 '선한 사마리아사람' 비유입니다. 어떤 사람이 예루살렘에서 여리고로 가는 길에 강도를 만났다, 다 빼앗기고 매맞고 피투성이가 되어서 지금 죽어가고 있다, 제사장이 제사드리러 예루살렘에 올라가다가 그것을 보았다, 성전에서 봉사하는 레위사람이 올라가다가 그것을 보았다, 그런데 이 두 종류의 하나님의 사람들이 저 강도만난 사람을 도와주지 않고 그냥 지나쳐가버리고 말았다, 그런데 사마리아사람 하나가 이 불쌍한 사람을 돌보아주었다 — 이것이 예수님의 비유입니다. 여기서 한번 생각해보십시오. 저 불쌍한 사람을 도와준 것은 긍휼입니다. 그런데 제사장과 레위사람은 왜 안도와주었는지요? 그 사람들이 긍휼에 대해서는 '전문가'입니다. 잘 알고 또 가르치는 사람들입니다. 선한 일 해야 하고, 불쌍히 여겨야 하고, 좋은 일 해야 한다고 밤낮으로 떠벌리는 사람들입니다. 자, 이런 사람들이 왜 안돌아보았느냐 — 자기들 나름의 생각에는 제사드리는 일이 더 중요했기 때문입니다. 지금 일 년에 한 번 돌아오는 제사 드리러 가는 길인데 이 죽어가는 사람 만지다가 손에 피가 묻으면 안되거든요. 또 어차피 죽을 사람 같은데 만지다가 죽어버리면 시체를 만진 게 됩니다. 율법에 보면 시체를 가까이했으면 일주일 동안 성전에 못들어가게 되어 있거든요. 부정하다, 그것입니다. 내 일생에 몇번밖에 못드리는 이 소중한 제사를 드리러 가는 거룩한 마음, 거룩한 손으로 내가 어떻게 저런 것을 만지겠느냐, 그것입니다. 나에게는 제사가 더 중요하다, 그것입니다. 깨끗한 제사, 거룩한 제사, 신령한 제사, 이것이 더 중요하다, 그것입니다. 그러나 예수님께서는 "내가 긍휼을 원하고 제사를 원치 아니하노라" 말씀하십니다. 여기서 우리는 생각해야 합니다. 긍휼이란 무엇이겠습니까.

긍휼이란 내가 불쌍히 여기는 자의 모든것을 내가 책임지는 것입니다. 그리고 저들은 모르기 때문이다, 라고 생각하는 것입니다. 아시는대로 예수님께서 십자가를 지실 때, 당신에게 창을 찌르고 침을 뱉고 고개를 내저으면서 비난하고 비방하는 엄청난 죄인들을 앞에 보시면서 높이 매달리신 채 죽어가면서 하신 말씀이 무엇입니까. 첫 말씀이 "아버지여 저희를 사하여주옵소서. 저희의 하는 것을 알지 못함이니이다"입니다. 모르기 때문입니다 ― 이게 중요한 것입니다. 알고보면 다 놀라서 그렇습니다. 큰소리쳐봐도 모르기 때문입니다. 저 잘났다고 하는 것도 모르기 때문입니다. 요새 마약을 하는 젊은이들, 모르기 때문입니다. 이 얼마나 비참합니까. 그런고로 불쌍히 여기는 것입니다. 저희가 모르기 때문입니다, 하는 그 마음, 그것이 바로 긍휼이라는 말입니다. 우리 인간들이 다 부족하고 흠이 많고 잘못되었지만 하나님께서는 생각하십니다. 저들이 유치하고 모르기 때문이다, 라고요. 안다고 하지마는 모르기 때문이다, 라고요. 참으로 불쌍한 것입니다. 동시에 이것은 주도적 사랑입니다. 그렇기 때문에 전혀 책임을 묻지 않습니다. 오히려 그 책임을 내가 집니다.

「뇌내 혁명」이라고 하는 책을 본즉 제2권에 이런 이야기가 있습니다. 저자가 의사인데 의사의 할아버지도 의사입니다. 할아버지 의사가 손자 의사에게 늘 이렇게 일러주었다고 합니다. "너는 환자를 볼 때마다 속으로 '미안합니다' 하는 마음을 가져라. 또 말로도 '죄송합니다' 라고 말하라. 왜? 내가 명색 의사인 터에 시원치 않아서 당신이 이렇게 병들었습니다, 제때에 가르쳐주지 못했고 바로 인도하지 못해서 이런 깊은 병을 얻게 했습니다, 잘못이 내게 있습니다, 죄송합니다, 하는 마음으로 치료하라." 참으로 훌륭한 할아버지인 동시에 훌륭한 의사입니다. 여러분, 누구를 불쌍히 여깁니까? 책망하십니까? 뭐 그따위냐고 문책할 작정이십니까? 생각하고보면 그 책임이 누구에게 있는 것입니까?

　베토벤은 아주 가난하고 어려웠습니다. 먹는 것이 어려울 정도로 가난할 때가 있었는데, 그의 동생은 요새처럼 토지투기를 해서 돈을 많이 벌었습니다. 아주 멍청한 사람이었지만 횡재를 해서 부자가 되었다, 이것입니다. 그것을 알고 형이 동생에게 편지를 썼습니다. '내가 지금 생활이 어려우니 좀 도와주게' 그랬는데 동생이 '형님, 가난하게 사는 것은 전적으로 형님책임입니다. 당신의 가난은 당신의 몫입니다' 하고 회답하는 것이었습니다. 형은 이 편지를 받고 섭섭해서 다시 회답을 하는데 '네 재물도 필요없고 네 설교도 필요없다' 했습니다. 여러분, 가난한 자의 책임이 그 자신에게 있다고 생각하십니까? 못사는 자의 책임이 그 자신에게 있습니까? 부정한 자의 책임이 그 자신에게 있습니까? 감옥에 간 사람의 책임이 오직 그 사람의 것입니까? 그렇게 생각하면 긍휼이 없습니다. 그건 그 사람의 책임이 아닙니다. 어쩌면 다 내 책임입니다. 이렇게 아는 것이 긍휼입니다.

　제가 아는 어느 장로님에게 아들딸 8남매가 있습니다. 그 아들들이 다 훌륭하게 자라났는데 특별히 셋은 줄줄이 서울대학교를 나왔습니다. 대학원을 나오고 박사가 되고 했습니다. 자랑스럽습니다. 그 장로님은 늘 "저는 아이들 때문에 걱정해본 일이 한번도 없습니다. 한번도 우리 아이들은 병원에 가는 일도 없습니다. 병원하고 우리하고는 거리가 멉니다." 그런 말을 하더라고요. 가만히 보니 사실입디다. 그런데 더욱 놀라운 것이 있습니다. 그 부인은 초등학교도 못나왔습니다. 겨우 한글이나 깨친 정도의 부인입니다. 그런데 아이들을 그렇듯 잘 키웠습니다. 또 아이들이 어머니말이라면 꼼짝을 못합니다. 하도 신통해서 몇번 물어보았습니다. "어떻게 그렇듯 아이들을 잘 가르쳤습니까?" "가르치기는요. 제가 뭘 알아야 가르치지요. 가르치는 게 없습니다. 다만 아이들이 한창 졸리는 나이에 잠과 씨름하면서 공부하느라 애쓰고, 잘 먹이지도 못하고 입히지도 못했는데 밤새워가면서 공부하는 걸 보니 불쌍해서, 불쌍해서 내가 어떻게 잠을 자겠습니까. 그래서 그 옆에 앉아 저는 그냥 책도 못보고 할 일 없으니까 뜨개질만 떴다 풀었다, 떴다 풀었다 했었지요." 아이들이 공부할 때 언제나 곁에 앉아 있어주었다는 것입니다. 훌륭한 어머니입니다. 생각해보십시오. 요새 소위 잘났다는 어머니들, "너 못하는 건 네 책임이다. 학비를 안줬냐, 밥을 안먹였냐, 옷을 안줬냐? 에이, 멍청한 것"하는 어머니들과는 차원이 다르지요. '네 책임'이라고 하는 것은 절대로 사랑이 아닙니다. "미안하다. 공부하라고 해 놓고 나는 놀러나갔고, 텔레비전만 보았고…네가 어미 잘못 만나서 이 꼴이 되었구나" 할 수 있는 마음이 긍휼입니다. 남편이 밖으로 돈다면 그거 남편책임이라고만 생각하십니까? '어쩌다가 상냥하지 못하고 말 한마디 정답게 할 줄 모르는 여자 만나가지고 밖으로 도느라 무척 고생하시는구만.' 이렇게 주제파악을 제대로 해보십시오. 책임이 누구에게 있습니까. 어쨌든 긍휼이라는 것은 모든 잘못이 당사자에게 있다는 것이 아닙니다. 내게 있다는 것입니다. 내가 책임을 집니다. 이게 긍휼입니다. 동시에 아주 미래지향적입니다. 긍휼히 여기는 자에게는 절대 실망이란 없습니다. 나, 당신에게 실망했다―이런 소리는 하지 못합니다. 긍휼과 함께, 긍휼을 통해서 먼 미래를, 밝은 미래를 바라봅니다. 동시에 이것은 행동적입니다. 이 행동에는 낙심이 없습니다. 그것이 긍휼입니다.

　노벨상을 받은 테레사 수녀가 한평생 불쌍한 사람들을 위해서 일하는데 어떤 기자가 물어보았습니다. "수고라는 것은 그래도 가망이 있는 사람을 위해 하는 것 아닙니까? 재활의 능력을 갖춘 사람을 위해 수고해야 수고한 가치가 있는 거지 아무 소망도 없는, 아무 가치도 없는 사람들을 위해서 당신은 왜 당신의 전부를 바치고 수고하는 것입니까?" 테레사 수녀는 대답했습니다. "이들은 평생 개취급을 받으며 살아가고 있습니다. 내가 돕는 사람들이 제일 무서워하는 것은 아무도 그들을 원하지 않고 있다는 것입니다. 그런고로 단 한 사람이라도 그들을 원한다고 하는 것이 그들에게는 소망입니다." 그리고 참으로 귀한 말씀을 했습니다. "그들도 천사처럼 죽어갈 권리가 있지 않습니까?" 저들을 도와서 저들이 마음을 바로잡고, 개화하고 문명화하고 한다는 게 아닙니다. 그런 굉장한 일을 한다는 얘기가 아닙니다. 저들이 주님을 영접하고 빙그레 웃으면서 천사처럼 죽어갈 권리가 있는 게 아니냐고, 그래서 봉사한다고 합니다. 여러분, 우리는 긍휼히 여긴다고 할 때 굉장한 기대를 겁니다. 뭐 도울만한 가치가 있다 없다 따위의 얘기를 하고 있습니다. 그게 아닙니다. 긍휼이란 바로 여기에 있는 것입니다. 행동에 있습니다. 그리고 그대로 긍휼히 여길 뿐입니다. 그가 앞으로 어떻게 잘되느냐—뭐 이런 것, 조건적으로 기대하는 것이 아니라는 말씀입니다. 아픔과 고통도 내가 당합니다. 거기에 진정한 긍휼이 있습니다.

　유명한 토마스 모어가 좀 일이 잘못돼서 무고하게 재판을 받고 사형선고를 받았습니다. 그때 그가 재판장 앞에서 이렇게 말했다고

해서 유명한 이야기로 전해집니다. "재판장님이시여, 내가 당신을 이 시간 친구라고 부르도록 허락하여주십시오." 그리고 바로 말하기를 "친구여, 당신과 나는 이 관계가 성경에 나오는 바울과 스데반의 관계처럼 되기를 바랍니다. 바울은 스데반을 죽였습니다. 그러나 뒤에 바울은 예수를 믿습니다. 한평생 예수를 믿고, 복음을 위해 일하고, 그리고 순교했습니다. 내가 믿기는 하늘나라에서 그 둘이 서로 만났을 때 서로가 얼마나 반가웠겠습니까. 얼마나 감격하는 만남이 있었겠습니까. 당신이 지금은 나를 죽이지마는 장차 하늘나라에서 당신과 나는 스데반과 바울처럼 친구로 만나게 되기를 바랍니다." 이 엄청난 이야기를 할 때 재판장은 말했습니다. "나는 당신에 대하여 사형선고 했는데 당신은 어째서 나를 친구라고 하시오?" 이에 모어는 유명한 대답을 했습니다. "주께서 나에게 먼저 긍휼을 베푸셨기 때문입니다." 그렇습니다. 하나님께서 나를 긍휼히 여기시기에 내가 또 모든 사람을 긍휼히 여길 수 있는 것입니다.

　제사를 원치 아니한다, 긍휼이 무엇인가를 배우라 — 우리가 뭘 하느니 뭘 하느니…큰소리칩니다마는 그치십시오. 생애의 남은 시간에는 하나님의 내게 향하신 긍휼을 배우십시오. 구석구석 내게 베푸신 그 많은 긍휼을 알고 배우고, 감격해서 또 그 긍휼을 남에게 베풀면서 남은 생을 사는 것이 그리스도인의 모습인 것입니다. △

가까이하여 듣는 사람

너는 하나님의 전에 들어갈 때에 네 발을 삼갈지어다 가까이하여 말씀을 듣는 것이 우매자의 제사드리는 것보다 나으니 저희는 악을 행하면서도 깨닫지 못함이니라 너는 하나님 앞에서 함부로 입을 열지 말며 급한 마음으로 말을 내지 말라 하나님은 하늘에 계시고 너는 땅에 있음이니라 그런즉 마땅히 말을 적게 할 것이라 일이 많으면 꿈이 생기고 말이 많으면 우매자의 소리가 나타나느니라 네가 하나님께 서원하였거든 갚기를 더디게 말라 하나님은 우매자를 기뻐하지 아니하시나니 서원한 것을 갚으라 서원하고 갚지 아니하는 것보다 서원하지 아니하는 것이 나으니 네 입으로 네 육체를 범죄케 말라 사자 앞에서 내가 서원한 것이 실수라고 말하지 말라 어찌 하나님으로 네 말소리를 진노하사 네 손으로 한 것을 멸하시게 하랴 꿈이 많으면 헛된 것이 많고 말이 많아도 그러하니 오직 너는 하나님을 경외할지니라

(전도서 5 : 1 - 7)

가까이하여 듣는 사람

　며칠 전의 일입니다. 점심때가 되어 조그마한 칼국수집에 들어가 식사를 하는데 바로 옆자리에 앉은, 한 오십 대 된 두 신사가 서로 주고받는 이야기를 듣게 되었습니다. 듣자하니 둘은 고등학교 동창인데 조기퇴직을 한 것같아요. 나누는 이야기의 주제는 똑같은 것이었습니다. 조기퇴직을 하고 집에서 놀아본즉 '마누라'들이 구박을 한다는 것입니다. 전에는 집에 들어가면 깨끗이 화장도 하고 앉아 있더니 지금은 세수도 안하고, 밥도 잘 안차려주고…뭐, 이런 얘기였습니다. 그런데 문제는 서로가 자기얘기만 하지 상대방얘기는 안듣는 것입니다. 상대방이 말하면 도중에 제지하고는 "내 얘기 좀 들어봐"하고 또 자기얘기를 합니다. 이쪽이 말을 시작하면 저쪽이 또 가로막고는 "내 얘기 들어봐"하면서 얼마나 큰소리로 얘기를 하는지 듣지 않을래야 듣지 않을 수가 없었습니다. 옆에서 누가 듣는지 안듣는지 상관하지 않고, 심지어는 자기 앞에 있는 사람이 자기 말을 좋아하는지 싫어하는지도 알 바 아닙니다. 그저 자기얘기만 열심히 하는 것입니다. 참으로 답답한 상황입니다. 오죽했으면 그렇게 됐겠나 싶지마는, 이런 생활태도가 바로 오늘의 우리네 모습이 아닌가 싶었습니다.
　「시간과 자유의지」라는 책을 저술한 철학자 앙리 베르크송은 사람의 유형에는 두 가지가 있다고 했는데, 간단합니다. 하나는 닫힌 마음의 사람이요, 또하나는 열린 마음의 사람입니다. 여러분은 어느 쪽입니까? 마음을 닫고 사는 사람이 있습니다. 이 사람은 고독합니다. 이 사람은 교만합니다. 동시에 절망합니다. 그런가하면 마음을 열고 사는 사람, 이 사람은 사람이 반갑습니다. 여러분, 사람 만나는 것이 반가우면 스스로가 열린 사람인 줄 알고, 아무도 만나고 싶지 않거든 자신에게 문제가 생긴 줄 아십시오. 이것은 우울증 제1단계입니다. 병입니다. 그리고 이렇게 마음을 닫을 때 거기서 많은 부작용이 생깁니다. 사람은 나이 사십 넘으면 주변환경에 책임을 지라고 합니다. 주변사람들이 나를 친절히 대하거든 내가 남에게 친절했던 것으로 알 것이요, 모든 사람이 나에게 불친절하다고 느껴진다면 Something wrong with me임을 알 것입니다. 잘못된 것은 나 자신입니다. 내가 뭔가 잘못하고 있습니다. 내가 닫았는데 누가 열어주겠습니까. 내가 내 마음을 닫고 사는데 누가 나에게 마음을 열겠습니까. 그 원인이 나 자신에게 있음을 잊지 말아야 합니다.

솔로몬 왕은 하나님 앞에 지혜를 구합니다. 지혜를 구하는 마음은 곧 듣는 마음입니다. hearing heart입니다. 듣는 마음을 달라고 했습니다. 왕이 되면 귀가 막힙니다. 높은 직위에 올라가면 남의 말을 안듣습니다. 마음이 닫힙니다. 이게 망조입니다. 항상 마음을 열고 마음의 귀를 열어야 하기 때문에 솔로몬은 지혜의 마음을 주십사고 하나님 앞에 기도하고 있습니다. 철학자 이마누엘 칸트는 인간의 마음속에는 인간으로 인간되게 하는 귀중한 소리가 있다고 했습니다. 그것을 무조건적 명령이라고 했습니다. 이것은 왕의 명령도 아니요, 법률의 명령도 아니요, 대중의 외치는 소리도 아니요, 권력층의 명령도 아니라는 것입니다. 조용히 들려오는 하나님의 소리라는 것입니다. 이 하나님의 소리를 들을 수 있는 마음의 귀가 열려 있어야 사람이 사람될 수 있다고 그는 말했습니다. 중국의 노자는 이렇게 말합니다. 인간은 들으면서 성장하는데 첫째가 다른 사람의 말을 귀로 듣는 일차적 들음이 있고, 두 번째는 자기 안의 소리를 들을 수 있는 귀가 있다고 했습니다. 모름지기 양심의 소리, 자기소리를 스스로가 들을 줄 알아야 됩니다. 세 번째 소리는 초월한 저쪽으로부터 오는 소리, 소리없는 소리를 듣는 귀를 가져야 한다고 말합니다. 소리없는 소리—자, 풀포기에서 듣습니다. 산에서 듣습니다. 강에서 듣습니다. 하늘을 보고 듣습니다. 아무 소리가 없는 그 속에서 소리를 들을 줄 아는 귀를 가질 때 높은 수준의 인간이 된다는 것입니다.

며칠 후에 국회가 또 모인다고 합니다. 저는 국회가 모인다고 하면 늘 걱정입니다. 왜냐하면 국민들 앞에 본이 되지 못하기 때문입니다. 특별히 젊은이들이나 혹은 어린아이들에게 본이 되지 못합니다. 좀 온국민이 쳐다보고 있다는 것을 생각하고 회의를 했으면 좋겠습니다. 가끔 보면 대(對)정부 질문이라는 것을 합니다. 목청높여서 조목조목 들어가면서 열심히 연설을 합디다마는 자, 질문을 했으면 이젠 또 들어야 하지 않겠습니까. 정부에서는 어쨌든 대답을 하는 것이고, 대답을 하면 그것을 들어야 되겠는데 그 시간이면 다들 나가버리고 없습니다. 질문해놓고는 대답도 안듣고 나가버리고 없습니다. 이따위로 하니 국민들 앞에 무슨 본이 되겠습니까. 아이들 보기 부끄럽습니다. 자기말만 해놓고는 다 나가버립니다. 정부에서 대답하고 있는 시간에는 의석이 텅비었습니다. 도대체 이게 무슨 노름입니까, 이게? 말할 줄만 알지 들을 줄은 모릅니다. 자, 말이야 됐든 안됐든 우선 조용히 그것을 들어줄 줄 아는 여유, 그만한 인격은 있어야 되지 않겠습니까. 이 꼴이니 세상에, 아이고 어른이고 그저 소리지를 줄만 알게 되는 것입니다. 부부 사이도 그렇습니다. 가끔 보면 여자교인들이 이런 얘기 합니다. "저희집은 대화가 끊어진 지 오래됐어요. 말이 없습니다. 그래 재미가 없습니다." 저는 이 시간에 반문하겠습니다. 대화를 끊은 쪽이 어느 쪽입니까? 남자들이란 맺힌 데가 없어서 상대가 잘 들어주기만 하면 한없이 얘기합니다. 말이 됐든 안됐든 그저 "옳습니다, 그렇습니다, 당신말이 옳아요, 그렇겠군요"하고 간단한 장단만 맞춰주면 밤새 얘기할 것입니다. 하고 싶은 말을 해야겠는데, 들어주는 자가 없지 않습니까. 너무 답답해서 술집에 가가지고 십만 원 내고 술집 아가씨한테 대고 1시간 동안 얘기하는 것입니다. 이 아가씨들은 그냥 앉아서 "그럼요, 회장님!" "그럼요, 사장님! 옳은 말씀이에요"하고 몇마디 하고 십만 원 얻어 가지지요. 이래서 '우리집 안주인'은 십만 원 손해보는 것입니다. 대화를 막은 것이 누구입니까? 요컨대 듣지 않기 때문입니다. 들으면 열리게 되어 있습니다. 들으면 듣는 자에게 말하게 되어 있습니다. 내 말을 잘 들어주는 자보다 더 고마운 사람이 없지요. 효도는 따로 있습니까? 아버지 어머니 앞에서 그 이야기를 잠시만 들어드리면 되는 것입니다. 이것을 안해주는 것입니다. 이것이 싫다는 것입니다. 노인네의 말도 안되는 소리 안듣겠다는 것입니다. 본디 말도 안되는 것 듣는 게, 그게 봉사지요. 그게 섬기는 거라고요. 들으면 대화는 이루어지게 되어 있습니다. 결국 대화를 끊은 것은 나 자신입니다. 이것을 잊지 말아야 합니다. 듣는 자가 없으면 말도 없을 수밖에 없습니다. 남편들이 집에서는 딱 두 마디밖에 안한다고 합니다. "불 꺼라. 자자." 이래가지고야 사는 것이라 할 수 있습니까. 어쩌다 이렇게 되었습니까. 듣는 마음이 없기 때문입니다.

 성경은 말씀합니다. 믿음은 들음에서 난다고(롬 10 : 17). 구원의 역사도 복음을 들으면서 이루어집니다. 들음은 들음의 자세가 중요한 것입니다. 오늘말씀에는 "가까이하여 말씀을 듣는 것이 우매자의 제사드리는 것보다 나으니(1절)"라고 하였습니다. 가까이하여 듣는다—이는 마음으로 가까이한다는 말씀입니다. 존경을 말씀하는 것입니다. 자꾸 멀리 가니까 안되는 것입니다. 가까이, 가까이 가면서 들어야 됩니다. 이것은 신뢰가 아니겠습니까. 사랑이 아니겠습니까. 집중함이 아니겠습니까. 그리고 긍정하는 자세입니다. 여러분, 너무 쉽게 비판하려고 하지 마십시오. 너무 빨리 판단해버리지 마십시오. 좀 천천히 들으십시오. 다 들으십시오. "더 할말 없소?" 할 수 있을 때까지 들으십시오. 그러고나서 얘기해도 바쁘지 않습니다. 그런데 우리는 어느 사이에 듣는 중에 판단해버립니다. 대개 이래서 똑똑한 여자들이 사랑을 못받습니다. 왜요? 너무 머리가 좋아서 다 듣기 전에 다 알아버렸거든요. 그리고 미리 말합니다. "그만해도 충분합니다. 내가 당신 뱃속에 들어갔다 나왔는데 그걸 모르겠소? 그만하고 내 얘기 들어요." 여기서 사람을 죽이는 것입니다. 좀 미련한 척할 것입니다. 백치미란 것도 아름다운 것입니다. 들어요. 아주 중요한 일입니다. 특별히, 존경하는 마음으로, 긍정하는 마음으로 듣는다면 금상첨화입니다. 일단 긍정하는 것입니다. 제가 대학에서 삼십 년째 강의를 합니다마는 강의를 할 때마다 저는 첫시간에 꼭 주의를 줍니다. "내 강의에 질문은 없다. 질문은 꼭 마지막에 하는 거다. 질문 없을 뿐만 아니라 질문하려는 생각도 하지 마라. 내 강의 듣는 동안은 그저 들어. 옳은 줄 알고 들어. 그리고 끝에 가서 질문하라." 중간질문은 절대 허락하지 않습니다. 왜 그러겠습니까? 질문하는 것을 가만히 보면 대체로 알아듣지 못하고 하는 소리입니다. 내가 무슨 말을 하는지 들으려 하지도 않았습니다. 못알아들었습니다. 모름지기 조용히 듣는 자세가 우선입니다.

"가까이하여 말씀을 듣는 것" — 이 말씀은 또한 몸의 자세도 중요하다는 것을 일깨웁니다. 어떻게 듣느냐, 어떤 자세로 — 공부하는 사람은 공부하는 자세, 기도하는 사람은 기도하는 자세, 예배하는 자는 예배의 자세가 중요합니다. 잘 알지 않습니까. 사관학교에서는 의자가 있어도 의자에 등을 못기대게 합니다. 등을 딱 대고 앉으면 막바로 불호령이 떨어집니다. "넌 정신 틀렸다!" 이것입니다. "가까이하여" — 실제로 몸이 가까이 가게 되어 있습니다. 자기도모르게 가까이 나아갑니다. 말씀을 듣는다 — 분명히 듣는 것입니다. 잘 들리도록 듣는 것입니다. 똑바로 보면서 듣는 것입니다. 무릇 보지 않고 듣는 데 문제가 있습니다. 대체로 부부싸움 할 때는 마주 안보고 언성만 높이지요? 거기에 문제가 있습니다. 마땅히 서로 눈과 눈이, 얼굴과 얼굴이 마주, 가까이하여 들을 것입니다. 이스라엘사람들의 회당에 가서 예배에 참례한 적이 있습니다. 들어갈 때 주의를 줍디다. 연필을 꺼내 쓰든가 종이를 꺼내 쓰는 일 하지 말라고 합니다. 그래 내가 공부하러 간 입장에서 가만히 있을 리 있습니까. "Why not?"하고 물었더니 "우리는 하나님 앞에 예배하는 것입니다. 지금은 하나님의 말씀을 듣는 시간입니다. 공부하는 시간이 아닙니다" 합니다. 저는 아주 충격을 받았습니다. 그저 늘 얘기합니다마는 우리교회에서도 예배드릴 때 뭘 노트하려고 하지 마십시오. 하나 쓰고 둘 놓칩니다. 뭘 쓰는 동안에 사실은 똑바로 들을 수가 없습니다. 또 목사인 제 개인의 입장에서 하는 말입니다마는 말씀 들으시고 자꾸 잊어버리고 해야 그 다음에도 제가 얘기할 것이 있지요. 그렇지 않습니까? 뭘 다 기억해두려고 합니까. 두고두고 들을 건데, 죽을 때까지 들을 건데…가만히 보면 새벽기도까지 나오는 분을 기준해서 말하면요, 일 년에 설교만 무려 400번 듣습니다. 앞으로 십 년 더 살면 4000번 들을 것입니다. 그런데 기록을 해요? 오로지 똑바로 날 쳐다보고, 집중적으로 들으십시오. 이게 중요한 것입니다. 특별히, 내 생각에 매이지 말 것입니다. 어느 분이 세상을 떠나는데, 임종을 하게 됐는데, 목사님이 가서 예배를 드리려고 합니다. 그런데 사람이란 죽는 순간에는 진실을 말한다고 하지 않습니까? 그 진실 말하는 것을 듣고 목사님이 기절할 뻔했다고 합니다. "목사님, 저는 교회에 수십 년, 목사님교회에만도 이십 년 나간 것같습니다. 그러나 이 시간에 돌이켜 생각해보니 한 번도 저는 설교를 들은 적이 없습니다." 설교하는 시간에는 꼭 사업궁리만 했다는 것입니다. 수첩을 꺼내놓고. 그러느라 한 번도 설교를 들은 바가 없는데 지금 딱 임종이 가까이 오고보니 큰일났다는 것입니다. 들은 말씀이 없어서요. 세상에…이런 사람도 있더라고요. 절대로 자기생각에 매여서는 안됩니다. 정욕에 매이지 말고, 편견에 매이지 말고, 고정관념에 매이지 말 것입니다. 특별히 깨끗한 마음으로, 이 시간만은 마음을 열고 들어야 합니다.

    에스디 골든이라고 하는 목사님이 「조용한 생각」이라고 하는 책을 썼는데, 그 책 속에 자기경험을 이런 말로 토로하고 있습니다. 그의 사랑하는 친구가 미술가인데 그가 미술전람회를 열게 되었다고 초청을 했습니다. 그래서 여러 친구들이 같은 시간에 초청받아 갔는데 그 화가는 이 사람들을 전람회장으로 인도하지 않고 지하실로 이끌더니 그 캄캄한 곳에 십 분이나 가두어두더랍니다. 그리고나서는 불을 켜고 올라오라 해서 전람회장으로 안내하더랍니다. "왜 이렇게 하느냐?" 하니까 "당신네들은 지금 시선이 타락돼서 세상의 못된 것들, 잡스러운 것들을 많이 보고 있었기 때문에 생각도 다 흐려지고 시각이 흐려졌으니까 깜깜한 데서 일단 시각을 씻어가지고 새 마음으로 그림을 보라고 해서입니다. 깨끗해진 시각으로 봐야 그림을 제대로 볼 수 있는 거예요." 일리있는 생각입니다. 적어도 제대로 미술을 관람하려면 생각부터 씻어야지요. 시각을 씻어야 됩니다. 우리가 하나님의 말씀을 들으려면 귀를 씻어야 합니다. 잡스러운 생각, 고정관념, 선입관…이런 것 다 씻어버리십시오. 아직도 욕심에, 정욕에, 시기질투에, 원한이라니, 이러면 하나님의 말씀이 들리지 않습니다. 내 모든 생각으로부터 자유해서 깨끗한 마음으로 주님의 말씀을 들어야 합니다. 또하나는 내 말부터 먼저 해서는 안됩니다. 말하면서 들을 수가 없기 때문입니다. 일단 침묵이 있어야 됩니다. 침묵과 명상이 먼저 있어야 됩니다. 그러고나서 말씀을 들어야 합니다. "일이 많으면 꿈이 생기고 말이 많으면 우매자의 소리가 나타나느니라(3절)" — 그러기에 우리는 내 말을 하기 전에 먼저 듣는 자세가 되어야 합니다. 먼저 다 듣고, 그리고 말해야 합니다. 야고보서에서도 "듣기는 속히 하고 말하기는 더디하며(약 1 : 19)"라고 말씀합니다. 많이 듣고, 속히 듣고, 자세히 듣는 것이 먼저입니다.

　빈첸시라고 하는 수도사에게 하루는 가정문제로 몹시 고생하는 여인이 이혼 직전에 찾아와서는 너무 가정에 불화가 많고 남편과의 다툼이 많아서 살 수가 없다고 하소연합니다. 듣고나서 수도사는 "우리 수도원에 지금 이렇게 우물이 있는데, 이게 성수(聖水)입니다. 이 물을 한 병 퍼 담아가지고 가서 두었다가 남편이 싸우려고 덤비거든 입에다 그 물을 한모금 무십시오. 뱉지도 말고 넘기지도 말고 딱 물고 계십시오. 남편 말 끝날 때까지요. 그 다음에도 또 그렇게 하십시오. 그렇게 하면 효험이 나타날 것입니다"하고 돌려보냈습니다. 여인은 수도사가 시키는대로 했습니다. 남편이 시비를 걸 때마다 그 물을 한입 물고 대꾸를 하지 않았지요. 마침내 가정이 조용해지기 시작했습니다. 여인은 다시 수도원에 찾아오더니 그 물이 참 성수라고, 신비로운 물이라고 감탄을 합니다. 수도사는 "그 물이 신비로운 것이 아닙니다. 침묵이 신비로운 능력을 가지고 있는 것입니다. 당신은 침묵을 배우시오. 좀더 조용하기를 배우시오"하고 대답했다고 합니다.

문화인류학이라는 학문이 세계적으로 유행이라고 합니다. 「cultural anthropology」라고 하는 책이 있는데 그 책에 야만인과 문명인을 대비해 말한 것이 있습니다. 미개한 사람의 특징, 문명인의 특징을 비교해 말하고 있습니다. 야만인의 특징은 도대체 목소리가 크다는 것입니다. 그게 다르다고 합니다. 오늘이라도 여러분, 소위 선진국사람들을 만나보십시오. 교양있다고 하는 사람들의 말은 앉으면 귀를 기울여야 들을 수 있을 만큼 조용조용합니다. 조용히 말하면서 식사도 하고 교제도 하고 합니다. 야만인들이란 모이면 마냥 떠들어댑니다. 시끄러운 것은 야만인입니다. 그걸 알아야 됩니다. 목소리가 도대체 큽니다. 그 자체가 잘못됐습니다. 그러니까 말하는 사람도 격하고 듣는 사람은 아예 안듣고…이리되는 것입니다. 귀를 기울여야 들을 수 있을 만큼 음성이 낮아야 됩니다. 가정분위기도 보십시오. 음성이 낮은 집이 있고, 고래고래 소리를 지르는 집이 있습니다. 거기에 문제가 있는 것입니다. 두 번째 특징은 야만인들은 꼭 자기말만 합니다. 듣진 않습니다. 정신병자도 그렇더구만요. 자기말만

하고 듣지는 않아요. 또 있습니다. 감정주도적으로 삽니다. 그래서 두 부족이 싸웠다하면 '너 죽고 나 죽자' 입니다. 야만인이기 때문입니다. 감정주도적입니다. 뭐 그리 대단한 명예, 대단한 가문이라고 자존심 챙기느라고 다 죽습니다. 멍청한 사람들이지요. 적어도 지혜를 가진 지성인은 그렇지 않습니다. Cool down! 냉정하고, 깊이 생각하고, 손해를 생각할 줄 알아야 됩니다. 나는 지금도 잊지 않습니다마는, 전에 푸에블로 호 사건이라는 게 있었지요. 푸에블로 호라고 하는 미국 배가 북한사람들한테 납치됐지요. 당시에는 전쟁이 터지는 줄 알았습니다. 그러나 그 엄청난 손해를 보면서 미국사람들이 참았습니다. 끝까지 참고, 배도 손해보고, 포로되었던 사람들 고생 많이 하고 돌아왔습니다. 그때 「타임」지에 난 기사를 보았더니 이렇게 결론을 내립디다. '강한 자가 참지.' 그렇습니다. 배 한 척 빼앗겼다고해서 전쟁을 일으킬 수는 없지 않습니까. 그러나 야만인들같았으면 당장 전쟁 내고도 남았을 것입니다. 이게 다른 것입니다. 성경은 말씀합니다. 애굽에서 나온 이스라엘인들이 홍해 앞에서 소란을 떨 때 "너희는 가만히 서서 여호와께서 오늘날 너희를 위하여 행하시는 구원을 보라(출 14 : 13)"하고. 여러분, 좀더 마음이 고요해져야 되겠습니다.

　예수님께서, 사랑하시는 마리아와 마르다의 집에 가셨을 때, 마르다는 음식을 준비하느라고 바쁩니다. 마리아는 조용히 예수님 앞에서 말씀을 듣고 있습니다. 마르다가 참다못해서 왜 동생 나 좀 도와주라고 명령하시지 않습니까, 하고 짜증을 냈습니다. 예수님 말씀하십니다. '저는 좋은 편을 택했으니 빼앗기지 아니하리라. 너는 내게 음식을 대접하려고 수고하고 있지마는 마리아는 내 앞에서 조용히 말씀을 듣고 있는데, 이쪽이 훨씬 낫다. 누가 더 나를 사랑하느냐' —이것을 알아야 됩니다. 말씀을 듣는 것, 참으로 귀한 것입니다. 요즘은 제가 심방을 못합니다마는 옛날 심방 많이 다닐 때에 간혹 보면 어이없는 집이 있습니다. 음식 준비하느라고 예배도 안드립니다. "예배드립시다"하면 안주인이 왔다갔다 하면서 하는 말이 "예배드리십시오. 드리세요"하고 손짓이나 하는 것입니다. 내가 지금 도대체 누구를 위해서 이러고 있는 겁니까. 밥 한 그릇 얻어먹자고 온 것입니까. 그런 맹랑한 사람도 있습디다. 말씀을 듣는 것, 가까이 하여 말씀을 듣는 것이 얼마나 귀한지 모릅니다. 이것이 섬기는 것이고, 이것이 믿음입니다. 꼭 해야 될 말씀이 있는 순간에 예수 그리스도께서는 빌라도 앞에서 침묵하셨습니다. 십자가를 앞에 놓고도 조용히 침묵하셨습니다. 우리는 그 침묵을 배워야 할 것입니다. 가까이하여 말씀을 들으면 말씀이 내게 임하면서 중생하게 되고, 거룩하게 되고, 능력있게 되고, 지혜있게 될 것입니다. 모름지기 주님의 음성에 '가까이하여' 귀를 기울이십시오. "들을 귀 있는 자는 들을찌어다." △

종말론적 지혜

또한 제자들에게 이르시되 어떤 부자에게 청지기가 있는데 그가 주인의 소유를 허비한다는 말이 그 주인에게 들린지라 주인이 저를 불러 가로되 내가 네게 대하여 들은 이 말이 어찜이뇨 네 보던 일을 셈하라 청지기 사무를 계속하지 못하리라 하니 청지기가 속으로 이르되 주인이 내 직분을 빼앗으니 내가 무엇을 할꼬 땅을 파자니 힘이 없고 빌어 먹자니 부끄럽구나 내가 할 일을 알았도다 어떻게 하면 직분을 빼앗긴 후에 저희가 나를 자기 집으로 영접하리라 하고 주인에게 빚진 자를 낱낱이 불러다가 먼저 온 자에게 이르되 네가 내 주인에게 얼마나 졌느뇨 말하되 기름 백 말이니이다 가로되 여기 네 증서를 가지고 빨리 앉아 오십이라 쓰라 하고 또 다른 이에게 이르되 너는 얼마나 졌느뇨 가로되 밀 백 석이니이다 이르되 여기 네 증서를 가지고 팔십이라 쓰라 하였는지라 주인이 이 옳지 않은 청지기가 일을 지혜 있게 하였으므로 칭찬하였으니 이 세대의 아들들이 자기 시대에 있어서는 빛의 아들들보다 더 지혜로움이니라

(누가복음 16 : 1 - 8)

종말론적 지혜

어떤 지혜로운 고리대금업자가 있었습니다. 그는 자기에게 돈을 빌리러 오는 사람들을 응접실에 맞아주고는 일부러 약속한 시간보다 한 삼십 분쯤 늦게 나가서 손님을 맞았다고 합니다. 30여 분 동안 그는 딴 방에 앉아 모니터를 통해서 돈 빌리러 온 사람이 어떤 모양을 하고 있는지를 살피는데 사람에 따라 기다리면서 초조해하고, 불안해하고, 서서 서성거리기도 하고, 밖을 내다보기도 하고, 앉아서 발을 구르기도 하고, 손을 만지작거리기도 합니다. 어떤 사람은 시간이 길어지니까 불평을 털어놓고 원망을 하고 욕을 합니다. 그렇게 여러 모양의 사람을 볼 수 있었는데, 그는 그 가운데서 가장 침착한 사람을 골라 돈을 꾸어주었다고 합니다. 이렇게 해서 고리대금으로 성공했다고 합니다.

여러분, 사람이 어떤 당면한 문제를 놓고 그것에 어떻게 대처하느냐, 어떤 자세로 기다리느냐, 하는 것은 매우 중요한 일입니다. 유명한 라인홀트 니버의 기도문이 있습니다. "고칠 수 있는 것에 대해서는 그것을 고칠 수 있는 용기를 주시고, 고칠 수 없는 것에 대해서는 그것을 받아들일 수 있는 냉정함을 주시옵소서. 그리고 고칠 수 있는 것과 고칠 수 없는 것을 식별하는 지혜를 주시옵소서." 이렇게 세 가지를 구하고 있습니다. 하나는 용기, 또하나는 냉정한 침착성, 또하나는 지혜입니다. 살다보면 부득이 우리로서 어찌할 수 없는 일들이 우리 앞에 닥칩니다. 고칠 수 없고 변화시킬 수 없는, 그대로 받아들일 수밖에 없는 일들에 부딪힙니다. 이런 때에 어떤 자세로 수용하느냐, 하는 것이 매우 중요합니다. 우리의 능력에는 한계가 있습니다. 흔히 우리가 '하면 된다, 안되면 되게 하라' 는 식으로 좀 큰소리쳐보지만 어림도 없습니다. 안되는 것은 안됩니다. 이것은 수용할 수밖에 없습니다. 그런데 어떤 모양으로 수용하느냐, 하는 것입니다. 여러분 얼굴 모습이 어떻습니까? 그저 예쁘면 예쁜대로 시원치 않으면 시원치 않은대로 달고 다닐 것입니다. 이제 목을 바꾸겠습니까, 어떻게 하겠습니까. 어떤 분들 보니까 그걸 억지로 예쁘게 해보겠다고 했다가 고생 많이 합디다. 세월이 가면 형편없어집디다. 딱하고 안됐더라고요. 부디 그대로 사십시오. 생긴대로 사십시오. 이것도 지혜입니다. 있는 모습을 그대로 받아들이는 것입니다. 키가 작으면 작은대로, 크면 큰대로. 이걸 무리하게 키우겠다고 하다가 다치는 사람 많습니다. 키큰 사람이 그게 못마땅해서 구부정하게 해가지고 다니는 것이나 키작은 사람이 커보이겠다고 신발 굽을 잔뜩 높이고 다닌다든가…딱합니다. 그럴 것 없습니다. 큰대로 작은대로, 주어진대로 우리는 수용해야 합니다. 어쨌든 이것은 하나님의 뜻입니다. 하나님의 경륜입니다. 나에게 주신 하나님의 분복입니다. 그대로 수용하십시오.

특별히 시간적 한계가 있습니다. 종말이 있습니다. 무엇이든지 할 수 있는 것이 아니고, 언제든지 할 수 있는 것이 아닙니다. 가능이란 지극히 제한적입니다. 보십시오. 우리에게는 평안한 상황도 있고 때로는 전쟁적 상황도 있습니다. 건강할 때도 있고 병들 때도 있습니다. 가난할 때도 있고 부할 때도 있습니다. 그런데 유년기에 있어서는 유치하다해서 너그럽게 봐줍니다. 청년들은 장래가 있다고해서 관대하게 대해줍니다. 그러나 장년기가 되면 자기책임을 자기가 져야 합니다. 노년이 되면 이제는 시간이 없습니다. 심은대로 거둡니다. 어떤 모습으로 살아왔든지 이제는 그대로 받아들일 수밖에 없는 것입니다. 성공이든 실패든 그대로 결산할 수밖에 없다는 말씀입니다. 여기서 가치관이 변합니다. 도덕관도 달라집니다. priority라는, 소위 우선순위도 전혀 달라집니다. 오늘의 본문은 많은 의문을 남기는, 예수님께서 말씀하신 비유인데, 어찌보면 재미있기도 하고, 우리가 깊이깊이 생각해야 될 중요한 문제를 말씀해주고 있습니다. 이 본문에서 보는대로 옛날에 청지기가 있었거든요. 청지기는 남의 재산을 관리하는 사람입니다. 이 사람이 돈을 남용했다는 것이지요. 이 사실을 주인이 알고 책망을 합니다. "내가 네게 대하여 들은 이 말이 어찜이뇨 네 보던 일을 셈하라(2절)" 합니다. 결산해서 이제 나에게 인계하라, 청지기직 해임이다, 합니다. 이때 이 사람이 어떤 지혜를 발휘하는고하니 보십시오. 주인에게 빚진 사람들을 일일이 찾아가서 문답합니다. 너는 얼마를 빚졌느뇨, 기름 백 말입니다, 네 차용증서에 오십 말이라고 고쳐쓰라, 너는 얼마나 빚졌느뇨, 밀 백 석입니다, 팔십이라고 증서에 고쳐쓰라, 하고 남의 재산을 가지고 인심을 썼단말입니다. 그런데 놀라운 것은 주인의 반응입니다. 청지기의 그 행동은 분명히 남의 재산을 횡령하는 것이요, 직무유기입니다. 그럼에도 불구하고 주인은 이 사람을 가리켜 지혜롭다고 칭찬했습니다. 우리의 상식으로는 이게 칭찬거리가 되겠습니까. 결국 주인 마음속의 판단기준이 다른 것입니다. 그의 마음에는 청지기가 가진 지혜는 대단히 좋은 것이었습니다. 그래 높이 평가했습니다. 여기서 우리는 생각해야 합니다. 종말론적 지혜, 이 문제에 대해서 우리는 생각하지 않을 수 없습니다. '청지기'란 헬라어로 '오이코노모스'인데 그에게 주어진 타율과 자율이 반반입니다. 어디까지나 주인에게 예속된 사람입니다마는 동시에 자기수하에 많은 사람이 있습니다. 주인의 재산을 관리하는 집사입니다. 주인이 아주 큰 사람일 때는 이 집사도 당당한 권세를 누립니다. 주인의 재산을 가지고 주인이 맡겨준 바대로 상당한 권리를 향유하는 존재입니다. 그런데 오늘 주인이 와서 '네가 잘못하고 있다. 너에 대한 소문이 좋지 않은데 어떻게 된 것이냐? 너 이제는 청지기 그만둬라' 하고 딱 심판을 할 때 그 청지기는 본문에 보는대로 처신하고 있습니다. 지혜로운 처신이었습니다. 그의 지혜가 몇 가지로 본문에 나타나고 있습니다.

첫째가 잘못을 시인했다는 것입니다. 주인의 판결에 대해서, 주인의 판단에 대하여 그는 이의를 제기하지 않습니다. 주인의 질책을 받고도 그는 전혀 변명이 없습니다. 책임을 남에게 전가하지도 않습니다. 뭐, 어떤 일이 있었고, 어떻게 돼서 이렇게 됐고…구구하게 변명하지 않았습니다. 즉시 잘못을 인정했습니다. 정말로 우리에게는 이런 사람이 아쉽습니다. 우리는 하나의 사건이 잘못됐을 때 그 원인, 그 진원지, 그 근본뿌리를 찾아보려고 몇년 동안을 그렇듯 애쓰고 청문회다 재판이다 투옥이다 하고 별짓 다해보아도 아직도 모르겠는 것입니다. 오리무중입니다. "내가 잘못했습니다"하는 사람이 한 사람도 없습니다. 왜 그렇게 말이 많습니까. 전부 다 내게 떠맡기고 어쩌고…도대체가 정직하지를 못합니다. "내가 잘못했습니다"라고 하는 이 지혜의 한마디가 없다는 말입니다. 너무나도 슬픈 일입니다. 성경에 보면 다윗 왕이 엄청난 죄를 지었습니다. 나단 선지가 와서 당신이 죄를 지었다, 할 때 그는 왕으로서 보좌에 앉아 영광을 누리는 사람입니다마는 '내가 죄를 지었다'고 고스란히 인정을 합니다. 그는 하려고들면 변명할 말이 없는 것도 아닙니다. 밧세바 그 여자에게도 문제가 있지 않느냐고…그러나 다윗은 그 말이 없습니다. 그 많은 참회록 속에 단 한 번도 밧세바를 탓하는 대목이 없습니다. 그때 여자가 어떻게 했다, 내가 정신이 없었다, 잠이 덜 깬 상태였다, 하는 따위의 얘기도 없습니다. 내가 죄를 지었나이다, 하나님 앞에서 죄를 지었나이다 — 끝입니다. 그는 아주 냉정하게, 아주 침착하게, 아주 정직하게 대답합니다. 바로 오늘의 청지기에게도 그런 지혜가 있습니다. 내가 잘못했다, 라고 딱 인정을 합니다. 그 다음은 말이 없어야 됩니다. 우리는 때때로 사과한답시고 "내가 잘못했다. 그러나 너도…"하다가 다시 싸웁니다. 이것이 문제입니다. 청지기는 군말없이 내가 잘못했다고 인정하는 지혜를 가졌습니다.

동시에 그는 권리와 자리를 다 빼앗기는 시간입니다. 네가 네 직분을 더이상 가지지 못하리라고 주인이 말할 때 당연지사로 받아들입니다. 왜요? 처음부터 내것이 아니니까요. 주인에게 있는 권리, 주인이 거두는 것입니다. 소문이 진실이든 아니든 상관없습니다. 주인 마음대로 하는 것입니다. 그것을 인정했습니다. 아무리 내가 그동안에 내 물건처럼 내 집처럼 내 재산처럼 관리해왔지마는 주인이 "내놓아라"하면 내놓아야 되는 것입니다. 여러분이 잘 아시는 그 옛날의 욥을 보십시오. 욥은 열 남매를 가진 다복한 가정의 가장입니다. 동방 제일가는 부자였습니다. 그러나 한껏 영광과 부귀를 누리다가 하루아침에 거지가 되고 병자가 되고, 하루아침에 자식들이 다 죽어버립니다. 그런데도 그는 그런 고통을 무릅쓰고 하나님 앞에 "주신 자도 여호와시요 취하신 자도 여호와시오니 여호와의 이름이 찬송을 받으실지니이다(욥 1 : 21)"라고 고합니다. 위대한 고백입니다. 처음부터 내것이 아니었습니다. 그런고로 그동안 나에게 관리권을 맡겨

주신 것만해도 고맙습니다. 그동안 내가 누렸다는 것만으로도 충분합니다. 그렇습니다. 이것이 종말론적 지혜인 것입니다. 어느 순간에든지 우리는 떠나야 합니다. 여러분, 재산 가지고 있습니까? 은행입니까? 스위스 은행입니까? 잔뜩 부르쥐고 있어도 아무 소용 없습니다. 나 떠나면 그건 남의 것입니다. 왜 이거 하나를 인정하지 못합니까. 언제까지 당신의 소유가 될 것같습니까? 주님께서 내게 주셨고 관리하게 하셨고 언젠가 거두어가실 것이면 가는 것입니다. 무슨 이의가 있습니까. 바로 이것이 그 청지기의 지혜였다는 것입니다.

그리고 오늘본문에 재미있는 요절이 있습니다. "내가 할 일을 알았도다(4절)." 이것이 지혜입니다. 오늘 이 시점에서 내가 해야 할 일을 내가 알았도다, 하고 판단합니다. 이것, 지혜입니다. 과거를 후회하지도 않습니다. 미래에 대해서 괴롭게 생각하지도 않습니다. 다만 내가 지금 할 일을 알았다, 라고 말합니다. 나로서 할 일이 있다는 것입니다. 남은 시간, 남은 기회, 남은 권한 가지고, 남의 재산 가지고 인심쓰겠다는 것입니다. 아주 지혜로운 사람입니다. 오래전에 강원도에서 버스가 전복하고 많은 사람이 희생된 일이 있었습니다. 거기서 희생된 사람들을 치료했던 사람이 고백했습니다. 이미 죽은 사람, 앞으로 살 것같은 사람, 죽을는지 살는지 알 수 없는 사람― 이렇게 셋으로 구분해놓았는데 지금 피가 모자라서 너무 어렵습니다. 그런데 이미 이 사람은 살 것같지 않다고, 아무래도 죽을 것 같다고 여겨지는 사람 하나가 의사를 보고 간청합니다. "여보십시오. 날 좀 보십시오. 내 피는 O형인데 웬만하면 누구에게나 맞을 겁니다. 내 피를 뽑아서 저 사람에게 놓아주십시오." "당신도 지금 피가 모자라 죽어가는데 무슨 소리에요?" "시간이 없습니다. 빨리 내 피를 뽑아서 저 사람에게 넣어주십시오. 나는 한평생 나쁜 짓만 했습니다. 나는 깡패두목입니다. 남의 것을 빼앗는 짓만 해왔어요. 그러나 이 마지막 시간에는 그래도 좀 좋은 일 한번 해보고 싶어요. 내 피를 뽑아서 저 사람에게 넣어주십시오."

시간이 바쁩니다. 남은 시간에 우리는 무엇을 해야 하겠습니까? 내가 할 일을 알았도다—이 사람은 할 일을 알았습니다. 이 시간에 한번 좋은 일을 해야 되겠다고 생각합니다. 베푸는 일을 해야 되겠다고, 긍휼을 베풀어야 되겠다고 생각했습니다. 알프레드 노벨은 다이나마이트를 발명해서 세계적인 부자가 되었습니다. 큰 사업가가 되었습니다. 그런데 어느날 아침신문을 받아보니 '알프레드 노벨이 사망하다'라고 큰 글자로 톱기사로 씌어 있습니다. 멀쩡하게 살아 있는 자기가 죽었다고 나 있습니다. 거기에 이렇게 설명까지 붙어 있었습니다. '죽음의 발명가, 파괴의 발명가, 다이나마이트의 발명가 죽다.' 그는 깜짝놀랐습니다. 자기를 죽음의 발명가, 파괴의 발명가라고 표현한 것입니다. 사실 이것은 프랑스의 어느 기자가 동명이인(同名異人)을 오해하고 실수로 낸 기사였습니다. 그러나 노벨은 이 신문을 보고 충격을 받았습니다. '그렇지. 어느 때에라도 내가 죽으면 바로 이렇게 신문에 날 것이야.' 죽음의 발명가, 파괴의 발명가가 죽었다고 날 것 아닙니까. 그렇다면 나는 이제 어떻게 해야 되나?—생각끝에 그는 재산을 다 바쳐서 세계평화에 기여하는 분들에게 상을 주도록 했습니다. 이것이 바로 「노벨 상」입니다. 오늘까지 이어오는 이 노벨 상의 연유가 그런 것이었습니다. 여러분, 우리는 이 남은 시간, 남은 시대에 무엇을 생각해야 합니까? 아주 중요한 문제입니다. 우리는 베푸는 일을 생각해야 합니다. 이제 더 받으려고 하지 마십시오. 말 한마디라도 친절한 대접 받으려고 하지 마십시오. 그동안 받은 것도 많습니다. 이제는 그저 베풀고 도우려 합시다. 가만히 보면 연세드신 분들, 가만히 앉아서 대접받으려고 합디다마는 생각 바꾸십시오. 젊은사람들 사는 세상에 얹혀 사는 것이니 좀 보텔 생각을 하십시오. 어떻게 해서라도 돕겠다는 마음으로, 베풀겠다는 마음으로 사는 것이 남은 시간에 해야 할 일입니다. 무엇에 내가 필요한가? 가끔 노인들이 나와서 길 청소하는 것을 볼 때 저는 아주 아름답다고 생각합니다. 잘하는 일이라고 생각합니다. 할 수 있는 일 해야지요. 깊이 생각해야 할 것입니다. 우리는 지난날을 후회할 것 없습니다. 잘살았든 못살았든 지나간 것 아닙니까. 가슴을 쳐도 소용 없습니다. 이제 남은 시간에 여기서 지혜롭게 해야 합니다.

이십 세기 초엽에 미국 재벌 하나가 아프리카의 라이베리아에 대학을 세우라고 백만 불을 기증했습니다. 그 대학이 서서 훌륭하게 발전하고 많은 인재를 양성하게 되었습니다. 1930년대 초에 미국에 공황이 들이닥치면서 이 재벌은 사업 다 망치고 시골로 가서 끼니를 때우기도 어려울 만큼 가난한 생활을 하게 됐습니다. 40년대 초, 라이베리아대학에서 이 분에게 초청장을 보냈습니다. 당신이 세운 대학이 이렇게 훌륭하게 됐으니 와서 보시라고 두 번 초청장을 보냈으나 그는 거절을 했습니다. 세 번째 초청장이 왔을 때에야 그는 그곳을 방문했습니다. 그리고 훌륭하게 자라고 있는 많은 대학생을 보고, 또 자기가 기증한 대학이 어떻게 발전하는가를 보고 즐거운 시간을 가졌습니다. 그리고 그는 말했습니다. "베푼 것, 이것만이 아직도 나에게 남은 유일한 것입니다. 내가 재산 가지고 있을 때, 그때 백만 불 기증한 것, 이것만이 남은 재산입니다. 그 외에는 아무것도 없습니다." 여러분, 이 점을 깊이 생각해야 됩니다. 오늘본문은 다음으로 말씀합니다. 이 사람은 다음시간을 예비했습니다. 이렇게 하면 내가 어려운 일 당할 때 저들이 나를 영접해줄 것이 아니냐고, 쫓겨난 다음의 일을 생각했더란말씀입니다. 정말로 그는 지혜로운 사람이었습니다. 주인의 재산을 잘못 관리했던 사람이 또 오늘은 주인의 재산을 횡령해서, 도적질해서 선심쓰고 있는 것입니다. 그러나 그의 주인은 참 좋은 분입니다. '내 재산 없어지는 것은 그렇다치고 이 사람이 참 지혜롭게 처신하는구나!' 하고 칭찬합니다. 아무리 생각해봐도 칭찬할 사람이 못됩니다. 그 청지기는 감옥에 가야 됩니다. 그러나 하나님께서는 이런 하나님이십니다. 어떻게 살아왔든 남은 시간에 아무도 원망하지 말고 종말론적인 지혜로 선한 일을 할 때 과거나 현재나 간에 그 모든 잘못된 것 불의한 것까지도 다 덮어주시겠다는 것입니다. 이 불의한 청지기가 지혜롭게 했으므로 칭찬했느니라―아무리 생각해도 납득이 가지 않는 대목입니다. 그러나, 이런 분이 하나님이십니다. 이것이 복음입니다. 남은 시간, 지난날이야 어찌했든 내 손에 있는 권한, 내 손에 있는 지혜, 내 손에 있는 능력, 재물, 이 마지막것 가지고 지혜롭게 함으로써 진정 주께로부터 칭찬을 받는 그런 우리의 생이 될 수 있기를 바랍니다. △

누구의 죄 때문입니까

　예수께서 길 가실 때에 날 때부터 소경된 사람을 보신지라 제자들이 물어 가로되 랍비여 이 사람이 소경으로 난 것이 뉘 죄로 인함이오니이까 자기오니이까 그 부모오니이까 예수께서 대답하시되 이 사람이나 그 부모가 죄를 범한 것이 아니라 그에게서 하나님의 하시는 일을 나타내고자 하심이니라 때가 아직 낮이매 나를 보내신 이의 일을 우리가 하여야 하리라 밤이 오리니 그때는 아무도 일할 수 없느니라 내가 세상에 있는 동안에는 세상의 빛이로라 이 말씀을 하시고 땅에 침을 뱉아 진흙을 이겨 그의 눈에 바르시고 이르시되 실로암 못에 가서 씻으라 하시니 (실로암은 번역하면 보냄을 받았다는 뜻이라) 이에 가서 씻고 밝은 눈으로 왔더라

　　　　　　(요한복음 9 : 1 - 7)

누구의 죄 때문입니까

　어떤 사람이 아침에 본의아니게 좀 늦잠을 잤습니다. 깨어보니 벌써 시간이 많이 가 있어 서둘러 나가지 않으면 직장에 지각할 형편이 됐습니다. 그는 허둥지둥 얼른 토스터기에 빵을 집어넣어놓고 급히 세수를 했습니다. 세수하다가 그만 실수로 면도기에 살을 베여 피가 납니다. 피를 멈추려고 약을 바르고 허둥지둥 처리를 하다보니 빵이 까맣게 타고 말았습니다. 넥타이를 매면서 급하게 커피를 마셨더니 엎지르면서 와이셔츠도 커피로 물들고, 바지도 더럽히게 됐습니다. 가까스로 그 모든 일을 수습하면서 가방을 들고 허둥지둥 자동차 있는 곳으로 나갔더니 옆집의 개가, 이 사람이 하도 허둥대니까, 도둑인 줄 알고 따라와 물어버렸습니다. 바지가 찢어졌습니다. 자동차에 앉아서 보니 자동차 키가 없습니다. 가방을 온통 뒤져가지고 자동차 키를 찾아 꽂고 돌리니 엔진이 켜지지 않습니다. 시동이 걸리지 않습니다. 답답한 나머지 그는 하늘을 보고 "내가 어제 무슨 잘못한 일이 있었나?"하고 뉘우쳤습니다. 이것은 미국의 한 TV 프로그램의 한 장면입니다. 여러분! 여러분은 이런 일 저런 일 당할 때마다 '내가 어제 뭐 잘못한 일이 있었나, 무슨 잘못이 있기에 일이 이렇게 자꾸만 꼬여돌아가나, 왜 제대로 되는 일이 없나' 하고 생각해본 적이 없습니까?

　어린아이들과 가까이해보면 아이들은 질문이 많습니다. 대체로 보면 세 단계의 질문이 있습니다. 먼저 "이게 뭡니까" 합니다. "할아버지, 이게 뭡니까?" 그거 뭐다, 그건 뭐다, 하고 설명해줍니다. 여기까지는 쉬운데 이번에는 "왜 그러냐?"하고 묻습니다. 이 2단계 질문은 대답하기 어렵습니다. 왜 까맣냐, 왜 희냐, 이 사람은 왜 이렇게 됐냐, 저 사람은 왜 울고 있냐ㅡ"왜?"하는 질문에는 대답하기 힘듭니다. 그보다도 더 대답하기 어려운 것은 어떻게 하면 되느냐, 하는 질문입니다. 그건 나도 모르겠다, 할 수밖에 없는 경우가 많습니다. 아이들은 질문이 많습니다. 질문이 있음으로 인간입니다. 동물은 질문이 없습니다. 어렸을 적에 장마철에 아카시아나무가 쓰러졌는데, 쓰러진 거기에다, 그 나무가지에다 그대로 까치집을 짓는 까치를 보고 제가 참 답답했습니다. "야, 이놈들아, 그것도 모르느냐?" 했지만, 그러니까 까치지요. 여러분, 인간에게는 질문이 있습니다. 근세철학의 시조라고 하는 프랑스의 데카르트는 'cogito ergo sum'이라고 하는 유명한 명제를 내놓습니다. 'I think that I am.' 입니다. '나는 생각한다. 고로 나는 존재한다' 라는 것입니다. 생각한다고 하는 말 cogito는 의심한다는 말도 됩니다. 사색을 말하는 것입니다. 의심의 세계를 말합니다. 그는 이렇게 설명합니다. "모든것은 의심스러울 수 있다. 모든것을 다 의심해볼 수 있다. 그러나 내가 지금 의심하고 있다고 하는 사실만은 의심해서는 안된다." 내가 생각하고 있다는 거기에 내 존재의 정체가 있다는 말입니다. 여러분! 우리는 생각합니다. 의심합니다. 그러나 의심하는 주체나 자체에 대한 의심은 금물입니다.

지난 주간에도 제가 순천에 가서 부흥회를 인도하는데 많은 사람들이 제게 물어봅니다. "목사님, 북한형편이 어떻습니까? 몇번 갔다오셨습니까?" "세 번 갔다왔지요." "신문에 나오는 것, 텔레비전에 나오는 것 다 사실입니까?" "사실이지요. 전부 사실입니다." "정말 그럴 수 있을까요?" "내가 말하고 있지 않습니까." 저는 듣다못해서 이런 말을 해보았습니다. "내가 하나 물어봅시다. 얼마나 의심해보았습니까? 그게 정말 사실인가, 하고 고민해보았습니까? 그럴까, 아니그럴까? 그럴 수 있을 거야, 아니, 그럴 수 없을 거야. 거짓말일 거야, 해버리고는 멍하니 있었습니까?" '사실이면 큰일이다. 만약에 이게 사실이라면 내가 가만히 있을 수 없다.' 뭐, 이런 정도의 생각은 안해보았느냐고, 그렇지 않다면 당신은 사람도 아니라고 했습니다. 의심 좀 하십시오. 걱정도 하십시오. 고민도 하십시오. 그러고나서 '이것이 사실이라면 나는 어떻게 할 것인가?' 하십시오. 그 생각이 없다면 어떻게 그리스도인이라고 하겠습니까. 멀찍이 보아서 사실일 거라, 아닐 거라, 그거 또 정부에서 쇼 하는 것일 게야, 국부적인 걸 거야―언제까지 이렇게 생각을 할 것입니까. 내가 묻는 물음, 내 의심, 내 생각, 거기에 내 존재가 있음을 알아야 합니다.

사람들은 모든 사건 속에서 원인을 추구합니다. 경제적 요인을 생각합니다. 가난하고 어려우니까 문제지, 합니다. 그리고 두 번째는 있는 자와 없는 자의 간격이 너무 멀어서, 이 불공평 때문에 사람들에게는 전쟁도 있고 고민도 많은 것같다, 사람이 먹을 것과 쓸 것이 있고, 그리고 공평하게 분배만 된다면 모든 사람이 마음 편안해질 거라고 생각합니다. 바로 칼 마르크스의 생각이었습니다. 이데올로기라는 것이 대체로 그런 것입니다. 그러나 그 생각은 빗나갔습니다. 모든 원인이 경제일 거라고요? 그렇지 않습니다. 또, 정치적 요인을 생각합니다. 그것도 아닙니다. 그리고는 사회적 요인을 생각합니다. 흔히 공부한다는 사람들이, 학자들이라는 게 하나같이 이 방향으로 생각합니다. 아이들에게 문제가 있으면 이건 총체적 문제라고, 사회적 문제라고, 누구 하나 자살을 해도 이건 사회적 문제라고, 사회가 나빠서 그렇다, 하고 잘난소리 합니다. 누군들 그런 소리 못하나? 그러나 그 말에 깊은 원인이 있습니다. 아주 깊은 곳에 악이 있습니다. 그것은 이 책임을 나 아닌 다른 사람에게 돌리려고 하는 악입니다. 본인이 책임지고 싶지 않은 것입니다. 어쨌든 사회문제로, 세상문제로, 정치문제로 돌리면서 나는 책임이 없다는 것입니다. 그러고 싶은 것입니다. 그리고 또하나 있습니다. 설명하다가 설명이 잘 안되면 전생(前生)으로 돌립니다. 그래서 "전생에 무슨 죄가 많아서"라고 탄식해보기도 하고. 마침내는 조상문제로 돌리고, 나아가서는 죽은 자의 문제를 산 자에게 묻습니다. 우리에게 못된 풍습이 있습니다. 아이가 자꾸만 울고 야단피우면 "얘가 이렇게 극성스러우니까 제 어미가 죽었지"하고 엄마 죽은 책임을 그 아이에게 돌립니다. 며느리가 말을 안듣거나 말대꾸하는 것을 보면 "쟤가 저러니까 제 서방 잡아먹었지" 이러고 나옵니다. 이게 바로 우리가 가진 큰 잘못입니다. 원인이 어디에 있는 것입니까. 나 아닌 다른 데 있다고 생각해보려고 하는 데 큰 문제가 있는 것입니다.

　오늘본문에 보면 두 원인을 따지고, 두 대답이 있습니다. 두 질문이 있습니다. 하나는, 누구 때문이냐, 하고 사람에게 문제가 있는 듯이 질문하는 것입니다. 그 다음은, 죄 때문인가, 하고 도덕적 문제가 있는듯이 질문하는 것입니다. 모든 원인이 사람 자체에 있는듯이, 죄에 있는듯이 질문합니다. 나면서부터 소경된 사람이 등장합니다. "이 사람이 소경으로 난 것이 뉘 죄로 인함이오니이까(2절)"하고, '뉘'와 '죄'를 운위합니다. 이것은 인류가 역사적으로 계속 물어온 것입니다. 우리의 마음속에 있는 것입니다. 두 질문입니다. '누구의' '죄' 때문입니까—나의 죄 때문이라고 말하고 싶지 않은 것입니다. 나 외의 누구누구의 죄 때문입니까—사실 말은 되거든요. 나면서부터 소경이니까 본인의 죄 때문이라고 할 수 없지요. 나기 전까지야 당자에게 무슨 죄가 있었겠습니까. 또, 부모의 죄라고 한다면 본인자신은 억울하지 않습니까. 참으로 억울한 일입니다. 그리고 나서 오늘본문에 보니 소경으로 나서 사십 세가 되었습니다. 사십 년 동안을 깜깜하게 살았습니다. 참으로 불행한 사람 아닙니까. 이건 뉘 죄 때문입니까?—이것은 인과율에 바탕을 둔 질문입니다. causality입니다. 원인이 어디에 있는 것입니까? 일반적으로 이런 질문에 대해서는 원인이 과거에 있다고 생각합니다. 과거가 원인이 되고, 현재가 결과입니다. 현재가 원인이 되어 장차 심은대로 거두게 된다, 미래가 결과가 된다고 믿고 있습니다. 모든 사람의 생각이 대체로 그러합니다. 이것이 인과율에 바탕을 둔 사고방식입니다. 그러나 오늘 예수님께서는 이 사고방식을 뒤집어놓으십니다. 두 가지 대답을 하십니다. 하나는, 과거가 원인이 아니라 미래가 원인이라는 것입니다. 하나님의 하시고자 하는 일, 앞으로 하시고자 하는 일, 그것을 위하여 이 사람이 오늘까지 장님이라는 것입니다. 그런가하면 사람의 일이 아니고 하나님의 일, 사람들로 볼 때는 좀 괴롭기도 하고 답답하기도 하지마는 하나님의 하시는 일이 이루어지기 위하여 이 사람의 사건이 여기에 있다는 것입니다. 아주 대단하고 엄숙한 진리입니다.

감옥에서 고생하는 죄수가 있습니다. 어느만큼 고생을 하든지 그것은 자신의 죄 때문입니다. 그것을 인정하고 그것을 뉘우치라고 감옥에 처넣은 것입니다. 그러니까 과거에 내가 지은 죄 때문에 오늘 내가 이 고생을 한다—인과응보입니다. 그러나 한 가지 또 생각해보십시오. 요새학생들 고생 많이 합니다. 제가 요새 젊은사람들 보고 깜짝놀라는 것은, 왜 이렇게 젊은사람들이 키가 큰지. 제가 큰 키는 아닙니다마는 그래도 작은 키도 아닌데 요새는 만나보면 다 나보다 커요. 쳐다봐야 됩니다. 그래서 요새 아이들 참 크다, 잘 자랐다, 미끈하게 잘 컸구나, 하고 생각합니다. 그런데 또 한 가지 있습니다. 뭐냐하면 옛날과 다른 것이 여자가 크고 남자가 작다는 사실입니다. 남자는 쪼그라들었습니다. 결혼주례 할 때 보면 옛날에는 남자가 크고 여자가 남자의 겨드랑이께인데 요새는 여자가 큰 편이 많습니다. 그 참 세상 빨리도 변한다, 싶습니다. 왜 그런지 아십니까? 이유는 간단합니다. 여자들이란 모양내고 다니다가 잘 걸려들면 'first lady'도 되는 것입니다. 그저 뭐 짝 한번 잘 만나면 팔자고치는 것입니다. 그런데 남자는 그게 아닙니다. 자기가 공부하고, 자기가 자기운명 개척해야 되니까 죽어라고 공부하다보니 쪼그라들어가지고 크지를 못합니다. 그래 남자는 작고 여자는 크고, 여자는 점점 드세고 남자는 나이가 들수록 점점 더 형편없어져서 이제 앞으로는 키가 어떻게 될지 모르겠습니다. 요새 젊은사람들 고생 참 많이 합니다. 공부하느라고 얼굴이 노래가지고 다니는 것 보면 참 안됐습니다. 교회에까지 와서 잠깐 틈나는 때도 앉아서 공부하는 걸 보면 참 고생한다, 싶습니다. 내가 이제 묻습니다. "저들은 전생에 무슨 죄가 많아서 이 고생을 합니까?" — 말 됩니까? 그건 아닐 테지요. 이건 어디까지나 미래가 원인이지 과거가 원인은 아닙니다. 우리의 세계에서 내가 당하는 이 고난의 원인을, 내 사건의 원인을 미래에 두느냐 과거에 두느냐 하는 것은 굉장히 중요한 철학적 전환입니다. 예수님말씀은 미래에 있다는 것입니다. 그리고 하나님의 하시는 일을 나타내는 일입니다. 사람의 일이 아니고 하나님의 큰 경륜 속에 이 드라마, 이 사건이 있다는 것입니다. 그것을 예수님께서 말씀하십니다. 본인에게는 참 고통스러운 일이지마는 말입니다.

아주 인내가 많은, 덕망이 높은 랍비가 하나 있었는데, 특별히 그 부인은 얼마나 수다스럽고 미련한지, 아주 소문이 자자해서 친구들이 "자네는 참 착하네. 어떻게 그걸 참고 견디나? 어떤 때에 보면 사람같지 않네그려. 어떻게 그렇게 참고 부드럽게 온유하게 그런 아내와 함께 살아가는가? 만일에 나의 아내가 저 꼴이라면 나는 벌써 내보냈겠네. 도저히 살 수 없는 사이인데, 어떻게 그렇게 참고 견디는가?"하고 칭찬을 했습니다. 이에 랍비가 말합니다. "나도 그렇게 생각하네. 내가 아니고는 아무도 저 사람하고 살 수 없다고 생각하네. 나 아닌 다른 사람은 누구도 저 여자하고 살지 못하네. 그런데 중요한 것은 저런 미련한 인간이 있음으로 오늘 내가 있다는 것일세. 잊지 말게. 나하고 저 사람하고는 아주 궁합이 잘 맞는 것이야. 그래서 내가 경건하고, 그래서 내가 더 신앙에 살고, 내가 더 온유 겸손하게 됐다네. 알겠는가?" 참 중요한 얘기입니다. 여러분! 부부관계가 괜찮습니까? 저 사람이 내게 필요하고, 내가 저 사람에게 필요하다고 생각해보았습니까? 저런 사람이 있음으로 내가 있다고 생각해보았습니까? 우리는 모르고 있지마는 하나님의 큰 섭리 중에 꼭 필요해서 이 현실적 사건이 내게 있다고 생각해본 적 있습니까? 이건 엄청난 말씀입니다. 사도 바울은 육체의 가시로 인해서 한평생 고생을 합니다. 그러나 그는 얘기합니다. 이것은 내게 필요한 것이라고, 내게 주신 은혜라고. 그것이 있음으로 내 경건, 내 믿음과 내 겸손이 있을 수 있기 때문입니다.

오늘 우리는 본문에서 소중한 한 사건을 봅니다. 나면서부터 소경이 되어 배운 것이라고는 아무것도 없습니다. 그저 길거리에 앉아서 손을 내밀어 얻어먹는 것밖에 못하는 거지입니다마는 이 불쌍한 사람을 통해서 하나님께서 하시고자 하는 일이 따로 있었다는 것입니다. 그렇다고 한다면 두눈이 멀쩡한 여러분! 어찌 여러분을 통해 하시고자 하는 일이 없겠습니까. 여러분을 통하여 하나님께서 이루고자 하시는 특별한 개인적 경륜이 어찌 없겠습니까. 쓸모가 있느니 없느니, 가치가 있느니 없느니 할 수 있겠습니까? 하나님의 크신 경륜 속에 이같은 소경도 쓸모가 있었습니다. 믿거나말거나 그가 당하는 사십 년 동안의 캄캄한 생활도 필요한 것이었다는 말씀입니다. 예수님 말씀하십니다. "그에게서 하나님의 하시는 일을 나타내고자 하심이니라(3절)." 그래서 이같이 어두운 가운데 있다고 하십니다. 얼마나 소중한 말씀입니까. 하물며 오늘의 우리, 건강하고, 지혜롭고, 학벌 있고, 경험 있고, 돈있는 우리에게 어찌 하나님께서 원하시는 바가 없겠습니까. 깊이 생각하여야 됩니다.

그리고, 버려진 과거는 없습니다. 잘못된 실수도 없습니다. 하나님 앞에는 다 꼭 필요한 일들이었습니다. 우연은 없습니다. 필연이 있을 뿐입니다. 사십 년 간 미스터리였습니다. 그러나 이제는 꼭 필요한 일로 주님 앞에 나타나게 됩니다. 그러기 위해서는 두 가지 단계가 있었습니다. 하나는 그리스도를 만났다는 것입니다. 그 다음은 그리스도의 말씀에 이 사람이 순종했다는 것입니다. 이 사람이 그리스도를 만났습니다. 어쩌면 장님이기 때문에 만났습니다. 그래서 만나게 된 일입니다. 오늘본문에 보면 이 장님이 예수님을 알아보고 '내 눈을 고쳐주세요' 라고 말씀드린 흔적도 없습니다. 오히려 제자들이 지나가다가 장님 보고 '저 사람 어떻게 장님으로 태어난 것입니까? 누구의 죄 때문입니까?' 하고 문제를 제기한 것뿐입니다. 그런데 예수님을 만남으로해서 이 사람은 새로운 역사를 창조하게 됩니다. 또 한 가지는 예수님의 말씀에 순종하는 믿음을 가졌습니다. 생각해보면 이 사람 대단한 사람입니다. 누가 뭐 눈을 뜨게 해달라고 했습니까. 아무 말도 없는 사람을 놓고 저들끼리 시비를 하는 것입니다. '이 사람 누구 죄 때문입니까?' ─ 내가 이 장님이었다면 가만히 안있었겠습니다. "그래, 나는 죄인이라 치자. 너희들은 죄가 없어서 눈떴냐?" 하고 한마디 하겠습니다. 그뿐입니까. 예수님께서 진흙을 이겨가지고 그 눈에다 바르셨습니다. 아니, 장님의 눈은 눈이 아닙니까. 먼지만 들어가도 아픈 눈에 진흙을 처바르시다니요. 당장 눈을 뜨라고 하시든지 할 것이지 "실로암 못에 가서 씻으라(7절)" 하십니다. 이런 답답한 일이 있겠습니까. 이 사람이 지팡이를 짚고 실로암까지 오 리 길을 어정어정 걸어갈 때, 그때의 심경을 한번 헤아려보십시오. '오늘 되게 일진 사납다. 어쩌다가 돈 한푼도 얻지 못하고 이런 짓을 하게 됐나?' 하고 푸념했는지도 몰라요. 그래도 믿습니다. 그래도 순종을 했습니다. 의심은 하면서도 생각도 많습니다. 그래도 순종을 합니다. 그는 묵묵히 실로암까지 가서 자기손으로 물을 떠서 눈을 씻었는데, 눈이 번쩍 떠지는 것입니다. 깜짝놀랐지요. 자기도 놀라고, 모든 사람이 놀랐다고 성경에 기록되어 있습니다. 부모님도 놀랐고. 이제 만나는 사람마다 그에게 물어봅니다. 너를 눈뜨게 한 자가 누구냐, 안식일인데 왜 이리저리 다니느냐, 지팡이를 왜 짚고 다니느냐 ─ 말들이 많습니다. 그러나 이 사람 하는 말이 이렇습니다. "한 가지 아는 것은 내가 소경으로 있다가 지금 보는 그것이니이다(25절).” 그 사람으로 인하여 눈을 떴소 — 이렇게 증거합니다. 모름지기 실로암까지 가는 그 믿음을 생각해볼 것입니다.

어떤 배가 난파되면서 한 삼백여 명 되는 사람이 다 죽었는데, 딱 한 사람이 무인도에 표류되어 살았습니다. 그는 먼저 하나님께 감사했습니다. 그리고 장대 끝에 옷을 찢어 깃발로 매달아놓고 수평선 저 멀리 지나갈지도 모르는 배를 향하여 '내가 여기 있다' 하고 알리고자 하루종일 깃발을 흔듭니다. 몇달을 그렇게 해도 배는 오지 않습니다. 점점 추워졌습니다. 그는 나무가지를 꺾어서 움막을 지었습니다. 그 속에 들어가 잠을 잡니다. 그러다가 그만 불씨를 잘못 간수해서 불이 일고 끝내 그 움막은 홀랑 불타버리고 말았습니다. 그때 이 사람은 하나님을 원망하기 시작합니다. “하나님! 다른 사람들 다 죽을 때 꼴깍하고 죽었으면 좋았을 것을 왜 나를 살려두어가지고 이렇듯 애타게 죽게 만드는 겁니까? 내가 겨울을 나기 위해서 만들어놓은 움막 하나도 불태워버리고…” 이럴 수가 있느냐고 원망원망하다가 잠이 들었습니다. 큰 기선이 부웅 소리를 내면서 섬에 옵니다. 선장을 만나자 깜짝놀라서 “어떻게 여기 오시게 됐소?”하고 묻습니다. “이 무인도에는 사람이 살지 않는 줄로 알았는데 연기가 나기에 웬일인가 해서 왔소”하고 선장이 대답합니다. 내가 만든 조그마한 움막이 불타버려야 오히려 내게 살 길이 있다는 것을 그는 미처 몰랐습니다. 이제 왜 그 집이 불탔느냐고 다시 물어보겠습니까. 때때로 우리에게는 원치 않는 실패도 있고, 원치 않는 질병도 있습니다. 내가 바라지 않는 혼돈과 불황도 있습니다. 전쟁도 있습니다. 재난도 있습니다. 이런 일이 왜 있느냐고 아무리 죽을 때까지 물어도 해답은 없습니다. 그러나 예수님을 만날 때, 그리고 주님의 말씀에 따라 순종할 때 비로소 우리는 알 것입니다. 하나님의 하시고자 하는 일이 바로 여기에 있었다는 것을. △

여호와를 기뻐하라

행악자를 인하여 불평하지 말며 불의를 행하는 자를 투기하지 말지어다 저희는 풀과 같이 속히 베임을 볼 것이며 푸른 채소같이 쇠잔할 것임이로다 여호와를 의뢰하여 선을 행하라 땅에 거하여 그의 성실로 식물을 삼을지어다 또 여호와를 기뻐하라 저가 네 마음의 소원을 이루어주시리로다 너의 길을 여호와께 맡기라 저를 의지하면 저가 이루시고 네 의를 빛같이 나타내시며 네 공의를 정오의 빛같이 하시리로다 여호와 앞에 잠잠하고 참아 기다리라 자기 길이 형통하며 악한 꾀를 이루는 자를 인하여 불평하여 말지어다 분을 그치고 노를 버리라 불평하여 말라 행악에 치우칠 뿐이라 대저 행악하는 자는 끊어질 것이나 여호와를 기대하는 자는 땅을 차지하리로다 잠시 후에 악인이 없어지리니 네가 그곳을 자세히 살필지라도 없으리로다 오직 온유한 자는 땅을 차지하며 풍부한 화평으로 즐기리로다

(시편 37 : 1 - 11)

여호와를 기뻐하라

「뉴욕 타임즈」의 과학 난에 'Sad people are unhappy as matter of habits' 라고 하는 글이 난 적이 있습니다. '슬픈 사람의 불행은 습관의 문제다' 하는 내용의 논문입니다. 슬픈 사람이 불행한 것은 바로 그의 습관에 달렸다는 것입니다. 행동이 반복되면 습관이 됩니다. 습관이 계속되면 성품이 됩니다. 성품이 이어지면 운명이 됩니다. 항간에 흔히들 '걱정도 팔자다' 하는 소리를 합니다. 무심하게 흘려 듣는 말이기도 하나 새겨들으면 깊은 의미가 있습니다. '걱정도 팔자다' ― 이 무슨 말입니까. 그 사람은 팔자가 걱정하게 되어 있어서 환경이야 어떻게 바뀌든지 그 사람은 걱정하며 살게 되어 있습니다. 그야말로 걱정이 팔자입니다. 걱정이 그 사람의 속성입니다. 대단히 중요한 문제입니다. 펜실바니아대학 교수 마크 길소어는 바로 이 문제에 대하여 중요한 실험을 해보았습니다. 그는 구멍 두 개가 나 있는 상자를 갖다놓고 그 가운데 칸을 막고 한쪽에는 웃는 얼굴, 한쪽에는 슬픈 얼굴을 그린 그림을 갖다놓은 다음에 두 구멍으로 두 눈을 대고 안을 들여다보게 했습니다. 그러면 슬퍼하는 얼굴과 기쁜 얼굴을 동시에 봐야 하는데 동시에 못본다는 것입니다. 어떤 사람은 기쁜 얼굴을 보고, 어떤 사람은 슬픈 얼굴을 보더라는 것입니다. 어느 한쪽만 보는 것입니다. 이 현상을 가리켜 그는 'cognitive blockade' 라고 말했습니다. '인식 차단' 이다 ― 이렇게 명명한 것입니다. 사람에게는 인식에 한계가 있고, 인식의 차단이 있습니다. 다시 말하면 어느 한쪽으로, 부분적으로 본다는 말입니다. 전체를 못본다, 둘을 동시에 못본다 ― 그런 결론에 도달했습니다. 계란이 먼저냐 닭이 먼저냐—이것은 끝없는 수수께끼입니다. 아마도 결론을 내지 못할 것입니다. 그러나 한 가지는 잊지 말아야 합니다. 소원성취가 돼서 기쁜 것입니까, 기뻐해야 소원성취가 되는 것입니까? 기쁨이 환경과 상황의 결과냐, 아니면 환경과 상황의 원인이 기쁨에 있는 거냐, 하는 것입니다.

제가 많이는 알지 못하지만 고전음악 작곡가들이 대개 신앙이 좋은 분들인데 제가 알기로는 그 중에 제일은 하이든이 아닌가 합니다. 프란츠 요셉 하이든의 곡은 거의가 기쁨으로 충만해 있습니다. 그의 생애도 그러했습니다. 그는 백 곡 이상의 심포니와 팔십 곡 이상의 소나타, 그리고 두 편의 위대한 오라토리오를 작곡했습니다. 그는 말했습니다. "나는 작곡할 때, 그리고 작곡하는 중에 늘 하나님을 생각한다. 그리하면 내 마음에는 기쁨이 솟아오른다. 그리고 마치 악보의 음이 춤추는 것같고 나의 마음도 춤추며 기쁨으로 충만하게 된다." 좋은 곡이 있어서 내가 기쁜 것이 아니라, 내 마음이 기쁨으로 충만할 때 기쁜 곡이 여기서 작곡되게 되더라, 하는 이야기입니다. 여러분은 어느 쪽이 먼저입니까? 기쁨이 환경에서 오는 것입니까? 여건에서 오는 것입니까? 가령 지식에 관한 욕구가 있습니다. 깨달음이 있을 때 기뻐합니다. 물질에 대한 욕망이 있습니다. 내가 그것을 얻게 될 때 소유로 인하여 기쁨을 얻습니다. 혹은 지혜와 명예를 구하는 사람들이 그것을 성취하게 될 때 기쁨을 얻습니다. 그러나 이렇게 결과로서 얻어지는 기쁨은 허식입니다. 빨리 이것을 깨달아야 합니다. 돈 가지고 싶었던 사람 돈 가져보면 갖는 순간에 두 가지의 느낌에 빠집니다. 한 가지는 '이거 별거 아니구나' 하는 허무함입니다. 한 가지는 더 큰 욕망에 사로잡히는 것입니다. 그래서 바닷물과 같아서 마시면 마실수록 갈증이 더 나는 것입니다. 가지면 가질수록 더 가지고 싶습니다. 깨달으면 깨달을수록 이른바 성취니 만족이니 성공이니 하는 것은 아주 순간적이고 더 큰 욕망, 더 큰 고통에 사로잡힙니다. 어디선가 딱 멈추지 못하면 이 욕망 속에서 우리는 한번도 기쁨을 얻어보지 못합니다. 기쁠 것이라고 생각할 뿐이지 진정한 기쁨은 없습니다. 그런고로 기쁨이란 절대적인 것이어야 합니다. 아무것과도 상관없습니다. 기뻐하는 자는 언제나 기뻐할 수 있습니다. 어떠한 경우에도 기뻐할 수 있습니다. 어떠한 경우에서든지 기뻐할 수 있는 나름의 비결을 가지고 있어야 합니다. 이것이 없는 자는 어느 직장에 가도, 어디를 와도, 얼마를 주어도, 여전히 불행합니다. 그는 결코 행복할 수도 없고 기뻐할 수도 없다는 것을 분명히 알아야 합니다.

오늘의 성경에 이렇게 말씀합니다. "여호와를 기뻐하라 저가 네 마음의 소원을 이루어주시리로다(4절)." 일반적으로 생각하면 말이 뒤바뀐 것같습니다. '내가 네 소원을 이루어주리라. 그러면 네가 기쁘리라.' 이렇게 말씀해야 합니다. 그것이 우리의 상식입니다마는 성경은 그렇게 말씀하지 않습니다. 여호와를 기뻐하라, 그리하면 네 마음의 소원을 이루어주시리라, 합니다. 먼저 기뻐하면 성공하고, 형통하고, 소원을 이루게 된다, 하는 말씀입니다. 예수님을 주제로 해서 전해지는 전설을 작품화한 것이 있습니다. 그 내용에 이런 재미있는 얘기가 있습니다. 예수님께서 어떤 마을에 한번 가보셨더니 몇사람이 모여서 큰걱정들을 하고 있습니다. 슬픈 표정들을 하고 있습니다. 그래서 예수님께서 물으십니다. "무슨 재앙이 있나? 무슨 질병이 있나? 무슨 큰 사고가 났나? 왜 이렇게들 슬퍼하느냐?" 그러니까 "그런 건 없습니다. 그저 지옥갈까봐서요. 아무리 생각해도 지옥갈 것같아서, 그래서 걱정입니다." "그래?" 예수님께서 그냥 지나치십니다. 그들에게 아무 말씀도 하시지 않고요. 또 한 곳에 가니까 어떤 사람들이 모여 앉았는데 아주 침통한 얼굴로 서로 걱정거리를 얘기하고 있습니다. "너희들은 왜 그렇게 걱정이냐? 먹질 못했느냐? 질병에 걸렸느냐? 왜 그러느냐?" "아, 그런 것 없습니다. 그런데 아무리 바르게 살아보려고 해도 의롭게 살 수가 없어서 천당 못갈까봐 걱정입니다. 그게 걱정이올시다." 예수님, 그 사람들에게도 아무 말씀 없이 그냥 지나치십니다. 아마도 예수님 마음에 '이건 구제불능이다' 라고 생각하셨나보지요? 또 다른 마을로 가셨더니 거기서는 몇 사람이 모여서 찬송하며 감사하며 지내더랍니다. 모두들 얼굴이 환해서 말입니다. "너희들은 뭐가 그렇게 기쁘냐? 무슨 경사라도 났느냐?" 하고 물으십니다. 그들은 대답합니다. "아니올시다. 우리같은 죄인을 구원하신 하나님, 그 하나님의 은혜에 감사하는 시간이올시다." 그때 예수님께서 말씀하십니다. "나는 그대들과 영원히 함께 있으리라." 여러분, 어떻습니까? 그 무슨 소원이니 무슨욕망이니 하는 것에 사로잡혀서 헤어나오지 못하는 사람은 본인도 불쌍하지마는 다른 많은 사람에게도 피해를 줍니다.

저는 가끔 달갑잖게 전화를 받을 때가 있습니다. 다른 때에는 제가 교역자라고 하는 것을 직업으로 느끼는 일은 별로 없습니다. 그러나 아주 쓸데없는 전화를 받을 때, 쓸데없는 걱정을 늘어놓는 전화를 받을 때, 그만하면 잘사는 편이고 남들보다 모든 여건이 좋은데도 이렇고저렇고 하면서 답답한 얘기를 해올 때면 참 곤혹스럽습니다. '이 사람 참 걱정도 사치구나' 싶으면서 얘기를 한참 들어주어야 할 때가 있습니다. 이쪽에서 전화끊을 수가 없지 않습니까. 하릴 없이 그 아까운 시간을 그렇게 빼앗기느라면 별수없이 '목사라는 직업 참 고달프다' 하고 생각하게 됩니다. '이런 쓸데없는 푸념을 내가 다 들어줘야 되나?' 하고 생각하게 됩니다. 참 괴롭단말입니다. 그런가하면 어떤 분은 어려운 여건에 있는데도 위로하느라고 내가 전화를 걸어보면 "걱정없습니다" 합니다. 또 어떤 분은 "목사님 말씀을 마음에 새기고 생각하면서 제가 잘 이기고 있습니다. 별일 없습니다" 합니다. 얼마나 고마운지 모릅니다. 제가 인천에서 목회할 때 남전도사님 한 분이 있었는데 이성필 전도사님이었습니다. 한 10년 같이 있었습니다. 그 분에게 아들 넷이 있는데 그 중 막내아들이 아주 걸작입니다. 이놈이 보통 똑똑하고 능청스러운 게 아닙니다. 서울의 대광학교 다니느라 통학을 하는데 가끔 제 친구들을 데리고 인천에 옵니다. 그 친구들과 시간을 보내고 싶은데 용돈이 있어야 될 것 아닙니까. 전도사님 가정에 무슨 돈이 있나요? 그렇더라도 용돈을 달라고 해야 하는데 이때쯤 되면 이 아이는 이렇게 말하는 것입니다. "어머니, 내 친구가 충청도 생이라서 한평생 바다구경을 못했답니다. 그래 바다구경을 시켜주려고 데리고 왔습니다. 어머니, 그동안 나 때문에 고생 많이 하시고 어려운 살림 하시느라고 얼마나 어렵습니까?" 이러고 한참을 얘기하면 어머니가 "징그럽다, 애. 알았으니 그만하고 이것 가지고 나가거라." 그렇게 어머니한테서 용돈을 타내는 것입니다. "어머니, 참 감사합니다. 얼마나 고생이 많습니까?" 하고 나오는 바람에 어머니가 살살녹아서 돈을 내주는 것입니다. 저는 이렇게 생각합니다. 하나님 앞에 기도를 해도 "하나님 감사합니다." 이렇게 기도하면 "알았다" 하고 주실 것같은데 '그저 죽을 지경입니다. 왜 나만 고생시킵니까? 하나님은 나만 괴롭힙니다' 하고 악을 쓴다면 글쎄올시다, 하나님께서 들어주실 것같지 않습니다. 빌립보서 4장 6절에 감사함으로 하나님께 아뢰라고 말씀합니다. "아무것도 염려하지 말고 오직 모든 일에 기도와 간구로 너희 구할 것을 감사함으로 하나님께 아뢰라" 합니다. 제발 좀 싱글벙글 웃으면서 기도하십시오. 우는 얼굴은 옆에서 보기도 민망합니다. 하나님 보시기도 그러실 것같아요. 우리는 하나님을 대하는 마음이 늘 기쁨이어야 합니다. 기쁨과 감사 ─ "여호와를 기뻐하라. 저가 네 마음의 소원을 이루어주시리로다" 합니다. 기쁨이란 어떤 상황의 결과가 아니오, 모든것에 원인이 된다는 것을 잊지 말아야 하는 것입니다.

특별히 하나님 앞에서 우리가 생각할 것이 여러 가지 있습니다. 하나님을 경외하고 하나님께 순종하고, 하나님께 충성하고, 하나님께 복종하고, 사랑하고…하나님께 대한 우리의 그 모든 자세가 성경에는 명령 조로 다 기록되어 있습니다마는 아마도 가장 극치가 되는 말씀은 "여호와를 기뻐하라"하는 말씀인 것같습니다. 기뻐하라 ─ 이것은 우리의 지식과 우리의 의지와 우리의 감성이 한데 어우러진 마음을 다한, 우리의 모든 기쁨을 다한 사랑의 고백인 줄 압니다. 신학적으로 생각한다면 이것은 율법적 관계가 아니라 은혜적 관계를 말씀하는 것입니다. 하나님 앞에 율법적으로 살려면 아주 피곤합니다. 죄지으니까 벌받을까봐 걱정이고, 또 선을 행했을 때 하나님께서 내게 복을 주시지 않을까봐 걱정이고, 어떤 사람은 감기만 걸려도 '아이고, 저주받았다' 하고, 또 사업이 잘 안되면 '아이고, 십일조를 안 바쳤더니 하나님께서 내려치시누만' 하고…이런 사람들은 얼굴이 필 날 없습니다. 남보다 더 열심히 잘믿는 것같은데 항상 얼굴은 썩었습니다. 벌벌 떱니다. 율법에서 헤어나오지를 못합니다. 그런가하면 은혜적 관계라고 하는 것은 이것도 은혜요 저것도 은혜요 나의 나됨도 은혜다, 가끔 내가 어려운 일을 당해도 이것은 내게 주신 시련이요 내게 주신 축복이요 내게 주신 또다른 기회요 나를 단련케 하심이요 나를 깨닫게 하심이다, 그런고로 모든것은 은혜다, 하고 하나님과 나와의 관계를 오직 은혜로 알고 살아가는 모습입니다. 그것이 바로 기쁨입니다. 하나님과 나와의 관계에서 오는 기쁨입니다. 여러분, 현실과 현재라고 하는 것에, 현재라고 하는 상황에 집착하는 세계에서는 감사할 길이 없습니다. 잊지 말 것입니다.

이런 학생을 보았습니다. 어떤 목사님의 딸인데 고등학교 2학년때 수학여행을 가기로 했습니다. 친구들과 함께 가기로 약속을 하고 다 준비했는데 어머니가 보내줄 것처럼 말하다가 결정적인 시간에 가서 "돈 없다. 못간다" 했습니다. 이 한 가지 때문에 이 아이가 집을 나가버렸습니다. 그 다음에 이 아이를 만나보았습니다. 이렇게 말하는 것입니다. "우리의 어머니는 나를 사랑한 일이 없습니다." 수학여행 가고 싶었는데 못간다—이거 하나 때문에 내가 이 날 이 때까지 받은 어머니의 모든 사랑을 다 완전히 부정해야 되는 것입니까. 유치한 것입니다. 이런 것이 바로 불신앙이라는 것입니다. 우리는 우리가 당하고 있는 현실, 그 상황, 그 고통, 아집으로부터 빨리 벗어나야 됩니다. 그래서 두 가지를 생각해야 됩니다. 하나님께서 이스라엘백성을 애굽에서 건지신 다음에 광야생활 40년을 하게 하십니다. 광야의 길로 인도하실 때 그들이 때로는 물이 없고, 식량이 없고, 원수가 쳐들어오고…여러 모로 시달립니다. 사건당할 때마다 하나님께서는 말씀하십니다. '지금 당한 이 사건에 집착하지 말라'고.

그럴 때마다 하나님께로부터 들려오는 말씀은 꼭 두 마디였습니다. 하나는 '애굽에 종되었던 일을 잊지 말라' ─ 오리지날 위치를 생각하라는 말씀입니다. 근본으로 돌아가서 너희가 애굽의 종되었다가, 4백 년 동안 종되어서 영원히 종으로 죽어갈 뻔하다가 기적으로 출애굽하지 않았느냐, 그 때 일을 기억하라시는 것입니다. 그리고 기뻐하라시는 것입니다. 오늘 당면한 문제, 이것 걱정할 것 없습니다. 지난날을 잊지 마십시오. 또한 '저 요단강 건너 가나안땅을 잊지 말라, 약속의 땅이 눈앞에 있다, 언제 어떻게 들어가느냐고는 묻지 마라' ─ 들어가도록 약속이 되어 있습니다. 하나님께서 주신 약속입니다. 이 영원한 약속을 마음에 두라, 그리고 오늘을 기뻐하라, 그러면 네 마음의 소원을 이루어줄 것이다, 하는 말씀입니다. 늘 똑같은 맥락으로 말씀하십니다. 지금 당하고 있는 이 현실에 집착해서 정신을 못차릴 것이 아니라 과거의 은혜를 생각하고, 미래의 약속을 생각하라고 말씀하십니다.

제가 어제 중앙병원에 갈 일이 있었는데, 가서 참으로 감격할 이야기를 들었습니다. 우리교회 여전도회 회원들이 이름없이 빛없이 병원을 방문하며 고생하는데, 일주일에 한 번씩 다 다닙니다. 우리 교회에서 방문하는 병원이 스물한 개 병원이라고 합니다. 서울에 있는 스물한 개 병원을 다니면서 우리 소망지, 전도지를 주고, 병실마다 다니면서 전도하고, 또 찬송도 불러주고 한다고 합니다. 참으로 고마운 일입니다. 그래 누구들이 그렇게 하느냐고 물었더니 그 중 상당한 부분은 병원에 입원했었던 분들이라고 합니다. 자기가 병원에 입원해 있으면서 누군가가 찾아와 전도지를 줄 때 거기서 감사하고, 거기서 예수믿고, 거기서 기쁨을 얻은, 바로 그 때의 일을 잊을 수가 없습니다. 그래서 '나도 이와 같이 하리라' 생각하고 병원을 방문한다고 합니다. 더없이 귀한 일 아닙니까. 그런고로 오늘 말씀합니다. 현실은 어렵고 고달픕니다. 그러나 지난날에 애굽에서 구원하시고, 가나안을 약속해주신 하나님, 이 하나님의 은혜를 생각하며 그 절대적 은혜 앞에 오늘 기뻐할 것입니다. 기뻐할 때 내 앞에 있는 현실이 열린다는 것입니다. 그리고 자기중심적인 생각에서 하나님의 능력과 하나님의 은총 중심의 세계로 생각을 바꾸라는 것입니다. 그래서 오늘본문에 "악한 꾀를 이루는 자를 인하여 불평하지 말지어다(7절)" 합니다. 악한 사람 잘되는 것, 날 괴롭히는 것, 날 괴롭히는 사람 내가 미워하다가는 내가 더 나쁜 사람이 됩니다. 내가 괴로움 당하고 억울하다고 해서 불평할 것 없습니다. 조용히 기다릴 것입니다. 잠잠하여 기다리라 하십니다. Be still, know that I am God. ― 조용하여 내가 하나님됨을 알라 하십니다. 여러분, 억울합니까? 분합니까? 답답합니까? 막연합니까? 조용히 주님의 음성을 들으십시오. 자성(自省)하면서 조용히 기다립시다. 가슴이 부글부글 끓고, 증오와 시기의 노예가 되지 마십시오. 하나님의 은혜를 생각하며 다시한번 여호와를 기뻐하는 시간을 가집시다. 내 마음이 열릴 때 사건도 열릴 것입니다. 기쁨이란 바로 여기에 있습니다. 그런고로 온유한 자가 땅을 차지합니다. '너희가 악한 자를 보느냐? 잠시 후에 없어지리니 자세히 살필지라도 못만날 것이다' 라고 했습니다. 나를 괴롭히는 그 사람들로 인해서 내가 괴로워할 것 없습니다. 내 마음이 평안해지는 순간 이 모든 문제가 해결될 것입니다. 다시 만나려고 해도 못만날 것이라고 했습니다. 그 날을 생각하며 기다리라고. 기뻐함이란 사랑의 표현이요, 참사랑의 극치입니다. 혹 여러분이 부엌에서 음식을 만들고 일을 합니까? 그 때에 기쁨이 없고 짜증이 있다면 그건 사랑이 아닙니다. 그 음식 먹고 절대 건강할 수가 없습니다. 화초도 징징대면서 만지면 죽는데 하물며 사람이겠습니까. 음식을 만들어도 기쁜 마음으로, 공부를 해도 기쁜 마음으로, 무엇을 해도 기쁜 마음으로, 아침에 출근할 때 기쁜 마음으로 — 바로 거기에만 내 소원을 이루는 축복이 함께한다는 것입니다.

 기뻐함이 믿음이요, 기뻐함이 하나님의 뜻과 내가 하나되는 것이요, 그 은혜 안에 있는 나의 정체에 대한 감격입니다. 오늘의 성경은 말씀합니다. "너의 길을 여호와께 맡기라(5절)." 내 길을 내가 간다고 생각하면 안됩니다. 하나님께 맡깁시다. 그리고 기뻐할 것입니다. 그러면 내 마음의 소원을 이루어주시겠다고 말씀하십니다. 분노와 근심과 좌절 다 물리치고 깨끗한 마음으로 다시 하나님과 나와의 깨끗한 만남 속에서 여호와 하나님을 기뻐합시다. 그리하면 그 기쁨이 온전한, 온전해지는 바로 그 절정에서 하나님께서는 우리의 소원을 이루어주실 것입니다. △

두려워 말고 믿기만 하라

　　예수께서 돌아오시매 무리가 환영하니 이는 다 기다렸음이러라 이에 회당장인 야이로라 하는 사람이 와서 예수의 발 아래 엎드려 자기 집에 오시기를 간구하니 이는 자기에게 열두 살 먹은 외딸이 있어 죽어감이러라 예수께서 가실 때에 무리가 옹위하더라
　　　　　　(누가복음 8 : 40 - 42)
　　아직 말씀하실 때에 회당장의 집에서 사람이 와서 말하되 당신의 딸이 죽었나이다 선생을 더 괴롭게 마소서 하거늘 예수께서 들으시고 가라사대 두려워 말고 믿기만 하라 그리하면 딸이 구원을 얻으리라 하시고 집에 이르러 베드로와 요한과 야고보와 및 아이의 부모 외에는 함께 들어가기를 허하지 아니하시니라 모든 사람이 아이를 위하여 울며 통곡하매 예수께서 이르시되 울지 말라 죽은 것이 아니라 잔다 하시니 저희가 그 죽은 것을 아는고로 비웃더라 예수께서 아이의 손을 잡고 불러 가라사대 아이야 일어나라 하시니 그 영이 돌아와 아이가 곧 일어나거늘 예수께서 먹을 것을 주라 명하신대 그 부모가 놀라는지라 예수께서 경계하사 이 일을 아무에게도 말하지 말라 하시니라
　　　　　　(누가복음 8 : 49 - 56)

두려워 말고 믿기만 하라

　어떤 때에 몇달 동안 비가 오지 아니하여 땅은 메마르고, 이대로 비가 더 얼마동안 오지 않는다면 폐농할 수밖에 없을 정도로 절박한 시간이 왔습니다. 모두가 비를 기다리고, 또 교인들도 다같이 시간마다 하나님께 비를 위하여 기도하던 그런 때였습니다. 어느 목사님이 두 아들과 같이 아침식사를 하는데, 식사기도라는 것은 간단합니다마는 목사님의 마음속에 비를 기다리는 간절한 마음이 있고보니 절로 식사기도가 길어졌습니다. 간단한 식사기도에 이어 '비를 주십시오' 하는 기도를 했습니다. "꼭 주실 줄로 믿습니다. 그래야 우리가 양식을 얻을 수 있겠습니다." 간절한 마음으로 기도를 하고 "아멘" 하고 식사를 했습니다. 식사끝에 아이들이 학교에 가는데 둘째아이가 우산을 찾습니다. "우산, 우산" 하고 우산을 찾으니까 형이 타박을 합니다. "아니, 하늘이 청청한데 우산은 왜 찾느냐?" 그러니까 동생은 "아버지가 비를 달라고 기도하셨잖아? 비를 꼭 주실 거라 믿는다고 하시지 않았어? 그러니 비가 올 거란말야" 하고 대꾸합니다. 그러고는 계속 우산을 찾는데 형은 "야, 이놈아, 그 기도는 기도라고 한 거지, 그런다고 다 비가 오냐? 비 걱정 하지 말고 가자" 하고 동생을 잡아끕니다. 아버지가 아이들의 그 수작을 듣고 있자니 이거, 난처하게 됐거든요. "날이 맑고 하늘에는 구름 몇점밖에 없지마는 우산은 가지고 가거라. 비가 안오면 안오는 것이고 만약에 비가 온다면 우산 가져간 것이 유익하게 쓰일 거다. 그러니 오든 안오든 가지고 가는 것이 좋겠다." 아버지는 이렇게 말해주었습니다. 어정쩡한 대답이지요. 여러분은 위의 세 부자 중의 어느 쪽에 속합니까? 어느 정도 믿고 있습니까?

　오늘본문에 나타난 이야기는 예수님께서 병을 고치신 그 많은 이야기 중의 하나입니다. 그러나 의미상으로는 특별하게 한 차원 높은 계시적 말씀입니다. 예수님께서 병고치신 일이야 뭐 흔한 일 아닙니까. 그러나 오늘의 경우는 조금 다릅니다. 열두 살된 여자아이, 하나밖에 없는 외동딸이 지금 병들어 죽어갑니다. 그 아버지 야이로는 이 아이의 병을 고치려고 백방으로 애를 썼겠지요. 그러나 효험이 없었습니다. 이제 할수없이 그는 예수님을 찾아갑니다. 소문을 믿었습니다. 예수님은 장님의 눈도 뜨게 하시고, 문둥병자도 깨끗케 하신다더라—직접 보지는 못했어도 그 이야기를 믿고 예수님 앞에 찾아가서 '내 딸을 고쳐주세요' 하고 간청을 하게 됩니다. 그때 예수님께서 "가자"하고 나서십니다. 그런데 야이로의 집으로 가는 노상에서 사건이 일어났습니다. 열두 해 동안 혈루증을 앓아 고생하는 여자가 나타나 예수님의 옷자락을 붙듦으로써 병이 낫게 되고 이 또 하나의 사건이 있어서 그를 통해서 말씀하시고 하는 중에 시간이 조금 지체된 채 회당장의 집으로 가는 도중에 야이로의 집으로부터 사람이 와서 길을 멈추고 주인 야이로에게 말합니다. '당신의 딸이 죽었습니다. 그러니 예수님께 더 보채지 마세요' 합니다. 바로 이 순간 이 시점, 야이로는 참 난처하게 됐습니다. 딜레마에 빠집니다. 예수님을 모시고 집에 가야 합니까, 말아야 합니까? 예수님을 한낱 의사로 생각한다면 이건 도리가 없습니다. 죽었다면 끝이지 이제 가서 어떡하겠다는 것입니까. 시체나 보러 가자는 것도 아니고, 장례식 하러 가자는 것도 아니고…그저 "죽었다니 어쩔수없습니다. 조금 더 서둘렀으면 좋았을 것을…죄송합니다." 이러고 말아야 합니까? 어떻게 해야 합니까? "다 끝났습니다"하고 말아야 되는 것입니까? 정히 궁지에 빠졌습니다. 진퇴양난에 처했습니다. 그럴까요? 아닙니다. 주님께서 한 단 높은 믿음을 여기서 요구하심입니다. 일반적, 상식적인 믿음이 아니라 지식을 넘어서는, 그러한 믿음을 요구하십니다. 아마도 야이로의 마음속에 작은 원망도 없지 않았을 것입니다. 왜 쓸데없는 여자가 하나 나타나가지고 예수님의 가는 길을 가로막아 지체되게 하는가, 그 때문에 내 딸이 죽지 않았는가, 이 여자 때문에 내 딸 죽은 거야—이같은 원망이 없었겠습니까?

그런데 오늘 예수님께서는 이렇게 주저하고 있는 야이로를 향해서 믿기만 하라, 하십니다. "두려워 말고 믿기만 하라 그리하면 딸이 구원을 얻으리라(50절)"하고 말씀하십니다. 여기서 생각해보십시오. 사실은 이 야이로가 두려워하는 것은 없습니다. 미안한 것일 뿐이지요. 좀 섭섭한 거야 있을 수 있고, 그리고 믿음이 적을 따름이지 두려워하는 것은 없지 않습니까. 주님께서 말씀을 논리적으로 하신다면 "의심하지 말고 믿으라. 그러면 구원을 보리라'라고 말씀하셔야 합니다. 그런데 '의심하지 말라'라고 말씀하시지 않고 두려워하지 말라고 하십니다. 여기에 깊은 의미가 있는 것입니다. 의심과 두려움은 같은 맥락을 가지고 있습니다. 의심하면 두려움이 있고 두려워하면 의심하게 되어 있습니다. 두려워하지 말라, 믿기만 하라—이렇게 말씀하십니다. 믿음이 무엇입니까. 종교개혁자 마르틴 루터의 말대로 믿음이란 하나님의 은혜를 받아들이는 그릇입니다. 하나님은 우리에게 무조건적으로 은혜를 주십니다마는 우리는 우리의 마음그릇, 믿음이라고 하는 그릇으로 그 은혜를 담게 되는 것입니다. 믿음은 하나님의 은혜에 대한 우리의 진실한 응답입니다. 예수님께서 믿음이 없는 사람들을 향하여 "믿음이 없는 세대여"라고 말씀하신 때도 있고, 어떤 때는 겨자씨만한 믿음만 있어도 이 산을 들어 명하면 바다에 빠질 것이라고 말씀하시기도 합니다. 또 풍랑 때문에 벌벌떨고 있는 제자들을 향해서는 "믿음이 적은 자여"하고 말씀하십니다. 믿음이 없는 사람, 믿음이 병든 사람, 믿음이 죽은 사람, 그리고 믿음이 작은 사람을 책망하십니다. 살아 있는 믿음, 큰믿음을 원하십니다. 수로보니게 여자를 향하여 예수님께서 말씀하실 때 "네 믿음이 크도다" 하십니다(막 7 : 29, 마 15 : 28). 믿음이 크다는 말은 헬라원문대로는 '메가스 피스티스'라는 말입니다. great faith — 위대한 믿음입니다. '메가톤 급'이라는 말입니다. 메가톤 급의 큰 믿음이라고 칭찬하시는 것을 볼 수 있습니다. 여러분은 어떤 믿음을 가지고 있습니까? 어느 정도의 믿음이 있습니까? 예수님께서 회당장 야이로를 앞에 놓고 그에게 믿음을 주십니다. 믿음을 키워가십니다. 믿음을 발전시키십니다. 높은 수준의 믿음으로까지 끌어올리시는 것을 볼 수 있습니다. 그것이 바로 오늘본문에 나타난 사건입니다.

    무엇보다도 우선 야이로의 마음속에 기초적 믿음이 있었습니다. 그것은 예수님의 이적을 믿는 믿음입니다. 예수님께 가면 분명히 내 딸의 병이 낳을 거라는 그만한 믿음, 이것은 예수님 앞에 있어서는 모든 사람에게 있었던 가장 기본적인, 기초적인 신앙입니다. 다른 사람에게 가서 병고쳐보려고 모든 의사를 방문했지만 그러나 안됐습니다. 그러나 예수님은 문둥병자도 깨끗케 하시는 분이요, 장님의 눈을 뜨게 하시는 분이요, 모든 병을 고치시는 분입니다. 그렇게 소문을 듣고 있었습니다. 이 소문을 통하여 그는 그만큼의 믿음을 가졌습니다. 예수님께 가면 꼭 병이 나을 거라는 것입니다. 예수님께는 그 치유의 능력이 충분히 있다고 하는 그 믿음을 가졌습니다. 그 믿음이 대단히 중요합니다. 어떤 의미에서는 병이 그 사람을 그리스도에게로 인도합니다. 어쩌면 그 병이 아니었다면 이 믿음을 생각해 보지도 않았을 것이고 예수님께로 나오지도 않았을는지도 모릅니다. 병이 있기 때문에 궁극적으로 예수님을 찾아가는 것이 아니겠습니까. 또 다른 사람이 못고치는 병이었기 때문에 죽어가니까 이제 예수님을 찾아가게 되는 것입니다. 이런 기본적인 종교적 믿음을 가지고 있었습니다. 조금 더 나아가서 한 단 더 높이 생각할 것은 그는 이 믿음을 위하여 모든것을 버렸습니다. 자기부정을 가능케 하는 그 만큼의 믿음을 가졌습니다. 다시말하면 고루한 자세, 자기체면, 이런 것을 다 버렸다는 이야기입니다. 요새말로 말하면 마음을 비웠습니다. 예수님께 가서 병고침받겠다고 하는 간절한 마음으로 인하여 모든 체면을 버렸습니다. 이 점에서 훌륭합니다. 여러분, 때때로 보면 체면 때문에 예수님께 못나오는 사람 많습니다. 아주 체면을 많이 생각합니다. 그리고 요새도 보니까, 제가 오래 목회하면서 보니까 예수를 잘믿기도 하고 오래 믿는 사람들 중에도 아직도 이 야이로처럼 깨끗이 마음을 비우지 못함으로해서 그 신앙이 성장하지 못하고 바른 신앙에 서지 못하는 사람이 있어 유감스럽게 생각합니다. 아직도 마음을 비우지 못했습니다. 우리가 교회에 나올 때 성도의 교제 속에는 아무것도 거치는 것이 없어야 합니다. 돈이 있건 없건, 학벌이 높건 낮건, 양반이다 뭐다, 다 소용없는 것입니다. 하나님 앞에서는 그런 것이 아무것도 아닙니다. 다 부인되어야 합니다. 깨끗한 마음으로 예배하고, 깨끗한 마음으로 성도의 교제를 나누어야 하는데 그렇지 못한 사람들이 많습니다. 그래서는 예수를 믿으면서도 아직도 자기가 좀 잘났고 자기체면이 어떻고 가문이 어떻고…이러다가 다칩니다. 참 시원한 신앙생활을 못하는 그런 분들을 가만히 봅니다. 어떤 분 한 분 보니까 도무지 구역예배 참석을 안합니다. 우리 성도들 간에 서로 모여서 함께 예배드리는 게 얼마나 좋습니까. "참석하시지요"했더니, 안한다고 해서 제가 한마디 해보았더니 "아이고, 무식한 것들 모여가지고 떠드는 거 못봐요. 안갈랍니다"합니다. 가만히 보면 별로 잘나지도 못했습니다. 자기가 알면 얼마나 알겠습니까. 가졌으면 얼마나 가졌겠습니까. 대단치 않은 것 가지고 계속 교만한 것입니다.

　하나님께서 교만한 자를 꺾는 방법이 있습니다. 야이로가 딸이 죽을 지경이 되지 않았더라면 예수님께 와서 무릎을 꿇었겠습니까. 아예 꿇도록 만들었지요, 하나님께서. 대단히 중요한 시간입니다. 이젠 뭐 체면이고뭐고 없습니다. 예수님께 대해서는 말도 많습니다. '죄인의 친구'라고도 하고, 세리와 같이 지낸다고도 하고, 이상한 사람이라고도 합니다. 갈릴리에서 온 한 30세된 청년입니다. 그런데 야이로 자기는 회당장입니다. 종교적인 지도자가 이 젊은 사람 앞에 가서 무릎을 꿇는다는 것이 보통일이 아닙니다. 죽을 지경이 되니까 그렇게 된 거지. 이 자기부정이 그대로 쉽게 이루어지는 것이 아닙니다. 그 위신과 체면과 위세를 다 포기하고 다 내버리고 그 앞에 가서 무릎을 꿇고 내 딸이 죽어갑니다, 라고 말합니다. 깨끗한 순간입니다. 이것은 대단한 믿음이라고 보아야 합니다. 이것은 하나님께서 만드신 작품입니다. 그런데 한 단 더 높은 신앙이 필요합니다. 그래서 오늘본문에 나타난 사건이 있는 것입니다. 예수님께서 야이로네 집을 향해 가는 도상에 사람이 와서 아이가 죽었다고 합니다. 어떡하면 좋겠습니까. 인간상식으로는 끝에 온 것입니다. 내가 생각했던 방법은 그게 아닙니다. 내 딸이 병들었습니다, 아 그럼 당신, 아이구, 회당장의 딸이라니 빨리 가봅시다, 하고는 부지런히 가서, 죽기 전에 가서 손을 얹고 안수를 하고 딸아 일어나라, 일어나고, 잔치를 하고…뭐 이렇게 되어야 되는 것이 아닙니까. 이게 야이로가 생각했던 각본입니다. 이런 각본하고는 이야기가 달라졌습니다. 가서 모처럼 무릎을 꿇고 빌었는데 당도하기도 전에 죽었다니 이거, 어떡하면 좋습니까. 이제 벽을 넘어야 합니다. 인간지식의 한계에 왔습니다. 인간의 능력은 여기까지뿐입니다. 여기서 비약을 해야 참믿음에 들어갈 수 있는 것입니다.

아인슈타인 박사는 주로 프린스턴에서 한평생을 일했습니다. 그 집이 지금도 있어서 가끔 들어가보고 둘러보곤 합니다마는 이 집에서 1955년 3월달에 아인슈타인 박사가 세상을 떠날 때, 제자들이 프린스턴 조그마한 마을에 모였습니다. 이 마을에는 병원도 시원치 않으니까 뉴욕으로 나가 큰 병원에 입원하여 거기서 치료를 받도록 하자고, 제자들이 간청을 합니다. 이에 아인슈타인 박사는 대답합니다. "나는 인간의 재주가 생명을 연장시킬 수 있다고 믿지 않네." 그는 다른 병원으로 옮기는 것을 거부하고 조용히 기다리다가 세상을 떠났습니다. 과연 위대한 사람입니다. 우리 교인 가운데도 그런 분이 한 분 있습니다. 수술을 두 번 받았는데 세 번째 수술을 또 하게 됩니다. 그는 의사에게 물었어요. 이 수술 하면 얼마나 가능성이 있느냐고. "한 10% 정도입니다" 하고 의사는 대답합니다. "그래 수술이 잘되면 얼마나 더 살 수 있소?" "잘하면 1년 더 살 수 있을 것입니다." "결국 못고친다는 말이구만, 그만둡시다. 그동안 수고 많이 하셨습니다." 그는 온몸 여기저기 꽂아놓았던 주사바늘 다 빼버리고 조용히 퇴원해서 집에 돌아와서는 나한테 전화를 걸었습니다. "목사님, 제가 마지막 가려고 하는데 심방 오십시오." 내가 안갈 수 있습니까. 아무리 바빠도 가야지요. 갔더니 "저는 이제 몇시간 후면 갈 것입니다. 그동안 목사님께 들은 말씀 감사합니다. 받은 사랑도 감사하구요. 내가 하고 싶었던 일, 목사님 하시는 일 돕는 것, 뭐 전도 사업 한 일 별로 없으니 이 시간에라도 남은 돈은 목사님께 드리겠습니다." 그러고는 "천당에서 다시 만납시다." 인사하고 돌아왔는데 몇시간 후에 돌아가셨습니다. 얼마나 아름다운 분인지 모릅니다. 그분은 집사도 아닙니다. 그러나 그 임종은 너무나 아름다운 성도의 마지막길이었습니다. 여러분, 건강할 때 오리엔테이션을 미리 받아둬야 됩니다. 죽을 때가 가까워지거든, 이만했으면 끝났다 싶거든 이제 조용히 기도하는 중요한 시간을 가질 수 있는 오리엔테이션이 필요합니다. 그런데 끝까지 또 수술 받겠다고 이 병원 시시하다, 다른 병원으로 가야겠다, 이 의사 엉터리다, 하면서 다른 병원 의사한테 박사한테, 그리고 미국을 간다 독일을 간다…하고 다 죽은 시체 가지고 외국을 떠돌면서 돈 없애고 할 겁니까? 그렇게 쓸데없이 떠돌다가 죽을 겁니까? 병원이 사람을 살리는 게 아닙니다. 그러면 왜 병원 뒤에 영안실이 있노? 어차피 영안실에서 끝나는 건데 조금 더 살면 뭐하고 조금 덜 살면 어떻습니까? 쓸데없이 오래 살아가지고 치매병 걸리는 것도 말썽입니다. 정말 오래 사는 게 복인지 아닌지 **Nobody knows**. 장수가 복이라고 누가 그랬던가요? 적당한 때에 가는 게 좋은 것입니다. 지금 사는 것만도 시원치 않으면서 더 살겠다고 발악을 하는 것 보면 참 딱합니다.

본문에 보십시오. 자, 사람이 할 수 있는 게 한계가 있는 것입니다. 분명히 사람에겐 한계가 있습니다. 의사가 사람의 병을 고친다고 하는데 글쎄요, 맞는지는 모르겠습니다마는 제가 읽은 책에 보니까 30%밖에는 못고친다 합니다. 70%는 돈만 없애다 마는 거라고 합니다. 그런 줄 아십시오. 100% 고치는 줄로 착각하지 마십시오. 그런 게 아니더라고요. 언젠가 한번 제가 어느 병원에 갔더니 의사가 베헝겊을 두르고 있습니다. 그건 왜 두르고 있느냐니까 아버지가 세상 떠났다고 합니다. 그래서 "의사집에도 사람 죽나?" 했더니 "그러믄요." "아니, 그렇더라도 안죽은 척이라도 해야 환자가 오지" 하고 핀잔을 줬습니다 "뭐, 떡 상복을 입고 앉아서 환자 치료하겠다고? 이 사람 이거 정신나갔구만" 했습니다. 여러분 어떻습니까? 오늘 이것을 깊이 생각하여야 합니다. 병들었으면 죽게 마련입니다. 죽는 데 대해서는 어찌할 수 없는 것입니다. 그런고로 오늘본문에 보니까 예수님을 의사로 보느냐, 메시야로 보느냐, 하는 여기에 문제가 있는 것입니다. 한 아이가 살든죽든 이것이 중요한 것이 아닙니다. 어차피 죽는 거니까 그건 문제가 아닌데, 이 문제를 놓고 예수를 한 의사로 보는 것이냐, 한 차원 높여서 메시야로 보는 것이냐, 하는 신앙문제가 여기에 있다는 것입니다. 그래서 예수님께서 나는 의사가 아니다, 나는 메시야다, 하는 것을 말씀하고 계심입니다. 육신을 입어 오신 하나님이요, 창조주요, 생명의 주인이라고 하는 것을 여기서 계시하고자 하심입니다. 나타내고자 하심입니다. 이것이 본문의 사건입니다.

나아가서는 재미있는 내용을 한 가지 더 생각할 수가 있습니다. 요한복음 11장은 전 장이 나사로와 관련된 내용인데, 그 37절에 보십시오. 예수님께서 지극히 사랑하시던 사람 나사로가 병들었습니다. 병들었다고 그 누이들이 소식을 전했더니 예수님께서는 죽을병이 아니라고 말씀하셨습니다. 그런가보다 했는데, 죽었습니다. 누이 마르다는 마음속에 큰 불만이 생겼던 것같습니다. 안죽는다고 하셨는데 죽었거든요. 죽고 장례식 끝나고 나흘째나 되어서야 예수님께서 오시매 마르다가 한마디 합니다. 예수님께서 여기 계셨으면 안죽었을 건데요, 합니다. 그래 예수님은 '네가 믿으면 하나님의 영광을 보리라' 하시면서 우는 사람들을 보시고 따라 우셨습니다. 그리고 무덤에 가자, 하십니다. 마르다가 뒤따라가면서 속으로 아마 투덜투덜했을 것입니다. '오시랄 때 오시지 않더니 죽은 다음에 뭣하러 오셨누? 오셨으면 오셨지 무덤은 왜 찾아가신담?' 그러나 예수님께서는 무덤에 찾아가셔서 "나사로야 나오너라"하고 소리를 지르십니다. 나사로가 살아서 나옵니다. 죄다 깜짝놀랐지요. 그런데 예수님께서 우실 때, 무덤을 찾아가시는 때 많은 사람들이 한마디씩 했습니다. 37절입니다. 애초부터 죽지 않게 할 수 없었더냐—왜 이제 찾아와서 우느냐, 이것입니다. 죽지 않게 할 수 없었더냐—오늘도 그렇습니다. 오늘본문에 나타난 사건에서도 그래, 죽지 않게 할 수 없었겠습니까. 야이로의 딸, 애초에 죽지 않게 할 수 없었습니까. 왜 지연되게 해가지고 죽은 다음에 찾아가시는 것입니까. 여기에 계시적 의미가 있는 것입니다. 그런고로 치유가 아니라 회생이요, 개혁이 아니라 중생이요, 단순한 치료의 얘기가 아니라 부활의 진리를 말씀하고 계심입니다. 그는 생명의 주인이기 때문에 어차피 살아난다고 하는 이 중대한 문제를, 이 오메가 포인트를 앞에 놓고 생각하면 죽었다는 과정은 대단히 아름다운 것입니다. 어떻습니까? 죽을 뻔하다 산 것보다 죽었다가 산 것이 낫겠지요? 안그렇습니까? 대체로 환자들도 그렇습디다. 죽을 뻔하고 고생한 사람이 더 믿음을 얻습니다. 조금 아팠던 사람은 병원에서 믿음을 얻지 못합니다. 이것을 생각하여야 됩니다. 예수님께서 바로 여기서 말씀하시는 것입니다. 두려워 말라, 믿기만 하라…

루마니아의 유명한 범브란트 목사님은 공산치하에서 13년 동안 감옥에 갇혀 고생을 했습니다. 감옥에 있는 동안 성경을 읽으면서 자신에게 크게 은혜되었던 말씀은 "두려워 말라" 하시는 말씀이었다고 합니다. 성경 여러 곳에 두려워 말라는 말씀이 있어서 그 말씀을 읽을 때마다 큰 위로를 받았는데, 성경 전체에 몇 번이나 그 말씀이 나오나, 세어봤더니 365번 나오더랍니다. 하루에 하나씩 보라고 365번 두려워하지 말라는 말씀이 있다는 것입니다. 모름지기 두려워하지 말아야 됩니다. 예수님께서 야이로에게 요구하시는 믿음이 무엇입니까. 나를 의사로 보지 마라, 나는 메시야다, 내 말만 믿어라, 두려워하지 말고 믿어라, 그리고 나를 네 집으로 안내하라— 자, 여기서 야이로가 만일에 '가실 것 없습니다. 이미 죽었으니까요' 하였다면 이야기는 크게 달라집니다. 야이로는 얼마나 믿었는지 모릅니다마는 일단 침묵 속에서 믿고 예수님을 인도합니다. 어떻게 될지는 모르겠습니다. 죽었다는 것은 사실인데…그러나 집으로 인도합니다. 이것이 믿음입니다. 믿고 주님의 말씀을 따랐습니다. 그리하여 마침내 죽은 딸이 살아나는 기적을 보게 됩니다. 여기서 하나님께 영광을 돌리게 됩니다.

우리는 종종 벽에 부딪힙니다. 이제는 끝이라고, 인간으로서는 더이상 생각할 수가 없도록 끝입니다. 마지막입니다. 그러나 그 마지막을 넘어서는 것이 믿음이요 마지막을 넘게 하는 것이 그리스도의 능력입니다. 흔히 보면 병도 그렇습니다. 이젠 끝났다 할 때 하나님께서 역사하시고 사람의 힘으로써는 불가능하다 할 때 하나님 앞에는 가능한 것을 봅니다. 놀라운 일이 아니겠습니까. 제가 본인을 위해서 실례가 되므로 이름은 말씀 안드립니다마는 어느 목사님 한 분도 간암에 걸렸습니다. 아무리 치료를 해도 안됩니다. 마지막으로 의사가 "이제 3개월밖에 살지 못하겠습니다" 합니다. 확실합니까, 확실합니다, 그러면 저리 다 물러가주세요 — 다 물러가게 해놓고 그대로 병실 침대 마구리를 딱 붙잡은 채 무릎을 꿇고 앉아 사흘을 기도하는 것이었습니다. 온몸이 뜨거워졌습니다. 병균이 다 죽었습니다. 그는 건강해져 일어났습니다. 그래서 열심히 다니면서 간증을 하고 복음을 전하고 있습니다. 여러분, 사람은 이것으로서 끝이다, 할 때 그 때에 하나님께서는 시작을 하십니다. 인간궁극에서 하나님의 역사는 시작되는 것입니다. 끝났다는 말 쉽게 하지 마십시오. 인간으로서는 끝이로되 하나님 앞에는 그것이 시작이라는 말씀입니다. 주님께서 말씀하십니다. 두려워 말고 믿기만 하라, 그리하면 네 딸이 구원을 얻으리라 —. △

예수의 휴가 방법

이 때에 제자들이 돌아와서 예수께서 여자와 말씀하시는 것을 이상히 여겼으나 무엇을 구하시나이까 어찌하여 저와 말씀하시나이까 묻는 이가 없더라 여자가 물동이를 버려두고 동네에 들어가서 사람들에게 이르되……

(요한복음 4 : 27 - 28)

예수의 휴가 방법

할아버지가 어린 손자를 데리고 공중목욕탕에 갔습니다. 할아버지는 뜨거운 물 속에 몸을 푹 담그고 "아이고 시원하다"하면서 "얘야, 너도 이리 들어오너라" 했는데, 손자는 그 말을 듣고 해수욕에 가서 다이빙하던 솜씨로 뜨거운 물 속에 텀벙 뛰어들었습니다. 얼마나 뜨거웠겠습니까. 후닥닥 뛰어나오면서 손자는 투덜거립니다. "세상에 믿을 놈 없네!" 우리말에 참 묘한 것이 있습니다. 뜨거운 음식을 먹으면서도 "시원하다" 합니다. 뜨거운 물에 들어가서 "시원하다" 합니다. 확실히 뜨거운 것입니다. 마음이 시원한 것이지요. 감성적으로 소화하거든요. 이것은 물리적으로 설명할 수가 없습니다. 그래서 외국인 상대로는 세상에 통역 못하는 게 이 표현입니다. 서양 사람들이 이 표현의 묘미를 알 리가 없지요. 아무리 설명해도 얘기가 안되는 것입니다. 물리적으로는 뜨거워도 마음이 시원하면 시원한 것입니다. 여름이 되면 그저 더워 죽겠다고 하면서 '빨리 겨울이 되었으면…' 하고, 겨울이 되면 추워서 못살겠다 하면서 '빨리 여름이 되었으면…' 하는 사람은 늘 그렇게 살다가 죽을 사람입니다. 그럼 누가 행복한 사람이겠습니까. 여름이 되면 '아, 더워서 좋다. 시원한 바람도 좋고 구름도 좋고 넓은 바다를 바라보는 것도 좋다' 하고, 겨울이 되면 또 '아, 겨울도 좋다. 흰눈이 내려서 좋고 쌀쌀한 바람이 좋다' 하면서 겨울은 겨울대로 좋고 여름은 여름대로 좋게 생각하는 이 사람만이 행복한 것입니다.

우리, 덥다는 소리 너무 하지 맙시다. 우리 입방아 좀 조심합시다. 밥을 먹고 사는 사람들은 덥다는 소리 하는 것 아닙니다. 더워야 먹을 것이 있습니다. 한 주일만 더 더워도 풍년입니다. 한 시간만 더 뜨거워도 곡식이 풍작 되는 것입니다. 그러니까 조금 더 지각이 있다면 한 주일이라도 더 덥기를 바래야지요. 시원하다, 하고 찬바람이 돌기 시작하면 모든 식물의 성장이 멈추고 맙니다. 찬바람이 일찍 돌면 겨울에 먹을 것이 없어집니다. 그런고로 적어도 쌀을 먹고 사는 우리로서는 그렇게 방정맞은 소리 할 것이 아닙니다. 사실은 우리가 지금 얼마나 시원한 가운데 삽니까. 옛날에는 그 좁은 방에서들 얼마나 어려웠습니까. 저는 목사의 입장에 있습니다마는 제가 스물일곱 살에 목사가 되어서 설교할 때는 참 힘들었습니다. 조그마한 예배당에 사람을 꽉 채우니까 그 땀내가 막 올라오는데 정신이 하나도 없습니다. 게다가 옛날에는 또 신발을 벗은 채 예배드리는 것이었고보니 발구린내가 막 올라옵니다. 정말 견뎌내기 힘들었습니다. 한번 설교하고나서 옷을 쥐어짜면 물이 날 정도입니다. 그러나 오늘은 이렇게 시원하게 지냅니다. 제가 옷을 다 입고 그 위에 가운까지 덮어 입고 설교를 합니다마는 설교하는 도중에 단 한 번도 땀을 닦아야 될 때가 없거든요. 조금은 덥지마는요. 모름지기 우리는 옛날을 생각하고 또 지금도 더워서 고생하는 분들을 생각하면서 방정맞게 덥다는 소리 함부로 해서 안되겠습니다. 벌받을 마음입니다. 깊이 생각해야 됩니다. 세상에 제일 힘든 일이 두 가지 있습니다. 할 일 없이 노는 것이 그 하나입니다. 놀았으면, 놀았으면, 하지마는 할 일 없이 놀아보십시오. 세상에 힘든 것이 이 노릇입니다. 낮에 일하고 밤에 자야 잠이 잘 오는데 낮에 할 일 없이 빈둥거리다가 낮잠까지 자고 밤에 자려니 잠이 옵니까. 밤이 지겹게 깁니다. 그 사람에게는 밤이 고역입니다. 할 일 없이 노는 것, 정말 힘든 일입니다. 또하나 힘든 일은 휴식이 없이 일하는 것입니다. 쉬지 못하고 밤낮으로 일을 해야 한다면 이 얼마나 힘든 노릇입니까. 못할 노릇입니다.

휴식은 창조의 섭리입니다. 하나님의 은총이요 영원한 축복의 예표입니다. 하나님께서 우리에게 휴식을 주십니다. 낮에 일하고 밤에 자도록 만드셨습니다. 건강의 비결이 따로 없습니다. 잘먹고 잘 자면 되는 것입니다. 잠 못자면 병드는 것입니다. 잠 한 사흘만 못자면 반드시 부작용이 나타납니다. 그 다음에는 쓰러지게 되어 있습니다. 잠을 잘 잔다는 것은 보통축복이 아닙니다. 그래 시편 127편 2절에서는 "여호와께서 그 사랑하시는 자에게는 잠을 주시는도다" 합니다. 그래서 누가 교회에 와서 자꾸 졸면서 자기는 복이 많아 존다고 합디다. 글쎄올시다. 아버지 품에서 편안히 쉬는 건지는 모르겠습니다. 어쨌든 자는 것은 복입니다. 축복입니다. 단잠을 잔다는 것은 큰 복일 수밖에 없습니다. 주께서 안식일을 주시지 않았습니까. 일주일 일하고 하루 쉬는 것, 참 귀한 것입니다. 쉬지 않으면 능률이 오르지 않습니다. 안되게 되어 있습니다. 창조의 섭리인 것입니다. 심지어는 운동하는 사람들도 그렇습니다. 운동공학에도 이런 말이 있더라고요. 일주일 다 운동하면 안된다고 합니다. 일주일에 하루는 쉬어야 능률이 오른다고 합니다. 이것은 우리에게 생명을 주신 하나님의 필요입니다. 하나님께서 허락하심입니다. 축복인 것입니다. 안식은 축복입니다. 그래서 이 한 주일 잠깐 쉬면서 다음일을 생각하게 됩니다. 재충전을 하게 됩니다. 보다 더 밝은 미래를 다시한번 설계하게 됩니다. 신학적으로는 더 중요한 의미가 있습니다. 일을 중단한다는 의미가 있습니다. 우리는 일을 계속하지 못합니다. 아무리 중요한 일, 아무리 바쁜 일이라 하더라도 우리는 쉴 때는 쉬어야 합니다. 중단이 있어야 한다는 말씀입니다. 그래서 일로부터 잠깐 떠나야 됩니다. 어떤 일이든지 일에는 중단이 있습니다. 가끔 병에 걸려서 병원에 입원해 있는 분들을 방문하면 그런 얘기를 하는 분들이 있습니다. 일할 때는 나는 쉴 수가 없다, 나 없으면 안된다, 절대로 안된다, 생각하고 죽을 둥 살 둥 건강을 다쳐가면서까지 열심히 일했는데 딱 병들고보니까 그게 아니더라고 합니다. 일과 나는 관계가 없습니다. 그 일로 인해서 내가 존재하는 것이 아니더라는 것을 이제서 깨닫는 것입니다. 그래서 "이제야 쉰다는 것이 무엇인지를 알게 됐습니다. 내가 쉬지 않으니까 하나님께서 나를 쉬게 만드셨습니다." 이렇게 간증하는 분들이 있습니다. 일을 객관시할 수 있어야 합니다. 언제든지 중단해야 되고, 또 중단할 수밖에 없고, 여기서 떠날 수 있다는, 떠나야 된다고 하는 마음의 자세가 바로 안식에서 이루어지는 것입니다. 몰두하고, 미쳐들어가고, 일과 나를 동일시해서 일이 망하면 내가 없고 저가 없으면 내가 없는 것처럼 착각하지 마십시오. 일은 있다가 없을 수도 있지만 나는 나대로 존재하는 것입니다. 때로는 일이 습관화합니다. 때로는 일의 노예가 됩니다. 일에 타성이 생깁니다. 바로 이러한 일을 막기 위해서, 이러한 일로부터 자유롭게 하기 위해서 휴식을 주시는 것입니다. 비인간화를 방지하기 위하여 우리에게 휴식을 주십니다. 다시말하면 인간의 참모습으로 돌아가기 위해서, 일벌레가 되지 않고 일을 위하여 사는 존재가 되지 않기 위하여 휴식이 필요합니다.

E. 프롬의 유명한 말이 있습니다. '삶에는 두 가지 양식이 있다. 하나는 소유의 양식이다. 어쨌든 돈을 벌고, 집을 짓고, 명예를 얻고, 권세를 얻고, 하며 그저 얻는 것만 생각하고, 얻어야 성공이고,

얻는 것만 기뻐하는 소유지향적인, 소유중심적인 인간이 있는가하면 존재자체를 소중히 여겨서 소유로 인하여 내가 어떤 사람이 됐느냐, 성공으로 인해서 내가 어떤 인간이 됐느냐, 실패로 인하여 내가 내 존재에 있어서 얻은 것이 무엇인가, 하고 나의 나됨에 대하여 관심을 두고 사는 사람이 있다.' 물질이야 있을 수도 있고 없을 수도 있습니다. 있을 때에 또 깨닫고 없을 때에 또 한 단계 더 성장합니다. 존재의 의미를 생각하며 살아가는 그런 삶의 양식이 있다고 그는 말합니다. 우리에게 휴식을 요구하는 것은 바로 그것을 말하는 것입니다. 지금 나는 누구입니까. 직장이 있느냐없느냐가 중요한 게 아닙니다. 나이가 얼마냐고 묻지 마십시오. 건강한가 병들었는가도 문제가 아닙니다. 나의 나됨, 존재의 양상이 어디까지 왔느냐, 하나님의 형상 된 모습이 어디까지 왔느냐—이것을 생각하는 것입니다. 이것이 진정한 의미에서의 휴식입니다. 그리고 모든것이 하나님께로부터 와서 하나님께로 돌아갑니다. 그저 하나님께서 쉬라시면 쉬고, 떠나라시면 떠나고, 끝내라시면 끝내는 것입니다. "할일이 많은데요, 내가 없으면 안되는데요…" 쓸데없는 소리 하지 마십시오. 좀 끝내는 훈련이 필요합니다. 좀 떠나는 훈련이 필요합니다. 이것이 휴식이란 말입니다. 일 자체가 목적이 아니라는 것을 계속 확인해야 합니다. 신령한 의미를 찾아야 합니다. 목적을 재확인하고 가치관을 다시한번 정비해야 되겠습니다. 이것은 무슨 의미가 있는 것일까, 하고 말입니다.

 이런 분을 보았습니다. 언젠가 그 집에 불이 났습니다. 홀랑 다 태우고 말았습니다. 그 다음부터 그분의 입는 옷이 달라졌습니다. 옷이 많을 필요가 없다는 것입니다. 그래서 한 가지만 입고, 그게 다

해져야 갈아입어요. 많아서 소용없는 것입니다. 있다가 없어지면 마음에 아쉽기만 하지요. 어느 장로님을 압니다. 재벌입니다. 그런데 입고 다니는 옷이 너무 남루하고 안돼서 물어보았습니다. "아니, 장로님, 그저 체면을 봐서라도 옷을 좀 갖추어 입으시죠. 왜 옷을 그렇게 입고 다니십니까?" 장로님, 지팡이 짚고 다니면서 하시는 말씀이 "이것 다 해질 때까지도 살아남아 있을는지 모르는데, 새 옷을 맞추어서 뭐하겠습니까." 아주 심각한 말씀을 하시더라고요.

여러분, 휴식과 함께 나의 가치관을 한번 자문해보십시오. 어떻게 사는 것이 바로 사는 것입니까. 좀더 중요한 문제는 휴식이 영원한 안식에 대한 예표라는 것을 잊지 마십시오. 우리는 어차피 이 세상을 떠나야 합니다. 육체의 옷을 벗어야 됩니다. 히브리서 4장에 보면 "저 안식에 들어가기를 힘쓸지니(11절)"라고 말씀합니다. 영원한 안식, 영원한 휴식을 위하여 오늘 우리는 휴식을 잠깐잠깐 경험하는 것입니다. 중요한 의미가 있습니다. 오늘본문에 있는 말씀을 소개합니다. 예수님께서 휴식하시는, 잠깐되는 그 휴식의 시간을 한번 봅시다. 길을 가시다가 목이 말랐습니다. 배도 고팠습니다. 수가 성 우물가에 앉아 다리를 쉬시고 제자들은 음식을 구하러 마을에 들어갔습니다. 예수님 혼자 우물가에 계십니다. 바로 그 시간에 사마리아 여인 하나가 물을 길으러 옵니다. 예수님께서 이 여인을 보시고 물 좀 달라, 하십니다. 목이 마르니까요. 우리가 목 마를 때에 물을 먹는 것은 휴식입니다. 배고플 때에 음식을 먹는 것은 휴식입니다. 물 달라 하시고 이 여자와 더불어 이야기를 하십니다. 이 여자는 요새 말로 말하면 '우울증' 환자였습니다. 마음속에 깊은 콤플렉스가 있는 여자였습니다. 물 좀 달라 하시면 "예"하고 물 한 그릇 떠드리는 것처럼 쉬운 일이 어디 있습니까. 그런데 이 여자 보십시오. "당신은 유대인으로서 어찌하여 사마리아 여자 나에게 물을 달라 하나이까(9절)" 합니다. 참 박절한 여인입니다. 되게 마음이 못돼먹었습니다. 마음이 아주 뒤틀린 여자입니다. 꽉 막혔습니다. 예수님께서 말씀하십니다. "내가 주는 물을 먹는 자는 영원히 목마르지 아니하리니(14절)" — 그 여인이 말귀를 알아들을 리가 없지요. 그런 물 있으면 나 좀 줘보세요, 물 길으러 오지 않게 해주세요, 합니다. 이렇게 안통하는 여자입니다. 정말 대화가 안되는 여자입니다. 그런데 예수님께서는 이런 여자를 대하여 아무렇지도 않은듯이 이야기를 계속하십니다. 모름지기 사람 만나는 것이 재미있어야 됩니다. 사람 없는 심심산골로 들어가 혼자 있다가 오는 것이 휴가가 아닙니다. 그런 사람에게는 휴가가 없습니다. 사람 만나는 것이 즐거워야 됩니다. 마음을 닫아놓은 사람과도 이야기를 나누다보면 그의 마음이 차차로 열립니다. 마침내 이 여자가 자신의 과거를 다 털어놓게 됩니다. 예수님과 아주 가깝게 되는 것입니다. 닫혔던 마음이 열리면서 대화가 이루어집니다. 또, 속된 것으로 시작했다가 신령한 것으로 화제가 상승을 합니다. 화제가 높은 수준으로 올라가는 것입니다. 물 좀 달라 — 뭐 이런 얘기로 시작했다가, 네 남편 데려오라고, 마지막에는 예배할 곳이 어딥니까, 신령과 진리로 예배할지니라, 하게 되는 높은 수준으로 올라갑니다. 보십시오. 이 여자는 마침내 '당신은 메시야십니다' 하고 물동이를 버려둔 채 동리에 돌아가서 동네방네 다니면서 평소에는 만나기 쉽지 않았던 사람들에게 복음을 전하게 됩니다. 이 때에 예수님의 마음은 시원하셨습니다.

여러분, 화제(話題)도 그렇습니다. 세상이야기로 시작했다가 마지막에는 교회이야기로 끝내야지, 교회이야기로 시작했다가 '노래방'으로 끝나면 안되는 것입니다. 순서가 잘못됐습니다. 좌우간 물질적인 이야기, 세상적인 이야기로 시작되었다가도 마지막에는 신령하게, 거룩하게, 아름답게, 영원한 것으로 화제가 돌아가서 그 영이 소생함을 얻는, refresh하게 되는, 이게 되어야 합니다. 그래야 휴식이 되는 것입니다. 휴가 잘못하면 일생 망칩니다. 휴가 멋대로 보내다가 일생 망쳐버리는 젊은이들이 얼마나 많습니까. 속된 것으로 곤두박질했기 때문입니다. 이 점을 우리는 알아야 됩니다. 오늘 예수님께서 이 여자와 이야기를 하시는 중에서 여자의 마음문이 열리고, 대화가 되고, 구원을 받고, 그리고 고상하고 신령한 세계로 향상하게 될 때 예수님께서는 썩 기쁘셨습니다. 음식 잡수실 생각도 없으셨습니다. 이제는 시장기도 가셨습니다. 심지어는 음식을 가지고와서 '잡수세요' 하니까 '나는 먹었다' 하시고 누가 드렸느냐고 여쭈니까 '내 양식은 따로 있다' 하십니다. 한 사람 구원받는 것을 보시매 하도 기쁘셔서 휴가 다 보내셨습니다. 완전히 기쁜 마음으로 돌아가서 말씀하시고요. 또 좀더 생각할 것은 "눈을 들어 밭을 보라(35절)" 하심입니다. 이 여자가 가서 동네방네 소문을 내니까 사마리아사람들이 우 몰려옵니다. 이것을 보시면서 소망과 저 영원한 기쁨에 충만해가지고 추수할 때가 되었도다, 하시고 앞을 내다보시면서 기뻐하십니다. 목마르다는 생각, 배고프다는 생각은 간데온데없어졌습니다. "나의 양식은 나를 보내신 이의 뜻을 행하며 그의 일을 온전히 이루는 이것이니라(34절)" 하십니다. 나는 먹었다 ─ 사실 그렇습니다. 또 그럴 것입니다. 여러분도 이런 경험을 하셨다면 그럴 것입니다. 이게 진정한 휴식이 아니겠습니까. 저는 그래서 늘 생각합니다마는 여러분, 주일 지키고 월요일에는 신바람이 나서 직장에 나가야지 어떤 사람은 '월요병'에 걸려가지고 절반 죽어 지냅니다. 교회봉사 합네 하면서 수고 좀 하고는 월요일에 반 죽어나갑니다. 잘못된 것입니다. 주일을 지키고나면 힘을 얻는 것입니다. 참된 휴식이라는 것은 건강한 자의 것입니다. 병든 자에게는 휴식이 없습니다. 하루 종일 누워 있어도 휴식이 아닙니다. 그리고 휴식은 일하는 자의 것입니다. 열심히 일하십시오. 일하고나서 쉬어야 쉬는 게 휴식이 되는 것입니다. 또 음식맛인들 얼마나 좋습니까. 저는 많은 맛있는 음식을 먹어봅니다마는 아무리 먹어보아도 옛날 젊었을 때 모내기하면서 먹던 것, 그게 제일 맛있습니다. 하루에 다섯 끼를 먹어대도 언제 먹었느냐 싶게 다 소화가 됩니다. 무엇을 먹어도 다 꿀맛입니다. 일하는 자에게 진정 맛있는 음식이 있고 휴식이 있는 것입니다. 하루 놀고 하루 쉬고 하루 졸고…이래서야 무슨 휴식이겠습니까. 이런 사람에게는 휴식이 없습니다. 땀흘려 일하는 자에게만 진정한 휴식이라고 하는 행복이 주어지는 것입니다.

　그리고 또하나, 주도권을 가진 것이어야 합니다. 그래야 full of activity로 휴식할 수 있습니다. 남의 일 하는 사람에게는 휴식이 없습니다. 사장님이 하루는 운전기사 보고 "우리 아이들과 놀러 같이 가 주게"해서 운전기사는 좋은 차를 몰고 갔습니다. 남이섬에 가서 음식 잘 대접받고 돌아왔습니다. 오더니 뭐라고 하는지 아십니까. "피곤하다" 합니다. 사장님이 좋은 사람이라서 "우리 가족들과 함께 하루를 일했으니 하루 쉬게"해서 운전기사는 자기네 아이들 데리고 김밥 싸가지고 시내버스 타고 남이섬에 갔습니다. 털털거리는 버스를 타고 가서 아이들하고 하루종일 놀고 돌아왔습니다. 와서 뭐라고 하는지 아십니까.? "잘 놀았다"하는 것이었습니다. 이것은 물리적인 것이 아닙니다. 가끔 여러분이 어디 놀러 갈 때 좋은 음식 가지고 혹 가정부를 데리고 가십니까? 그러지 마십시오. 그에게는 노역입니다. 아무리 좋은 경치를 보아도 즐겁지 않습니다. 아무리 좋은 음식을 먹어도 기쁨이 되지 않습니다. 내 식구들과, 내 사랑하는 사람과 만날 때, 내가 주도적일 때에만 휴식이 있는 것입니다.

그리고 휴식은 겸손한 자의 것입니다. 만족을 모르는 자에게는 휴식이 없습니다. 좀더 나아가 내일을 걱정하는 자에게는 휴식이 없습니다. 잠깐 쉬러 가서도 그저 그 일을 어쩌나, 부도나면 어쩌나, 걱정이 계속이라면 그 사람에게 무슨 휴식이 있겠습니까. 거기 가서도 여전히 업무상의 전화를 걸고…안될 일입니다. 저는 해외여행 많이 하는 편이지만 목적지에 도착해서 도착했다고 알리는 전화 딱 한번 걸고는 다시 전화 안합니다. 오는 전화 받지도 않습니다. 특별한 emergency가 아닌 이상 거기 가서까지 여기생각 하지 않습니다. 저에게는 아주 특별한 은사가 있습니다. 비행기만 타면 싹 잊어버리는 은사입니다. 여기 앉아서는 거기 생각하고 거기 앉아서는 여기 생각하고 하는 체질에게는 휴식이 없습니다.

또한 모든것을 하나님께 다 맡기어버린 사람, 완전히 위탁한 사람에게만 휴식이 있습니다. 하나님께 소망을 둔 사람에게만 휴식이 있습니다. 요한 웨슬리는 85세까지 건강한 몸으로 일했는데, 85세 생일날 젊은사람들에게 건강에 대해서 이렇게 말했다고 합니다. "날마다 운동을 하라. 나는 60년 동안 한결같이 새벽 4시에 일어났고, 그리고 밤에는 깊은 잠을 잘 수가 있었다. 나는 여행 중에도 규칙적으로 살았다. 규칙생활이 중요한 것이다. 슬픈 일이나 걱정되는 일은 빨리 잊어버렸다. 그리고 모든것을 하나님께 다 맡기고 내 영혼은 항상 자유했다. 이 자유가 바로 휴식이요 거기에 건강이 있는 것이다." 걱정해봐야 소용도 없는 일을 마치 자기가 할 수 있는 것처럼 움켜쥐고 궁글어보았자 소용없는 일입니다. 예수님의 휴식을 보십시오. 그리스도께서는 모든 피곤을 다 잊어버리고, 오직 한 심령을 구원한 기쁨에 지금 동참하여 함께 즐거워하고 계십니다. 여러분, 더 큰 자유를 누릴 수 있을 때 휴식이 있습니다. 아무쪼록 더 큰 행복을 바로 이 휴식과 함께 얻을 수 있는 휴가계절이 될 수 있기를 바랍니다. 우리교회에서도 농촌봉사 한다고 나가고, 중국에 의료봉사 한다고 나가고…그 뜨거운 데 가서 고생들을 합니다. 그 소중한 휴가를. 저들을 위해서 봉사하는 것이 바로 휴식이기 때문입니다. 가장 의미 있는 휴가의 비법을 알고 있기 때문입니다. 여러분, 휴가를 어디로 갑니까? 나를 필요로 하는 자들을 위해서 조금 땀을 흘려보십시오. 한평생에 가장 즐거운 휴가가 될 것입니다. △

목이 곧은 백성

백성이 모세가 산에서 내려옴이 더딤을 보고 모여 아론에게 이르러 가로되 일어나라 우리를 인도할 신을 우리를 위하여 만들라 이 모세 곧 우리를 애굽 땅에서 인도하여 낸 사람은 어찌 되었는지 알지 못함이니라 아론이 그들에게 이르되 너희 아내와 자녀의 귀의 금고리를 빼어 내게로 가져오라 모든 백성이 그 귀에서 금고리를 빼어 아론에게로 가져오매 아론이 그들의 손에서 그 고리를 받아 부어서 각도로 새겨 송아지 형상을 만드니 그들이 말하되 이스라엘아 이는 너희를 애굽 땅에서 인도하여 낸 너희 신이로다 하는지라 아론이 보고 그 앞에 단을 쌓고 이에 공포하여 가로되 내일은 여호와의 절일이니라 하니……여호와께서 모세에게 이르시되 너는 내려가라 네가 애굽 땅에서 인도하여 낸 네 백성이 부패하였도다 그들이 내가 그들에게 명한 길을 속히 떠나 자기를 위하여 송아지를 부어 만들고 그것을 숭배하며 그것에게 희생을 드리며 말하기를 이스라엘아 이는 너희를 애굽 땅에서 인도하여 낸 너희 신이라 하였도다 여호와께서 또 모세에게 이르시되 내가 이 백성을 보니 목이 곧은 백성이로다 그런즉 나대로 하게 하라 내가 그들에게 진노하여 그들을 진멸하고 너로 큰 나라가 되게 하리라

(출애굽기 32 : 1 - 10)

목이 곧은 백성

　옛날얘기입니다. 어느 곳에 조그마한 나라가 있었습니다. 그 나라는 너무도 작아서 툭하면 이웃의 큰 나라들이 침략해들어오곤 했습니다. 어느 때에 또 이웃나라에서 쳐들어오겠다고 선전포고를 해왔습니다. 왕은 몹시 걱정이 되고 불안해서 견딜 수가 없었습니다. 그는 생각했습니다. '미래에 대해서 미리 좀 알 수 있었으면 참 좋겠는데…' 이길 것인지 질 것인지 결과를 미리 알 수만 있다면 대처할 수가 있겠기 때문이었습니다. 그는 점쟁이들을 불러모았습니다. "이 전쟁에 이길 거냐, 질 거냐?" 하고 점쟁이들에게 물었습니다. 세상에 이것을 말해줄 사람이 어디에 있겠습니까. 왕은 예언자라는 사람들도 불러보았고, 도사라는 사람들도 불러보았습니다. 그러나 아무도 왕의 질문에 명쾌히 대답하지 못했습니다. 왕은 답답했습니다. 누군가가 왕에게 말했습니다. 오랜 세월 산 속에서 은둔생활을 해오는 수도사가 하나 있는데 많은 사람으로부터 존경을 받는 터이니 그를 한번 불러 물어보라고 하는 것이었습니다. 그래서 그 은수자(隱修者)를 불러들였습니다. "전쟁에 이길 건지 질 건지 말해주시오." 왕이 그를 보고 말했습니다. 그런데 은수자는 모른다고 하지를 않고 "말해드릴 수 없습니다"라고 말하는 것이었습니다. "미래에 대해서 말해드릴 수 없습니다." 왕은 화가 났습니다. "그렇다면 미래를 보는 방법을 가르쳐주시오" 하고 언성을 높였습니다. 그러나 은수자는 조용히 대답했습니다. "그것도 말해드릴 수 없습니다. 생각해보십시오. 만일에 전쟁에 이긴다고 하면 당신은 방심하게 될 것입니다. 진다고 하면 지레 불안하고 두렵고 벌벌떨다가 한번 싸워보지도 못하고 질 것입니다. 그래서 말해드릴 수 없다고 한 것입니다. 왕이시여, 내가 한 가지 말해드리고 싶은 것은 전쟁이 있다고 하는 사실뿐입니다.”

여러분, 이 문제를 어떻게 생각하십니까? 우리는 미래가 궁금합니다. 혹은 잘살고, 안정되고, 번영하고, 평화롭게 살기를 원합니다. 그러나 안정되고보면 타락하고 방종에 빠집니다. 향락에 빠지고 사치합니다. 그 멸망이 전쟁을 통한 멸망보다 더 큽니다. 아주 썩어버리고 맙니다. 그런가하면 또 좀 어려운 일이 있거나 가난이 있거나 공황이 있거나 불황이 있고보면 이제는 걱정이 많아가지고 두려워하고 떨고 걱정이 되어 정신을 못차립니다. 그때문에 지레 절망을 합니다. 비록 망한다해도 아직은 아닌데 지레 망해버립니다. 정신병자가 됩니다. 타락해버립니다. 도대체 어떻게 했으면 좋겠습니까? 여러분, 하나님 편에서 한번 여러분 스스로에게 물어보십시오. 어떻게 하면 좋겠습니까? “하나님, 편안하게 해주시고, 잘살게 해주시고…” 그렇게 말할 자신 있습니까? 그것이 우리에게 이롭지 못합니다. 또 그런가하면 어렵고 괴로운 일들이 있으니까 또 이래서 정신을 못차리니 어떻게 하면 좋겠습니까? 저는 텔레비전을 보다가 가끔 드라마도 보는데, 마음이 섭섭하고 할말이 많습니다. 드라마에 보니 사람들이 개인적으로 어려운 일만 당했다하면 바로 술집으로 가요. 양주 파는 데나 포장마차에 가서 퍼마셔요. 도대체 드라마에 술먹는 장면이 안나오는 날이 없습니다. 집에서도 먹어요. 남자도 먹고 여자도 먹어요. 젊은 아이도 먹고 노인도 먹어요. 도대체 어쩌자는 것입니까? 그래서 내가 방송국 이사를 불러놓고 한마디 했었습니다. 방송국 정신 좀 차리라고. 도대체 국민을 어디로 인도할 거냐고. 걱정거리가 있으면 술먹는 것 하나밖에 할일이 없느냐고. 고것밖에 모르는 정도의 작가여서냐, 우리 민족이 고런 정도냐, 하고요. 답답하고 괴로울 때에 인간의 모습이 드러납니다. 그래, 답답하고 괴로우면 꼭 술먹는 것입니까. 그래야만 되는 것입니까. 그 길밖에 없는 것입니까. 가만히 보면 그리 대단한 일도 아닌데 이미부터 절망해가지고 곤두박질하는 것을 볼 때 도대체 그 정도밖에 안되는가 싶어서 답답합니다.

여러분, 오늘의 성경을 보십시오. 이스라엘백성이 애굽에서 나옵니다. 생각하면 그들은 모세 하나만 믿은 것입니다. 모세의 지도력, 모세의 능력을 믿고, 모세를 따라서 이 막막한 광야에 나섰습니다. 시내 산 앞에 와서 천막을 쳤습니다. 이제 그 믿던 모세가 하나님의 말씀을 받기 위하여 시내 산에 올라갔습니다. 올라가서 사십 일 동안을 내려오지 않습니다. 지금도 가보면 시내 산이라는 곳은 물 한방울도 없습니다. 그곳에서는 잘못하다가는 밤에는 추워서 얼어죽고 낮에는 뜨거워서 타죽습니다. 무서운 산입니다. 여기에 올라가서 어떻게 사십 일을, 그것도 낮에는 시커먼 구름이 드리워 있고 밤에는 타는듯이 벌건 불빛이 이글거립니다. 거기에 가 있습니다. 그 속에 들어가서 사십 일 동안이나 내려오지 않으니까 저들의 생각에 모세는 죽었다, 이제 우리는 어떡하면 좋단말인가, 지도자는 없다, 하고 마음이 흩어집니다. 불안과 공포에 빠집니다. 이럴 때에 저들이 한 일이라곤 우상을 만드는 것이었습니다. 금송아지를 만들어 놓고 섬기게 됐다는 것이 오늘본문에 나타난 이야기입니다. 그 사십 일 동안을 기다리지 못해서 금송아지를 만들어 섬기게 됩니다. 하나님께서는 크게 진노하셨습니다. 불안과 공포로 떨 때 저들이 그같은 모습으로 나타났던 것입니다. 하나님께서 이스라엘백성에게 기대하시는 것이 무엇입니까. 도대체 애굽에서 건져내시고 가나안땅으로 인도하시면서 지금 이 광야에서 이스라엘백성이 어떤 사람들이 되기를 원하시는 것입니까. 지정학적으로는 애굽에서 나왔지만 저들은 가나안땅에 들어갈만한 '사람'이 되지를 못했습니다. 사람이 되어야지요. 사람되기 전에 가나안만 들어간다고 좋은 게 아닙니다. 돈 생긴다고 되는 것이 아니요 번영 있다고 되는 게 아니거든요. 자유만이 능사가 아니더라고요. 하나님께서 하나님의 사람 만들고자 하십니다. 하나님의 사람, 그 작품을 만들고자 지금은 모세에게 율법을 가르치시고, 모세로 하여금 백성에게 율법을 가르치게 하십니다. 그 율법 안에서 훈련을 받고나서 가나안에 들어가도록 하시기 위하여 이렇게 모세를 시내 산으로 부르셨던 것입니다. 그런데 그동안을 기다리지 못해서 저들은 우상을 만들었습니다.

하나님께서는 하나님만 믿는 사람을 원하셨습니다. 전쟁이 있어도 두려워할 것 없습니다. 하나님 믿으니까요. 내가 너희와 함께한다, 하셨습니다. 그래서 홍해가 가로놓일 때도 건너게 하시고, 물이 없으면 반석에서 물을 내시고, 양식이 없으면 하늘에서 만나를 내리시고, 뜨겁고 더운 곳이기 때문에 구름으로 덮어주시고, 구름기둥 불기둥으로 인도하시면서 그 모든 사건, 그 모든 이적을 통해서 무엇을 보여주시는 것입니까. 내가 너와 함께한다, 역사의 주인은 나다, 나를 믿으라, 나를 믿으라, 나를 믿으라―줄기차게 가르쳐주시는 것입니다. 하나님만 믿는 사람이 되기를 원하십니다. 그리고, 애굽의 일들은 버려라, 하십니다. 우상 섬기던 것, 노예생활, 특별히 노예근성(이 노예근성이라는 것이 무서운 것이거든요)―이런 것 다

버리고, 씻고, 그리고 가나안땅에 들어가기를 원하십니다. 또하나, 가나안은 하나님께서 약속하신 바입니다. 내가 약속했다, 가나안땅, 저 일곱족속이 사는 땅을 내가 너희에게 준다, 아브라함과 이삭과 야곱에게 약속한 바이다, 너와 네 후손에게 준다고. 그러면 이제는 이 약속을 믿기를 원하십니다. 이런 일이 있든 저런 일이 있든 상관 없습니다. 거기에는 가게 되어 있는 것입니다. 저 가나안땅에는 가도록 되어 있는 것입니다. 이것만 믿고 안심하고 하나님의 말씀 듣기를 원하셨던 것입니다. 하나님께서 그렇게 원하셨습니다. 그리고 순종하기를 원하십니다. 온전히 순종하고 안심하기를 원하십니다. 적이 쳐들어와도 안심하고, 물이 떨어져도 안심하고, 불뱀이 나와도 안심하고, 그저 하나님의 말씀을 듣고, 믿고, 의지하는 그런 평안의 사람들이 되기를 하나님께서는 원하셨던 것같습니다.

　　재미있는 이야기가 있습니다. 아프리카에 가서 선교하는 선교사가 그 나라의 말로 성경을 번역해서 가르쳐야 되겠기에 말을 옮기게 되는데 번역할 때 비슷한 단어나 같은 단어가 있어야 옮기지 않습니까? 그런데 중요한 말 가운데 '순종'이라는 말이 있는데, 그 사람들이 쓰는 순종이라는 말이 성경이 말씀하는 순종과 좀 다릅니다. 그래서 순종의 뜻을 가진 단어를 찾으려고 애를 쓰고 있는데, 어느날 시장에서 사람들이 많이 모이는 데 갔습니다. 개를 데리고 나갔습니다. 개는 바쁘게 여기저기 돌아다닙니다. 주인이 개를 찾느라고 휘파람을 '휙' 하고 불었더니 개가 멀리 있다가 쏜살같이 달려옵니다. 이 모습을 보면서 그곳 추장이 말합니다. "무이 아램 텔레까우게." 뭐냐하면 "저 당신의 개는 귀만 있습니다"라는 말이었습니다. 귀만 있습니다―아, 그거다! 선교사는 쾌재를 불렀습니다. 그래서 순종이라는 말을 '귀만 있다' 라고 번역했다고 합니다. 주인이 휘파람을 불 때 개는 귀를 앞으로 쫑긋 세운 채 아무 데도 보지 않고 그 주인에게로 달려갑니다. 귀만 있는 것입니다. 그 시간에는 다른 생각을 안합니다. 이것이 순종이라는 것입니다. 우리말에도 가만히 보면 '듣는다' 라는 말에서 이 히브리적 개념하고 통하는 데가 많습니다. 보십시오. '말을 잘듣는다' 하지 않습니까. 귀로 듣기도 하지만 요컨대 마음으로 듣고 순종하는 것입니다. 말을 잘듣는다 ― 이것이 바로 예배더란 말씀입니다. 이것이 순종입니다. 하나님께서는 하나님의 말씀 잘듣는 사람을 원하십니다. 하나님의 말씀 듣고 다른 걱정을 하지 않습니다. 어떤 위험한 일이 있어도 주저하지도 않고 불안해하지도 않습니다. 듣고 기다리는 것입니다. 그런 하나님의 백성이 되기를 하나님께서는 원하시는 것입니다. 그런데 저들은 이 기대에 어긋났습니다.

하나님께서 말씀하십니다. "목이 곧은 백성이로다(9절)." 굽힐 줄을 모릅니다. 목이 뻣뻣합니다. 회개가 없다는 말씀이 아닙니다. 완악하고 교만해서 회개하지 않는다고 하는 일반적인 의미가 아닙니다. 오늘 여기에 주신 "목이 곧은 백성이로다"하시는 말씀은 은혜 앞에 녹아지지 않는다, 하시는 말씀입니다. 많은 이적 속에서도 변화가 생기지 않는다는 것입니다. 구체적으로 말하면 인내력이 없습니다. 그 많은 은혜 가운데 살다가 요 며칠 모세가 안보인다고해서 우상을 만들어야 되겠습니까. 8절에 보니 하나님께서 "내가 그들에게 명한 길을 속히 떠나"라고 말씀하십니다. 이스라엘백성 변덕 많이 부렸습니다. 홍해를 건너올 때 얼마나 감사했겠습니까. 홍해가 가로막혔다가 열리고 이스라엘백성이 건너온 다음에 합치면서 애굽군대가 다 물 속에 장사될 때 홍해 가에서 하도 좋은 나머지 그들은 미리 암을 앞세우고 찬송을 부르지 않습니까. 춤을 추고 목청껏 찬송을 불렀지요. 그랬는데 조금 지나서 물이 없어지자 그들은 표변하여 원망을 합니다. 며칠만인고하니 홍해 건넌 지 겨우 열나흘만입니다. 그 엄청난 기적을 체험했는데 그 은혜에 대한 감격이 고작 열나흘밖에 못가요? 물 좀 없다고 그 당장 원망이라니, 너무한 것입니다. 금세 원망했다가 금세 감사했다가…변덕이 죽끓듯 하거든요. 잠시 모세가 안보인다고해서 또 우상을 만들어 섬기고…이럴 수가 있는 것입니까. 하나님 편에서 생각할 때는 기가막힌 것입니다. 너무 변덕이 심합니다. 너무 과민합니다. 오늘 우리도 종종 그런 면을 봅니다. 성급합니다. 경망스럽습니다. 좀 잘된다 싶으면 기고만장이고, 좀 안된다 싶으면 죽는다고 팔짝팔짝 뛰는 것을 볼 수 있습니다. 왜 이래야 하는 것입니까. 모름지기 우리는 은혜 가운데서 은혜의 사람이 되어야 합니다. 사건 하나에 이런 식으로 목을 매어서야 되겠습니까. 목이 곧다는 것은 또한 깨달음이 없다는 뜻입니다. 그 많은 은혜 가운데서도 깨달음이 없습니다. 보십시오. 가령 우리가 피아노소리를 들을 때는 피아노소리 그 자체만 들어서는 안되지요. 피아노를 치는 사람, 그 곡을 작곡한 사람을 생각해야 하는 것입니다. 그런데 저들은 그 많은 이적을 보면서 깨달음이 없습니다. 이것이 하나님의 역사라는 것, 하나님께서 베푸신 은혜라고 하는 것을 깨닫지 못합니다. 하나님 자신을 보는 시각이 없습니다. 현실 속에서도 하나님의 은총을 깨달아야 합니다. 그 참 이상하게도 사람들이 너무 야박합니다.

며칠전에 들은 얘기입니다. 어떤 장로님의 아들이 결혼을 하고 지난번에 사고를 당한 그 비행기 편으로 괌을 향해 신혼여행을 가기로 했었는데 그 아버지가 신혼부부를 앞에하고 "얘들아, 지금은 경제도 어렵고 북한사람들 굶어죽는다고 하는 소식이 날마다 들려오는 형편이 아니냐. 그런 것을 생각해서라도 그냥 가까운 제주도에나 갔다오는 게 좋을 듯하다." 제주도 가는 비행기표를 못구하겠다고 하는 아들에게 그는 친구에게 부탁해서 제주행 비행기표를 구해주었고, 신혼부부는 그래서 신혼여행을 제주도로 갔다왔다고 합니다. 그랬더니 사방에서 전화가 오더라고 합니다. 신혼여행 괌으로 간 줄 알고 신혼부부 죽지 않았느냐고 묻는 전화가요. 장로님은 졸지에 아들·며느리 잃어버릴 뻔했구나 싶어 가슴을 쓸어내리는 한편 그 안타까운 사고에 대하여 몹시도 가슴이 아팠다고 합니다. 여러분, 사고란 그 당한 사람들에게만 있는 것이 아니라는 것을 우리는 지각하고 살아야 합니다. 사고란 어느 때에고, 누구에게고 있을 수 있는 것입니다. 저도 비행기를 비교적 많이 타는 사람입니다. 생각해보십시오. 내가 탄 비행기라고 꼭 무사하라는 법이 있나요. 우리는 많은 은혜 가운데 살면서도 왜 이렇게 생각이 없는지 모르겠습니다. 깨달음이 없습니다. 깨달음이 없는 자는 멸망할 짐승 같다고 시편은 말씀합니다. 짐승이 따로 없습니다. 깨달음이 없는 것, 그게 바로 짐승같은 것입니다. 우리는 이 많은 사건들 속에서 시간시간 주님의 음성을 듣고, 주님의 손길을 보며, 하나님의 깊은 은혜를 깨달아야 합니다. 동시에 이 은혜 가운데서 과거로부터 벗어나야 됩니다. 과거의 노예적 성격, 과거에서 온 타락성, 게으름과 반항기, 그 노예적 타성…이로부터 자유해야 합니다. 다시말하면 사람이 달라져야 됩니다. 세계관이 바뀌어야 됩니다.

유명한 문화인류학자 루스 베네딕트가 '수치문화'라고 하는 것
을 주제로해서 일본사람들에 대하여 연구를 하고「국화와 검」이라고
하는 이름의 책을 썼습니다. 일본사람과 서양사람을 비교해서 이야
기한 것인데, 일본이나 한국이나 비슷해서 동양문화와 서양문화를
비교한 것이라 볼 수 있습니다. 거기에 우리가 귀기울일 대목이 있
습니다. 그게 뭐냐하면, 우리 동양문화라는 것은 수치문화라고 하는
것입니다. 부끄러움의 문화라는 것입니다. 흔히 말하지 않습니까.
남부끄럽다, 라든가 남부끄러운 짓 하지 마라, 라고요. 남부끄러운
것, 거기다 신경을 쓰는 것입니다. 자녀가 공부를 잘하느냐 못하느
냐에 신경쓰는 것은 그 아이가 장래에 어떻게 되느냐, 하는 생각에
서라기보다 남부끄럽다, 가문 망신이다, 하는 관념이 바탕에 깔려
있기가 일쑤입니다. 결혼하는 데도 당자의 행복, 당자의 처지는 생
각하지 않고 가문이니 체면이니 하는 것에 우선을 두고 있습니다.
그러는 동안에 고집이 생깁니다. 아무 말도 듣지 않습니다. 이제쯤
은 바뀔 때도 됐는데 말입니다. 옛날에는 양반이니 상것이니 했지마
는 양반 물간 지가 언제입니까. 지금도 앉아가지고 체면 따지고 있
는 것입니다. 참 이것은 크나큰 문제입니다. 그래서는 결혼하는 것
보면 굉장히 돈을 많이 씁니다. 그래서 내가 "그렇게까지 할 필요 있
습니까? 뭐 간단하게 하면 좋겠는데…"했더니 "그래도 우리 체면이
있지요" 합니다. 그게 무슨 노릇입니까. 제가 하나 사실대로 얘기할
까요? 어떤 사람이 자녀 결혼을 시키는데 이 사람 장관을 지낸 사람
입니다. 우리 선교관에서 결혼식을 치러야 하겠는데, 1000명이 들어
가는 곳입니다. 거기가 작다고 본당에서 하게 해달라는 것입니다.
손님이 많이 올 거라면서요. 내가 안된다고 했습니다. 못들어오는

사람은 밖에 있다가 가더라도 천 명 들어올 수 있으면 충분할 것이라고, 걱정하지 말라고 했습니다. 그래도 아주 섭섭해하면서 "본당에서 해야겠는데…" 합니다. 나는 "본당에서는 규칙상 안됩니다." 이러고 말았습니다. 결혼식날이 됐습니다. 제가 올라가봤더니 하객이 300명도 안왔습니다. 그 아버지가 나하고 나눈 말이 있는 터라 얼굴이 새까맣게 죽었습니다. 마지막까지 나에게 악수도 안하고 가버렸습니다. 왜요? 체면 구겼으니까요. 장관 한 것이 무에 그리 대단한 것이라고 그런 건방진 생각입니까. 천 명 손님보다 더 올 거라며 본당에서 해야 된다고 나와 말다툼을 할 정도입니까. 그런 양반 편안하게 살려면 한참 거듭나야 됩니다. 몇번 둔갑해야 되겠더라고요. 참 힘들게 살드만요. 이같은 체면문화, 언제까지 갈 것입니까. 확 벗어버립시다. 벗어버리면 얼마나 자유한데요. 이게 고쳐지지 않는 것입니다. 이렇게 우리는 수치문화 속에 사는 반면 서양사람들은 소위 '죄의 문화'라고해서 하나님 앞에서의 정직함이 중요합니다. 남이 보든 안보든 '내가 정직한가, 하나님 앞에서 정직한가, 옳은가, 죄가 안되는가' ─ 이것을 생각합니다. 남의 눈을 별로 의식하지 않는다는 것입니다. 그런데 우리 동양사람들은 겉치레에 대해서, 체면에 대해서, 수치에 대해서 너무 신경을 많이 쓰더라 ─ 그렇게 비교하고 있습니다. 하긴 서양사람도 따지고보면 마찬가지입니다. 나폴레옹이 전쟁에서 패한 것은 체면과 고집 때문이라고 어떤 역사가는 기록하고 있습니다. 그가 러시아를 쳐들어가려고 할 때 전문가들이 "금년엔 유난히 춥습니다. 철새들이 일찍 떠나는 것 보니 안되겠습니다. 연기하십시다. 러시아침공을 연기하십시다"하고 충고했습니다. 이때 나폴레옹은 "이제와서 힘없고 무능한 인간들의 충고를 내가 받아들여야 하느냐?" 큰소리치고 쳐들어갔다가 망한 것입니다. 여러분, 체면, 고집, 이런 것 언제까지 남아야 합니까. 생각을 바꿔야 됩니다.

　인간의 생각에서 하나님의 세계로…역사의식을, 역사관을, 세계관을 완전히 바꾸지 못하면 저러한 진노를 사게 되는 것입니다. 깊이 생각해야 되겠습니다. 하나님께서 그렇게 진노하실 때 모세는 답답했습니다. 이 목이 곧은 백성을 진멸하시겠다고 하나님께서 말씀하십니다. 놀란 모세는 하나님 앞에 중보의 기도를 드립니다. "여호와여 어찌하여 그 큰 권능과 강한 손으로 애굽땅에서 인도하여내신 주의 백성에게 진노하시나이까"—어찌하여 저 애굽사람으로 하여금 하나님께서 화를 내려 그 백성을 산에서 죽이고 지면에서 진멸하려고 인도해냈다 하게 하시려나이까(12절), 그들의 죄를 사하시옵소서 그렇지 않사오면 원컨대 주의 생명책에서 내 이름을 지워버리소서(32절), 하고 하나님 앞에 간절한 중보의 기도를 드려서 진노를 거두시게 하는 것을 볼 수 있습니다. 여러분, 우리는 많은 이적 가운데 살아왔습니다. 사는 것 전부가 이적이요 기적입니다. 은혜요 은총입니다. 우리의 하는 짓을 보아서는 복받을만하지 못합니다. 그럼에도 불구하고 하나님께서는 오늘도 참으시고, 많은 은혜로 베푸시고 계십니다. 이제 깨달음이 있어야 되겠습니다. 목이 곧은 백성으로 나타나면 끝납니다. 이제 목을 굽히고, 겸손하고, 순종하고, 그리고 깨닫고, 주의 은혜 앞에 바로서야 되겠습니다. 우리가 일본사람들 손에서 정치적으로 벗어났다 하여 자유인이 되는 것이 아닙니다. 모름지기 자유인된 의식을 가져야 합니다. 구원받았습니까? 구원받은 자의 의식이 있어야 됩니다. 여러분, 사람이 먼저 사람되지 못하면 돈

도, 번영도, 권력도, 아무 소용 없습니다. 참자유인이 되고 또 그러한 민족이 되어지기를 바랍니다. △

이제는 안심하라

우리가 풍랑으로 심히 애쓰다가 이튿날 사공들이 짐을 바다에 풀어버리고 사흘째 되는 날에 배의 기구를 저희 손으로 내어버리니라 여러 날 동안 해와 별이 보이지 아니하고 큰 풍랑이 그대로 있으매 구원의 여망이 다 없어졌더라 여러 사람이 오래 먹지 못하였으매 바울이 가운데 서서 말하되 여러분이여 내 말을 듣고 그레데에서 떠나지 아니하여 이 타격과 손상을 면하였더면 좋을 뻔하였느니라 내가 너희를 권하노니 이제는 안심하라 너희 중 생명에는 아무 손상이 없겠고 오직 배 뿐이리라 나의 속한 바 곧 나의 섬기는 하나님의 사자가 어제밤에 내 곁에 서서 말하되 바울아 두려워 말라 네가 가이사 앞에 서야 하겠고 또 하나님께서 너와 함께 행선하는 자를 다 네게 주셨다 하였으니 그러므로 여러분이여 안심하라 나는 내게 말씀하신 그대로 되리라고 하나님을 믿노라 그러나 우리가 한 섬에 걸리리라 하더라

(사도행전 27 : 18 -26)

이제는 안심하라

　알랄 칼시스라고 하는 헬라의 철학자는 배를 타게 될 때마다 배에 올라타서는 바로 그 선체를 이루고 있는 나무판자의 두께를 손가락으로 재어보았다고 합니다. 그리고는 늘 '아, 손가락 세 개의 두께 —이것이 나와 죽음 사이의 거리로다' 하고 시를 읊었다고 합니다. 이것이 무슨 말입니까. 우리가 배를 타는 것은 곧 나무로 만든 통 속에 내 몸을 싣는 것인데 그 배를 형성하고 있는 나무의 두께가 두꺼워봤댔자 불과 손가락 세 개 정도의 두께밖에 안되는 것입니다. 손가락 세 개 정도 두께의 이 나무판자 위에 생명이 있는 셈이고 이것이 뚫리면 죽음입니다. 그것이 배를 타고 항해하는 사람의 현실입니다. 그래서 하는 말입니다. '이것이 인생이다' 하고. 손가락 세 개 두께의 판자에다 내 생명을 위탁하듯이, 인간들은 하잘것없는 물질. 자기지식, 그리고 시원치 않은 건강 등 손가락 세 개만한 부피밖에 안되는 것을 의지하고 이 거친 바다를 항해하고 있는 것입니다. 세상을 바다로 보고 우리의 인생을 그 바다 위의 일엽편주(一葉片舟)라고 비유하는 사람들이 있습니다. 그런데 거친 바다를 항해할 때에 아주 큰 풍랑이 몰아치면 속수무책이 됩니다. 이런 때이면 노련한 선원은 오히려 그 소중한 닻을 칼로 찢어버립니다. 배가 크게 흔들릴 때는 돛대 뿌리 쪽에 구멍이 나서 물이 들어오게 되기 때문입니다. 그런고로 때로는 키를 버리고, 돛대도 찍어버리고, 돛도 찢어버리고, 모든 운명을 하나님께 맡기고, 그리고 그대로 하나님 인도하시는대로 끌려갈 수밖에 없는 것이 바다를 항해하는 사람의 모습입니다.

오늘본문에 보면 이천 년 전 그 옛날에 276명이 탄 배 한 척이 로마로 향해 가고 있습니다. 지중해를 거슬러 로마로 가는 그 항해 중에 있었던 일이 오늘의 본문내용입니다. 항해 중에 그레데라고 하는 섬 한가운데에 있는 미항이라고 하는 작은 항구에 도착하게 됩니다. 추운 겨울 동안은 바람이 거세어서 여행을 할 수 없기 때문에 여기서 한겨울을 나고 해동할 때, 봄에 다시 로마로 가는 항해를 시작하기로 작정했습니다. 그랬으면 좋았을 것입니다. 그런데 많은 사람들이 이상하게도 이 미항이라고 하는 항구에서 겨울나는 것을 싫어했습니다. 조금 더, 며칠 더 가서 저 앞에 있는 뵈닉스라고 하는 항구에 가서 겨울을 나자고들 합니다. 어차피 로마에는 봄에라야 갈 수 있으니 이 지루한 겨울을 미항에서 나느냐 뵈닉스에서 나느냐 하는 문제가 있었던 것입니다. 그런데 미항은 조그마한 항구이지마는 안전한 곳입니다. 자연여건이 좋아서 겨울나기에 아주 좋은 곳입니다. 그러나 작은 항구라서 좀 불편합니다. 위락시설도 없고 술집도 없어서 아주 지루하게 지낼 수밖에 없는 것입니다. 그러나 뵈닉스라고 하는 곳은 큰 항구이며 향락의 도시입니다. 사람들이 그것을 생각하며 뵈닉스로 가고 싶어합니다. 그러나 이제 미항에서 떠나 뵈닉스까지 가려면 며칠 걸려야 하고 그것은 모험인 것입니다.

　더욱이 이 때, 이 계절은 어려운 때입니다. 오늘의 성경은 이 때를 가리켜 "금식하는 절기가 이미 지났으므로(9절)"라고 절기를 말씀합니다. 이 때는 강풍이 일어나기 쉬운 때입니다. 그래서 "행선하기가 위태한지라"하고 말씀합니다. 그런데 사람들의 선택을 보십시오. 안전하지만 불편한 곳, 불편하지만 안전한 곳ㅡ그것이 좋은데, 소득이 좀 적어도 안전한 것이 좋은데, 생명의 안전이 우선인데, 그런데 이 미항을 떠나는 모험을 무릅쓰고 향락을 찾습니다. 마치 도박에다 운명을 거는 것처럼 '그저 무사하게 어떻게든, 아무쪼록 뵈닉스까지만 가면 향락하면서 이 겨울을 지낼 수 있을 것이다.' "좀 위험하기는 하지만 모험을 해서라도 뵈닉스까지 가자"하는 사람이 많았다는 것입니다. 이같이 의견대립이 있었는데, 사도 바울은 상식과 자연과학적 지식에 근거해서 미항에서 겨울나는 것이 좋겠다고 말씀합니다. 그러나 많은 사람들이 뵈닉스로 가자고 합니다. 이 시간으로 볼 때는 바울은 마치 믿음이 없는 것같습니다. 용기도 없는 것같습니다. 비겁한 것처럼 보입니다. 그러나 바울의 말씀은 옳았습니다. 그러나 많은 사람들이 '가자' 하니까 수적으로 말하면 수세에 몰린 것입니다. 민주주의, 이거 문제 있습니다. 많은 사람의 지지를 받았다고해서 그게 꼭 옳은 것은 아니거든요. 많은 사람들이 '가자' 하는 편으로 기울 때 바울은 이것을 막을 길이 없었습니다. 그래서 이들의 운명을 실은 배는 그 안전한 항구 미항을 떠납니다. 모험을 해서 뵈닉스로 향한 것입니다.

또 한 가지 중요한 것은 총책임자 격인 백부장이 선장과 선주의 생각을 바울의 생각보다 더 믿었다는 것입니다. 믿고 싶었던 것입니다. 왜 그렇게 믿고 싶었겠습니까. 자기도 뵈닉스같은 데 가서 즐기고 싶으니까요. 향락에 끌리는 마음이 있었거든요. 그래서 이같은 실수가 옵니다. 선장이라고 하면 기술과 경험의 대명사입니다. 지중해를 항해하는 데 많은 경험이 있습니다. 지식이 있습니다. 그런 사람이니 그가 괜찮을 것같다, 나를 믿으라, 하면 승객들이 따르게 되는 것입니다. 배에 실은 많은 짐이 선주의 손에 있습니다. 선주는 이 배의 주인입니다. 파손되면 그 주인의 배가 파손되는 것입니다. 그런 선주가 '가자' 하니 도리가 없습니다. 이래서 배는 떠나고 뵈닉스로 갑니다. 가다가 예상했던대로 엄청난 폭풍우를 만납니다. 그 풍랑 속에서 저들은 많은 노력을 해보았지마는 속수무책입니다. 그래 오늘본문 15절에서 자세히 말씀합니다. "가는대로 두고 쫓겨가다가 (15절)" 합니다. 바람부는대로 물결치는대로입니다. 인간의 노력이 아무 소용 없었습니다. 또 18절에 보면 "짐을 바다에 풀어버리고"라 합니다. 사람이 살아야겠으니까 배를 가볍게 하기 위해서 그 소중한 짐들을 다 바다에 던져버렸다는 것입니다. 뿐만아니라 20절에 보면 "구원의 여망이 다 없어졌더라" 합니다. 이제는 끝났습니다. 살 수가 없게 됐습니다. 한번 잘못된 선택으로 해서, 잘못된 출발로 인해서 그들의 운명은 이렇게 경각에 이르렀습니다. 이대로 죽음을 기다릴 수밖에 없는, 파선을 기다릴 수밖에 없는 처지에 왔습니다. 그 때 사도 바울이 말씀합니다(21절). "여러분이여 내 말을 듣고 그레데에서 떠나지 아니하여 이 타격과 손상을 면하였더면 좋을 뻔하였느니라." 떠나지 않았다면 좋았을 걸 굳이 떠나서 이렇게 어려운 일을 당했다고 말씀합니다. 어느 누구도 이에 대해서 이의가 없습니다. 모두가 그렇게 인정할 수밖에 없었습니다. 이제 바울의 말씀을 듣지 않을 수가 없습니다. 이제는 누구의 말도 듣지 못합니다. 오직 바울의 말씀만 듣게 되었습니다. 마침내 복음이 전해집니다. "이제는 안심하라(22절)." 믿을 수 있을까요? 믿어도 될까요? 인간의 모든 노력이 끝난 바로 이 시간에 바울은 그 풍랑 속에서 속수무책으로 있는 선원들과 276명의 승객을 앞에 놓고 안심하라, 합니다. '이제' 라는 것이 무엇입니까. 이제 교만을 다 버렸습니다. 잘났다는 사람 하나도 없습니다. 이렇게 하면 된다, 저렇게 하면 된다, 하고 자신있게 말할 사람 아무도 없습니다. 인간의 지혜, 인간의 경험, 그 의지하던 것 다 끝났습니다. 여기에 많은 군인들이 있습니다마는 군인인들 무슨 수가 있습니까. 인간의 용기, 다 거품같은 것이었습니다. 다 포기할 수밖에 없었습니다. 이때 메시지가 주어지는 것입니다. "이제는 안심하라."

팔레스타인에는 사해라고 하는 바다가 있습니다. 사해바다는 농도짙은 소금물이어서 부력이 강합니다. 사람이 가서 서기만 하면 떠오르는데 거기서 수영을 하던 사람 하나가 힘이 빠져서 살려달라고 소리를 지릅니다. 그러나 아무도 그를 도와주지 않습니다. 다만 "손을 벌리십시오. 손을 펴고 가만히 계세요"하고 소리지를 뿐입니다. 왜요? 가만히 있으면 저절로 뜨니까요. 버둥거리면 빠져죽는 것입니다. 제가 몇년 전에 여기 가보았습니다. 아무래도 사해바다에 가서 목욕을 해보아야 되겠다 해서 그 뜨거운 여름에 거기 들어갔습니다. 저는 수영을 좀 합니다마는 어쨌든 들어가서 그대로 손을 딱 펴보니까 그대로 둥둥 뜹니다. 누워서 책을 볼 수 있을 정도입니다. 이렇게 뜨는데, 같이 갔던 친구는 수영을 잘 못하면서 들어가서는 자꾸 빠져들어갑니다. 제발 마음놓고 손을 펴보라고 해도 그걸 못하는 것입니다. 이렇듯 사해에 가서 한번 못떠보는 사람들이 있습니다. 모름지기 손을 펴야 됩니다. 버둥거리지 마십시오. 허우적거리지도 말고, 불안해하지도 말고, 마음을 가라앉히고 가만히 손을 펴면 둥실 뜨게 되어 있는 것입니다.

그동안에 생각도 많고 복잡했습니다. 의견도 많았습니다. 잘났다는 사람도 많았습니다. 자신있다는 사람도 있었습니다. 그러나 이 시간에는 다 끝났습니다. 심지어는 그렇게도 소중히 여기던 짐들을 다 바다에 버렸습니다. 다 풀어버렸습니다. 바로 이런 순간에 말씀이 전해집니다. 또한 하나님의 사람의 말씀에 저들이 귀를 기울이게 됩니다. 하나님의 사람의 말씀을 듣게 됩니다. 또 믿게 됩니다. 아니, 믿을 수밖에 없게 됩니다. 이것은 하나님께서 만드시는 작품입니다. 이 시간을 중요하게 여겨야 됩니다. 가만히 보면 하나님말씀 못듣는 사람 많습니다. 유감스럽게도 교회를 수십 년 동안 다녀도 못듣는 사람 있습니다. 그러니까 그 마음에, 그 인격에 변화가 오지 않습니다. 하나님의 말씀이 들리지 않습니다. 그러다가 결정적인 시간에 오면 그때가서 자기생각, 고집을 다 버리게 되고, 그제야 조용히 주님의 음성을 듣게 되는 것을 볼 수 있습니다. 유명한 말이 있습니다. '보려고 하지 않으면 보이지 않는다. 들으려고 하지 않으면 들리지 않는다.' 본다고 보이는 것이 아닙니다. 보겠다는 마음이 있어야 보입니다. 들으려고 하는 간절한 마음이 있어야 들리는 것이지 소리가 났다고 들리는 것이 아닙니다. 잠자는 사람에게 무엇이 들립니까. 고집으로 꽉 차 있는데 무슨 말씀이 들립니까. 자기욕심으로 꽉 찼는데 들릴 여지가 있습니까. 이제 모든 사람의 마음이 다 비워졌습니다. 겸손해졌습니다. 바로 이 시간에 사도 바울이 말씀합니다. "이제는 안심하라." 귀한 말씀입니다. 바울의 메시지는 여기에 있습니다.

폴란드에 붉은 머리를 가진 한 소년이 있었습니다. 시골소년인데 피아노를 좋아해서 피아니스트가 되겠다는 꿈을 가졌습니다. 피아노공부를 나름대로 열심히 하고 유명한 교수들을 찾아다니며 청합니다. "피아노를 공부하고 싶으니 좀 가르쳐주십시오." 하지만 교수들은 한번 쳐보라 하고는 "자네는 손가락이 굵고 짧아서, 손가락이 짧고 굵어서 피아노치기에는 적합하지 않다"라고만 말할 뿐입니다. 그래서 음악은 좋아하니까 나팔을 불어볼까 다른 악기를 해볼까 해보지만 그것들은 마음에 안듭니다. 역시 피아노가 좋습니다. 그러나 아무리 애를 써도 좋은 스승을 만나지 못합니다. 어느날이었습니다. 어디에서 큰 만찬모임이 있었는데 만찬 무드뮤직으로 이 소년이 발탁되어 피아노를 연주하게 됩니다. 연주가 끝나자 점잖은 신사 한 사람이 다가오더니 "너는 피아노에 소질이 많다. 열심히 공부해라" 하고 한마디 해주는 것이었습니다. 그 신사는 바로 러시아의 유명한 피아니스트이자 작곡가인 안톤 루빈스타인이었습니다. 그런 사람이 딱 한마디 해주는 칭찬의 말을 들었을 때, 소년은 훗날의 간증대로 지옥에서 천국으로 가는 것같았습니다. 하늘이 환하게 열리는 기쁨을 얻었다는 것입니다. 이후 소년은 하루에 일곱 시간씩 열심히 피아노를 쳤고, 마침내는 저 유명한 얀 파데레프스키(I. Jan Paderewsky)가 된 것입니다. 폴란드가 낳은 세계적 피아니스트이자 작곡가요 정치가로 수상까지 지낸 사람입니다. 여러분, 다른 사람이 무슨 말 하면 어떻습니까. 된다고 한들 안된다고 한들, 소망이 있다고 한들 없다고 한들, 그거 별로 들을 가치가 없습니다. 루빈스타인 같은 세계적인 음악가가 딱 한마디 "너는 소질 있다"하면 소질 있는 것입니다. 안그렇습니까?

    세상이 어떻게 돌아가든 주님의 음성이 들려옵니다. 바울이 말씀을 전합니다. "이제는 안심하라." 그러면 안심할 것이지요. 이제 다른 무슨 소리를 기다립니까. 어떤 소식을 다시 들어야 합니까. 다 필요없습니다. 어쩌면 우리는 지금 많은 의견 속에 파묻혀 있습니다. 교육학적으로, 정치적으로, 사회적으로, 그리고 노사문제, 경제

문제…요새 또 논리라는 말이 유행을 해가지고 정치논리, 경제논리 합니다마는 소망 없습니다. 들어볼 것 없습니다. 들을 가치도 없습니다. 이제 들어야 할 말씀은 이것입니다. "이제는 안심하라." 왜요? 이젠 다 끝났으니까. 인간의 노력, 인간의 생각, 다 안됩니다. '이렇게 하면 된다' 라고 하는 사람 아무도 지금 없습니다. 도대체 그 많은 교수, 그 많은 박사, 그 많은 유명한 사람들, 다 어디 갔습니까? 보이지를 않습니다. 아무도 대안을 내놓지 못합니다. 속수무책입니다. 사도 바울이 "이제는 안심하라"라고 말씀하는 근거는 세상적인 것에 있지 않습니다. 하나님의 말씀이 들려왔기 때문입니다. 하나님의 천사가 와서 이제는 안심하라, 했기 때문입니다. 하나님의 말씀이 들린다는 것이 중요합니다. 여러분, 말씀이 들려옵니까? 가까이 들려옵니까? 거기에 소망이 있습니다. 어느 순간에라도 말씀이 안들립니까? 말씀이 믿어지지 않습니까? 캄캄하게 어두워질 것입니다. 내 마음에, 내 마음의 귀에 하나님의 음성이 가까이, 더 확실하게, 더 크게 들려와야 되는 것입니다. 빛은 여기에 있습니다. 이것이 중요합니다. 하나님의 말씀이 들려왔다 — 내 귀에 들려왔습니다. 그런고로 사도 바울은 "나는 내게 말씀하신 그대로 되리라고 하나님을 믿노라(25절)"하고 말씀하는 것입니다. 그런고로 너희도 안심하라, 하고 말씀하는 것입니다.

또한 여기에 약속이 있습니다. 이제는 안심하라 — 그 말씀 자체가 약속입니다. 하나님께서 책임지신다는 것입니다. 역사를 책임지시는 분은 최종적으로 하나님이십니다. 사람들이 선택을 잘못했습니다. 그러나 하나님께서는 그 모든것을 책임지십니다. 그런고로 안심하라 — 여기에는 약속이 있습니다. 더욱 심오한 말씀이 여기에 있습니다. "네가 가이사 앞에 서야 하겠고(24절)" — 가이사는 로마황제입니다. 사도 바울은 복음을 세계화하기 위해서 귀중한 복음을 가지고 로마로 갑니다. 바울이 무사히 로마 가이사 앞에 서야 합니다. 이 경륜은 분명합니다. 바울을 로마에 보내기 위해서 이 배는 무사할 수밖에 없습니다. 이 항로는 무사할 수밖에 없습니다. 그 엄청난 경륜이 거기 있기 때문입니다. 이것을 잊지 말아야 합니다. 하나님의 일은 무너질 수 없습니다. 하나님의 사업이 좌절될 수 없습니다. 하나님의 역사가 중단되지 않습니다. 오히려 이 모든 잡다한 사건들을 통해서 더 확실하게 소원의 항구로 직행하게 만듭니다. 이게 하나님의 프로젝트요, 하나님의 드라마입니다. 반드시 이루어질 것입니다. 하나님께서는 당신의 뜻을 이루어가시고 계십니다. 가이사 앞에 서야 하겠다, 네가 가이사 앞에 가서 복음을 전해야 하기 때문에 이 배는 무사할 것이다, 하십니다.

더욱 귀중한 말씀이 또 있습니다. "또 하나님께서 너와 함께 행선하는 자를 다 네게 주셨다 하였으니(24절)" — 바울 하나 살리기 위해서 다른 사람도 다 살아야 합니다. 그뿐만이 아닙니다. 그 손에 붙이셨습니다. 그런고로 바울에게 달렸습니다. 바울을 통한 구원의 사역을 이루기 위해서 이들은 무사합니다. 상상을 해보십시오. 저들은 바울과 한겨울을 나면서 배가 파손되고 많은 고생을 했습니다. 이런 가운데서 저들은 바울의 '하나님사람 됨'을 보게 됩니다. 하나님의 말씀의 위력을 보게 됩니다. 말씀의 능력을 몸으로 체험하게 됩니다. 이 사람들이 다 예수를 믿게 되었고, 그리고 모두가 로마에서는 바울과 예수를 증거하는 증인이 됩니다. 전체가 증인이 되어버립니다. 이 엄청난 일을 위해서 그 일은 있어야 했던 것입니다. 평탄한 가운데 이루어진 것이 아닙니다. 평탄할 때는 사람들이 저 잘났습니다. 그러나 어려울 때에는 하나님의 손에 의지합니다, 꼼짝못하고. 이걸 깊이 생각해야 됩니다. 사도 바울도 그 많은 고생을 하면서 왜 그런 고생이 뒤따라야 하는지 잘 몰랐던 것같습니다. 믿고 따라갈 뿐이었습니다마는 로마감옥에서 그는 이렇게 편지를 씁니다. 빌립보서 1장 12절에 보면 "나의 당한 일이 도리어 복음의 진보가 된 줄을 너희가 알기를 원하노라" 합니다. 절대로 실패되지 않았습니다. 그 많은 사건으로 인해서 하나님의 역사가 더 확실하게 이루어졌습니다. 성공적으로 이루어졌습니다. 당한 일. 그 모든 일들이 다 합동하여 복음의 진보를 이루었다는 말씀입니다.

여러분, 요새 우리의 마음이 착잡합니다. 가끔 저보고 물어봅니다. "다음대통령으로 누굴 찍을까요?" "그야 당신 마음이지." 안그래요? 다같이 시원치 않아서 하는 말입니다. 도대체 그 잘났다는 사람들 다 어디 갔어요, 지금? 보이지가 않아요, 도대체. 그러나 걱정하지 마십시오. 역사는 잘난 사람에 의해서 이루어지는 것이 아닙니다. 본래가 그러했던 것입니다. 하나님의 손으로 이루어집니다. 잊지 마십시오. 역사가는 유명한 말을 남겼습니다. "역사는 정신병자에 의해서 이루어졌다." 히틀러, 마르크스, 스탈린, 김일성 할것없이 하나같이 정신병자같은 사람들입니다. 그들을 통해서 역사가 곤두박질을 합니다. 그러나 하나님은 절대로 실패하시지 않았습니다. 당신의 뜻을 계획대로 착착 이루어가고 계십니다. "Don't worry, be happy." 걱정하지 마십시오. 이 모든 사건을 보고 사람들이 이제는 끝났다, 하고 손들었을 때 하나님께서는 당신의 뜻을 차근차근 이루어가십니다. "이제는 안심하라. 나는 하나님을 믿노라." △

사람의 믿음

　수일 후에 예수께서 다시 가버나움에 들어가시니 집에 계신 소문이 들린지라 많은 사람이 모여서 문 앞에라도 용신할 수 없게 되었는데 예수께서 저희에게 도를 말씀하시더니 사람들이 한 중풍병자를 네 사람에게 메워가지고 예수께로 올새 무리를 인하여 예수께 데려갈 수 없으므로 그 계신 곳의 지붕을 뜯어 구멍을 내고 중풍병자의 누운 상을 달아내리니 예수께서 저희의 믿음을 보시고 중풍병자에게 이르시되 소자야 네 죄사함을 받았느니라 하시니 어떤 서기관들이 거기 앉아서 마음에 의논하기를 이 사람이 어찌 이렇게 말하는가 참람하도다 오직 하나님 한 분 외에는 누가 능히 죄를 사하겠느냐 저희가 속으로 이렇게 의논하는 줄을 예수께서 곧 중심으로 아시고 이르시되 어찌하여 이것을 마음에 의논하느냐 중풍병자에게 네 죄 사함을 받았느니라 하는 말과 일어나 네 상을 가지고 걸어가라 하는 말이 어느 것이 쉽겠느냐 그러나 인자가 땅에서 죄를 사하는 권세가 있는 줄을 너희로 알게 하려 하노라 하시고 중풍병자에게 말씀하시되 내가 네게 이르노니 일어나 네 상을 가지고 집으로 가라 하시니 그가 일어나 곧 상을 가지고 모든 사람 앞에서 나가거늘 저희가 다 놀라 영광을 하나님께 돌리며 가로되 우리가 이런 일을 도무지 보지 못하였다 하더라

(마가복음 2 : 1 - 12)

사람의 믿음

　어느날 우리의 세 살바기 손녀가 엄마와 함께 놀러 왔었습니다. 하루종일 재미있게 뛰놀더니 돌아가야 될 시간이 되자 할머니와 자고 가겠다고 합니다. 그래서 제 엄마만 돌려보냈습니다. 그런데 한잠을 자고 한밤중에 깨더니 막 울어대는 것입니다. 엄마가 보고 싶다고 하면서 엄마한테 가겠다고 떼를 쓰는 것입니다. "네가 약속했으니 하룻밤 그냥 자자꾸나"하고 아무리 사정을 해도 말을 안듣습니다. 막무가내로 엄마한테 가겠다는 것입니다. 할수없이 밤중에 차에다 태워서 제 집에까지 데려다주었습니다. 이 아이가 며칠있다가 또 놀러왔습니다. 이번에도 할머니하고 자고 가겠다는 것입니다. 약속한다고, 이번에는 꼭 약속한다고 하면서 손가락도 걸고 합니다. 그러나 나는 말했습니다. "니 말을 내가 어떻게 믿냐?"했더니 대답을 하는데 "나도 내 말을 믿지 못해요"하는 것이었습니다.
　여러분, 이제 묻습니다. 여러분은 여러분 자신을 믿습니까? 여러분의 마음을 믿을 수 있습니까? 여러분 스스로 한 약속을 얼마나 믿을 수 있습니까? 내가 나를 믿지 못하는 주제에 누구를 향해서 믿을 수 있느니 없느니 하는 것입니까. 누구를 보고 약속을 지키네 못지키네, 하고 원망하는 것이냐, 그 말씀입니다. 내가 나를 못믿는데 누구를 믿기를 원하십니까. 이건 심각한 문제가 아닐 수 없습니다. 자기자신에 대한 믿음—이것이 정직이요, 진실이요, 확신이요, 용기요, 정체감인 것입니다. 내가 나를 믿지 못한다면 아무 소용도 없는 것입니다. 또 한 가지 중요한 것은 다른 사람과의 믿음입니다. 그것을 가리켜 신의라고도 하고 의리라고도 합니다마는 사람 사이에

서로 믿을 수 있는 그 믿음이 있어야 됩니다. 그리고 하나님을 믿는 믿음이 있습니다. 이것을 우리는 신앙이라고 하고 또 경건, 경외라고 말합니다.

그런데 문제는 이 모든 믿음의 뿌리는 하나님을 믿는 믿음에 있는 것입니다. 하나님을 믿을 때 내가 나를 믿을 수 있고, 내가 나를 믿을 수 있을 때 내가 또 남을 믿을 수 있는 것입니다. 그 점을 잊지 말아야 합니다. 우리는 믿을 수 있는 조건을 기다립니다마는 아무리 환경이 수백 번 변해도 하나님을 믿지 않는 사람에게는 믿음이 생기지 않습니다. 이것을 잊지 말아야 합니다. 공산주의가 왜 무너졌습니까. 경제다 정치다 뭐다, 하지마는 아닙니다. 가장 결정적인 원인은 믿음이 없었다는 데 있습니다. 안믿어요. 공산주의자는 아무도 안믿습니다. 그래서 누구에게 명령을 하고는 그 뒤에 감시자를 두고, 감시자 뒤에 또 감시자를 두고…이렇게 점 조직으로 계속 남을 의심하고 감시하는 것입니다. 그래도 믿을 수가 없어서 구 소련은 일 년에 백만 명을 숙청하면서 그 체제를 유지했던 것입니다. 대단한 얘기가 아닙니까. 왜? 믿을 수가 없으니까. 공산주의 사회에서는 마누라 못믿어요. 자식도 못믿어요. 자기아버지도 고발해서 죽입니다. 얼마든지 그래요. 전혀 믿을 수 없는 것입니다. 점점 믿을 수 없는, 아무도 믿을 수 없는 사회를 만들어서 모두가 겁을 먹어서 말을 안합니다. 가만히 있습니다. 누굴 믿을 수 있어야 말을 하지. 이런 가운데서 인간이 가지는 모든 잠재력이 다 소멸하고 맙니다. 아무 일도 할 수 없게 되어버렸습니다. 이게 공산주의가 망한 이유입니다. 그런데 보십시오. 왜 그랬을까요? 하나님을 믿지 않으니까. 무신론을 기초로 할 때 결국은 내가 나를 못믿게 되고, 아무도 못믿게 되고 말았다는 것입니다. 하나님을 못믿는 사람을 누가 믿겠습니까. 어떻게 저를 믿을 수가 있습니까. 자, 여러분, 아내를 믿을 수 있습니까? 남편을 믿을 수 있습니까? 자식을? 내가 하나님을 믿기에 하나님 안에 있는 저를 믿는 것입니다. 만일 저를 걱정하려들면 믿음 없는 자의 걱정이란 끝이 없는 것입니다. 그래서 보니 자식 하나 유학 보내놓고서 어머니는 죽게 됐더라고요. 걱정하느라고. 하루에 열 번 전화를 한다고 믿을 수 있는 것입니까. 다 쓸데없는 짓입니다. 하나님을 믿는 자만이 나를 믿고, 저를 믿고, 평안할 수 있는 것입니다. 신앙이, 하나님을 믿는 신앙이 모든 믿음의 근본이라는 것을 잊지 말아야 합니다.

너무나도 깊은 좌절감에 낙심하고, 절망을 한 변호사가 있었습니다. 친구들은 그가 혹시 자살이라도 할까봐 그 주변에서 칼이나 면도칼이나 날카로운 것들을 다 치워버렸다고 합니다. 언제 자살할지 모르니까요. 그랬었는데 그의 일기장에는 이렇게 썩어 있었습니다. '나는 지금 살아 있는 인간 중에 가장 비참한 존재이다. 내가 이 상태에서 벗어나 더 나은 삶을 살 수 있을 것인지 그것을 믿을 수 없다. 아마 나에게 있어서 더 좋아진다는 것은 불가능한 일일 것이다.' 이 사람은 바로 에이브러헴 링컨입니다. 그러나 그는 어머니가 준 낡은 성경책을 읽으면서 다시 용기를 얻습니다. 오직 성경을 보면서 하나님 앞에서 자기의 존재가치를 다시 발견하고 용기를 얻어서 열 다섯 번 결정적인 실패를 했습니다마는 종내 미국의 16대 대통령이 됩니다. 그래서 그는 대통령이 됐을 때 취임식날 어머니가 준 성경책을 손에 들고 '이 성경으로 인하여 내가 대통령이 됐다'라고 당당하게 외쳤던 것입니다. 여러분, 환경이 믿음을 준다고 착각하지 마십시오. 하나님과 나 사이에 믿음이 있을 때 비로소 믿음의 사람이 될 수 있는 것입니다. 나를 믿을 수 있고, 이웃을 믿을 수 있습니다. 이스라엘사람들의 전설에 재미있는 얘기가 있습니다. 에덴동산에서 아담이 한 사흘 동안 여행을 하고 돌아왔습니다. 사냥을 나갔다 돌아왔더니 하와가 잔뜩 화가 났습니다. 아담이 그녀 보고 말합니다. "이 넓은 천지에 여자라곤 너 하나밖에 없으니 내가 외도한 것도 아닌데 어딜 좀 갔다왔기로서니 왜 이렇게 화가 났느냐?" 그리고 아담은 여전히 기쁨에 차서 찬송을 부르고 하나님께 영광을 돌립니다. 도대체 이것을 이해할 수가 없어서 하와는 가만히 있다가 밤에 몰래 아담의 갈빗대를 세어보더랍니다. 갈빗대 하나 더 뽑아가지고 어디다 여자 하나 더 만들어놓은 것은 아닌가 해서요. 그렇지 않고야 저 남자가 왜 저렇게 좋아할까 싶어서요. 에덴동산에서부터 여자는 이 모양입니다. 자, 이 남자가 어떻게 하면 여자가 편안하겠습니까. 얼마나 자주 전화를 걸어주면 편안하겠습니까. 다 쓸데없는 것입니다. 하나님을 믿어야 나를 믿고, 하나님을 믿는 믿음으로 저를 믿는 것입니다. 그것 외에 믿음의 길이란 다시 없다는 것을 알아야 합니다.

오늘본문을 보면 전혀 말이 없고 이름도 없는, 무명한 침묵자의 이야기가 여기에 있습니다. 이 사람의 믿음이 좋았습니다. 중풍병으로 한평생을 고생한 것같습니다마는 이제 예수를 만나고, 예수께서 그 믿음을 보시고 그에게 은혜를 주셔서 그가 병에서 나아 자기 침상을 들고 집으로 가게 되고, 사람들이 이를 보고 하나님께 영광을 돌렸다는 얘기입니다. 그가 가진 믿음이 어떤 것이었습니까. 본문을 자세히 보면 첫째로 그는 친구를 믿었습니다. 이 사람은 병자이기 때문에 예수님께 갈 수가 없습니다. 예수님께서 병고치시는 것을 본적이 없습니다. 소문은 들었지마는 직접 예수님께 가볼 수가 없습니다. 친구들이 대신 가보았겠지요. 그리고 예수님께서는 문둥병자도 고치시고, 죽은 자도 살리시고, 장님의 눈도 뜨게 하시더라, 예수님께만 가면 당신의 이 오랜 병도 낫게 될 것이다, 하고 말해줍니다. 이 소식, 이 친구의 권유를 그는 믿었습니다. 그게 중요한 것입니다. 자기처지에서 자기가 못보았으니까 친구들이 와서 무슨 소리를 하더라도 "말도 안돼. 그런 일은 없어. 내 병은 못고쳐"하고 말았다면 일은 끝난 것입니다. 그러나 그는 친구들의 말을 믿었습니다. '예수님께만 가면 된다.' 본문에 보니 "저희의 믿음을 보시고"라 말씀합니다. '저희'라고 복수로 나타납니다. 이 환자의 믿음만이 아니고, 그를 도와준 여러 사람의 믿음을 함께 말씀하고 있습니다. 이 사람을 침대째, 침상째 들고 왔다는 것입니다. 왜? 그에 대해서는 이렇게 추리합니다. 하나는 이 사람이 너무 몸이 아파서 건드리기만 하면 더 쑤시고 괴롭기 때문에 업어오거나 부축하고 올 수가 없을 경우입니다. 그랬던 것같기도 하고, 또하나는 그 환자가 귀족이며 부자였는지도 모른다는 것입니다. 그래서 비록 환자이지마는 여러분들이, 그 친구들이 도와서 그 침상을 들고 올 수 있었다, 하는 얘기입니다. 어쨌든 예수님께로 가면 나을 것이므로 더 가까이 가야 된다고 생각을 했습니다. 그래서 지붕을 뚫었다고 했는데, 그것은 옛날 그네들의 집으로서는 가능한 얘기입니다. 돌로 지은 집에 지붕이라는 것이 돌을 덮어놓은 것입니다. 평평합니다. 밖으로 계단이 나 있습니다. 그 지붕에 올라가서 목욕도 하고 빨래도 하고 했습니다. 그래서 밖의 계단을 타고 지붕 위에 올라가서 돌을 들추고 침대를 달아내릴 수가 있었습니다. 이렇게 해서 예수님과 이 환자를 만나게 하려고 하는 마음, 참 귀한 마음입니다. 이 주선, 이 친구들의 믿음에 대해서 순종했다는 것입니다. 대단히 중요한 일입니다. 이 믿음을 가졌습니다. 친구들을 믿었다는 얘기입니다. 여러분, 얼마나 친구를 믿고 있습니까? 또 얼마나 다른 사람들이 여러분을 믿는다고 생각하십니까? 제가 언젠가 한번 사랑하는 제자이면서 동역자인 어떤 목사님에게 북한을 돕기 위한 프로젝트 하나를 설명하게 되었습니다. 그분의 도움이 필요해서 좀 도와달라고 하고, 이건 이러이러한 일이라고 죽 설명하려고 하는데 그 목사님이 "목사님, 그렇게 설명하실 필요 없습니다. 저는 목사님을 믿습니다. 목사님 하시는 일이 옳다고 믿습니다. 만일에 목사님이 도적질을 하신다면 저는 왜 도적질을 하느냐고 묻지 않고 따라가서 망을 볼 것입니다." 아, 제가 여러 사람의 말을 들어보지만 이 말처럼 나를 기쁘게 한 말이 없습니다. 말할수없이 기분이 좋아요. 이런 사람이 열 사람만 있어도 살 재미가 있겠다고 생각했습니다. 얼마나 좋습니까. 여러분, 부부간에도 뭐라고 하게되면 왜 그러느냐, 어쨌느냐, 따지는 게 많은데 이건 전적으로 믿는 것입니다. 설사 도적질을 한다 하더라도 이유가 있어서 하는 것이니까 믿고 따르겠다는 것입니다. 따라와서 망보겠다고까지 합니다. 참으로 놀라운 신뢰 아닙니까. 모름지기 이렇듯 믿어야 됩니다. 오늘 이 환자는 친구들의 권유를 믿었습니다. 이렇게 하면 꼭 낫는다, 그렇게 하면 될 것이다 — 된다 안된다, 묻지 않았습니다. 친구들의 말과 그 믿음을 그대로 따릅니다. 이것이 훌륭한 점입니다.

그 다음으로 더욱 중요한 본문의 주제는 이것입니다. 예수님께서 은연중에 이 사람의 병의 원인을 지적하십니다. "네 죄사함을 받았느니라." '네가 병든 것은 죄 때문'이라는 것입니다. 심각한 말씀입니다. 받아들이기 어려운 순간입니다. 제가 언젠가 한번 한의원을 방문한 적이 있습니다. 한의사인 장로님을 만나러 갔는데 마침 그분이 환자와 지금 이야기를 나누며 진찰을 하고 있는 시간이라서 옆방에서 기다리게 됐습니다. 떠들면서 얘기하기 때문에 제가 엿들으려고 해서가 아니라 주고받는 그 이야기를 들을 수가 있었습니다. 의사는 말합니다. "아주머니의 병은 아무래도 마음의 병입니다. 그런고로 그저 부부싸움 하지 마시고, 아이들도 미워하지 마시고, 그리고 마음을 비우고, 욕심을 버려야 합니다." 그러자 환자는 화를 발칵 내면서 "병이나 고쳐요. 부부싸움이야 하든말든…" 이러고 대드는 것입니다. 그것도 말이 되는 얘기지요. 의사이면 환자의 병이나 고칠 것이지 왜 남의 가정에 대하여 이래라저래라 하는 것이냐, 이것입니다. 그러나 의사는 "이건 홧병이니까 아주머니가 마음을 비우지 않으면 나을 수가 없어요" 합니다. 「동의보감」에도 그런 얘기가 있습니다. 못고치는 병 여섯 가지 중의 마지막이 뭐냐하면 의사의 진단을 믿지 않는 사람의 병입니다. 이런 환자는 구제불능이라는 것입니다. '당신의 병은 이것 때문이오'라고 의사가 말하면 믿어야지, 이걸 순종하지 않는다면 어떻게 병을 고치겠습니까. 오늘 예수님께서 '네 병은 죄 때문'이라고 말씀하십니다. 참 받아들이기 어려운 시간입니다. 사람이란 누구나 심리적으로 혼자 있을 때는 스스로 잘못했다고 생각할 줄 압니다. 내가 잘못했다, 하고 뉘우치기도 하고 후회하기도 하고 회개하기도 합니다. 눈물도 흘립니다. 그러나 누군가 다른 사람이 나더러 "네가 잘못했다" 하고 지적을 하면 그때는 얘기가 달라집니다. "내가 뭐 잘못했어? 네가 잘못했지." 꼭 이런 반응을 보이는 것입니다. 다른 사람이 내 잘못 지적하는 것을 들을 때는 나 스스로 이것을 인정하고 회개하기가 어려운 것입니다. 하물며 오늘 본문에 보면 많은 사람 앞에서 공개적으로 '네가 병든 것은 네 깊은 죄 때문이다' 합니다. 그런데 보십시오. 이 말에 이 사람은 말없이 수긍합니다. 북한말로 말하면 접수한 것입니다. "옳은 말입니다"하고. 주변사람들이 이를 보고 깜짝놀랐다는 것입니다. 저렇듯 존경받고 저렇듯 훌륭하고 저렇듯 부자인 사람이 그의 병든 것이 자기의 죄 때문이었다니, 더욱이 사람들이 다 보는 데서 그런 지적을 받고도 말없이 수긍하다니, 놀랄 수밖에 없었던 것입니다. 더 놀란 것은 제자들이었습니다. 저렇게 얘기하셨다가 만약에 저 사람이 버럭 화를 내면 어떡하시려나, 했습니다. 이 가버나움은 예수님의 제2의 고향입니다. 30세밖에 안되는 한낱 청년이 이 귀족을 보고 '네 죄 때문에 네가 병들었다' 하는 것이니 상대방이 받아들이지 않는다면 어떻게 되겠습니까. 일이 난처하게 되는 것입니다. 그래서 주변사람들도 걱정을 하고 깜짝놀랐다는 것입니다. 그런데 의외로 이 사람은 말없이 받아들입니다.

　　욥기 4장 7절을 보십시오. 욥이 어려운 고난을 당하고 있을 때 친구들이 찾아와 위로하려듭니다. 친구들이 처음에는 아무 말도 못했습니다. 일주일 동안 조용히 옆에 있었습니다. 기가막혀 말을 할 수가 없었던 것입니다. 그때는 욥이 오히려 많은 위로를 받았습니다. 그런데 친구들이 일주일 후에 입을 열어 말하기 시작합니다. "생각하여보라 죄없이 망한 자가 누구인가" ― 무서운 칼입니다. 무서운 비수입니다. 죄 없이 망한 자가 있더냐 ― 이 말에 욥은 몹시 괴로웠습니다. 그래서 욥은 끝내 '제발 입 좀 다물어다오' 합니다. '그런 소리는 나도 할 수 있다' 합니다. 여러분, 이 고난 중에, 이 질병 중에, 이 오랫동안 병들어 있는 사람을 놓고 '네 죄 때문에 네가 병들었다' 라고 말씀하실 때 이 사람은 전혀 반발이 없습니다. 겸손하게 '옳은 말씀입니다. 내가 내 마음에 감추어진 이 숨은 비밀 때문에, 이 가책 때문에 오랫동안 괴로워하고 있었습니다' 하고 그대로 수락하는 것입니다. 요나서 1장 12절에 보면 다시스로 가는 배가 풍랑을 만났을 때 요나는 말합니다. "너희가 이 큰 폭풍을 만난 것이 나의 연고인 줄을 내가 아노라." 나 때문에 풍랑이 있는 것이라고 말하는 것을 봅니다.

여러분, 요사이 우리 사회에 복잡한 문제가 있습니다. 새로운 용어가 많습니다. '정치논리' '경제논리' 합니다마는 도덕논리를 말하는 사람이 없습니다. 이 나라가 어지러운 게 왜입니까. 거짓말을 많이 하기 때문입니다. 위아래 할것없이 '아니' 라고 딱딱 잡아떼다가 필경에는 들통나서 감옥에 가요. 안받았다고 하는데 받았어요. 도대체 어디까지가 진실입니까. 거짓말을 밥먹듯이 하고도 낯빛 하나 안 달라집니다. 당당합니다. 비윗장 좋아요. 부끄러운 줄 몰라요. 이런 사람들을 놓고 우리가 정치를 하려니까 안되는 것 아닙니까. 경제논리, 정치논리가 대수 아닙니다. 도덕논리가 필요한 것입니다. 어찌하여 "다 내 잘못입니다"라고 수긍하는 시원한 모습을 볼 수 없는 것입니까. 잘못된 것은 분명히 잘못된 것인데 이것을 인정하려들지 않는 데에 문제가 있는 것입니다. 옳고그르고의 문제가 아닙니다. 죄를 인정하는 회개가 없다는 말씀입니다. 안타깝기 그지없습니다.

오늘 이 사람, 죄인입니다. 그러나 스스로 인정을 합니다. '내 죄 때문에, 그 깊은 가책 때문에, 그 고민 때문에, 이 콤플렉스 때문에, 내가 이렇게 지금 몸도 병든 것입니다' ― 인정을 하더라는 말씀입니다. 그런데 보십시오. 예수님께서 그 믿음을 보시고, 바로 그 믿음을 보시고 "소자야 네 죄 사함을 받았느니라" 하십니다. 이 사람의 마음이 얼마나 기뻤겠습니까. 오래 갇혀 있던 감옥에서 풀려나는 것 같은 기쁨입니다. 그저 겹겹이 숨기고숨기고 변명하던 것을 활짝 드러냅니다. '나는 죄인입니다' 하는 순간에 편안한 마음을 가집니다. 자유하게 되었습니다. 영혼이 자유할 때 그 육체도 자유하게 되어 있더라는 말씀입니다. 그런데 문제는 여기에 있습니다. 서기관들이 옆에서 한마디 합니다. '저가 누군관대 감히 죄를 사한다 하는고? 하나님 외에 그 누가 죄를 사할 수 있다는 것인가?' 말인즉슨 옳은 말입니다.

제가 우리 교단의 목사고시 위원장을 여러 해 했습니다. 그럴 때에 내가 목사고시 시험보는 사람들을 위해서 시험문제를 낼 때 이 문제를 여러 번 내보았습니다. '예수께서 하나님의 아들, 하나님되심의 증거를 써라.' 그 증거, 여러 가지 있는 중의 첫째가 이것입니다. '사죄권'입니다. 오늘본문에 저들이 "하나님 한 분 외에는 누가 능히 죄를 사하겠느냐" 할 때에 예수님 대답하십니다. "인자가 땅에서 죄를 사하는 권세가 있는 줄을 너희로 알게 하려 하노라." 그러시고 이 사람을 일으키십니다. 사죄권—이것은 하나님만이 가지신 것입니다. 또한 우리도 그를 믿음으로써만 죄사하심받을 수 있습니다. 여러분, 모든 사람이 나를 죄인이라고 정죄해도 상관없습니다. 하나님만 '내가 네 죄를 사했노라' 말씀하시면, 그것이 믿어지고 그것이 들리면 나는 구원받을 수 있습니다. 모든 사람이 나를 보고 의인이다, 훌륭하다, 하고 존경을 해도 하나님 앞에 내가 죄인이므로 나는 절대로 자유할 수가 없는 것입니다. 감옥에 있느냐 나왔느냐가 문제가 아닙니다. 벌금을 얼마나 냈느냐 안냈느냐가 문제가 아닙니다. 재판정에서의 유죄, 무죄는 아무 상관 없습니다. 하나님 앞에서, 하나님께서 "내가 네 죄 사했느니라" 하시고, 이것이 확실해지고 이것이 믿어질 때 바로 나는 죄사하심받는 것이요, 하나님의 자녀가 되는 것입니다. 그때부터 이제는 당하는 고난의 의미가 전혀 바뀝니다. 이제부터 당하는 고난은 내게 주시는 시련이요, 내게 주시는 사랑이요, 나를 단련하시는 하나님의 축복의 일환입니다. 똑같은 세상을 살아도 죄의식으로 사는 사람과 구원받은 의식으로 사는 사람은 전혀 틀린 것입니다. 오늘 이렇게 구원받은 의식을 가지게될 때 이 사람은 그 중한 병에서부터 자유하게 된 것입니다.

    유명한 설교가 스펄젼 목사님은 말했습니다. "인간이 하나님 앞에서 할 일은 계산적인 믿음을 가지는 것이 아니라 절대적 믿음을 가지는 것이다. 계산은 하나님께서 하신다." 오직 하나님께 맡기고, 나는 절대적 믿음, 종말론적 믿음, 하나님과 나 사이의 깨끗한 믿음을 가지고 죄사하심받음으로 내 영혼이 자유하게될 때 내 몸도 내 건강도 내 인간관계도, 내 이웃관계도 다함께 건강해질 수 있는 것입니다. 이 은혜가 함께하기를 바랍니다. △

하나님의 비밀

내가 너희와 라오디게아에 있는 자들과 무릇 내 육신의 얼굴을 보지 못한 자들을 위하여 어떻게 힘쓰는 것을 너희가 알기를 원하노니 이는 저희로 마음에 위안을 받고 사랑 안에서 연합하여 원만한 이해의 모든 부요에 이르러 하나님의 비밀인 그리스도를 깨닫게 하려 함이라 그 안에는 지혜와 지식의 모든 보화가 감취어 있느니라 내가 이것을 말함은 아무도 공교한 말로 너희를 속이지 못하게 하려 함이니 이는 내가 육신으로는 떠나 있으나 심령으로는 너희와 함께 있어 너희의 규모와 그리스도를 믿는 너희 믿음의 굳은 것을 기쁘게 봄이라

(골로새서 2 : 1 - 5)

하나님의 비밀

잘 때가 되어도 잠을 들이지 못하고 괴로워하는 어린 아이를 잠재우려고 엄마가 옆에 앉아서 옛날이야기를 해줍니다. 자리에 누워서 빤히 쳐다보는 어린 딸을 내려다보면서 이야기를 시작했습니다. "옛날옛적에 아름다운 공주가 하나 살았는데 아주 지혜롭고 사랑스러웠단다. 모두가 이 공주를 사랑했고, 공주도 모든 사람을 사랑했고, 특별히 동물들도 사랑했더란다. 어느날 방안에 개구리 한 마리가 뛰어들어왔는데 공주는 그 개구리도 사랑하게 됐단다. 공주는 누가 저 개구리를 실수해서 발로 밟아죽이면 어떡하나 걱정이 되어 제 이부자리 속으로 그 개구리를 가지고 들어갔더란다. 그래놓고 잠깐 잠이 들었다가 깨어보니 이런, 그 개구리가 왕자로 변해 있지 않겠니? 공주는 깜짝놀랐지. 뿐만아니라 왕자는 공주에게 청혼까지 하는 게야!" 그런데 이것 보십시오. 개구리가 왕자로 변했다, 깜짝놀랐다, 하는데도 그 어린 딸은 아무런 반응을 보이지 않는 것이었습니다. 오히려 무심한 표정으로 어머니를 빤히 쳐다보면서 "엄마, 그건 거짓말이야. 엄마도 거짓말인 줄 알잖아?"하고 천연스럽게 말하는 것이었습니다. 어머니는 퍽 슬펐습니다. 여러분, 동화의 세계가 공상의 세계이고 상상의 이야기인 것은 사실입니다마는 그래서 어린이들에게 사랑을 받는 것입니다. 그런데 개구리가 변해서 왕자가 되었다는데도 하나도 신기해하지 않는 어린이라니, 참으로 불쌍한 어린이가 아닐 수 없습니다. 이런 어린이는 이제 세상을 아름답게 보기는 틀렸습니다. 그에게는 신비감이라는 것이 없습니다. 과학이 있고, 컴퓨터가 있고, 이론이 있고, 따지는 것은 있어도 아름다움이라는 것은 그에게 없습니다. 감격도 없습니다. '이 아이의 장래가 어떻게 될 것인가' — 어머니는 무척 슬펐다고 합니다.

여러분은 어떻게 살고 있습니까? 이 세상을 어떻게 보고 있습니까? 선물이 통하지 않고, 상징이 통하지 않고, 의미의 세계의 소통이 없는 인간처럼 불행한 존재는 없습니다. 오늘본문에는 "하나님의 비밀"이라 하는 말씀이 나옵니다. "하나님의 비밀인 그리스도(2절)"라고 말씀합니다. 여기서 '비밀'이란 헬라어로 '무스테리온'입니다. 이 말이 그대로 영어로 옮겨져서 '미스터리(mystery)'가 됩니다. 신비 또는 비밀이라는 말입니다. 하나님 자신에게는 하등 신비도 비밀도 아닙니다. 하나님의 세계에서는 우리가 신비라고 하는 그 사실이 그대로 리얼리티(reality)입니다. 그대로가 사실이요 진리입니다. 그대로가 본질입니다. 그러나 그것을 바라보는 인간의 시선에는 모든 것이 신비롭습니다. 비밀스러운 것입니다. 우리가 이 비밀을 하나하나 깨달아나갈 때 거기에 기쁨이 있습니다. 사도 바울은 예수 그리스도에 대하여 말씀할 때 신비의 세계가 우리에게는 마치 너울을 쓰거나 수건을 쓴 것과 같아보였는데 이제 그리스도로 말미암아 그 베일이 벗겨지는 것이라고 말씀했습니다. 그리스도로 말미암아 그 신비의 세계에 우리가 가까이 가게 된다는 말씀입니다. 이것이 하나님의 종교적 언어입니다. religious language입니다. 이 언어는 말로 공기를 진동하는 그것이 아닙니다. 우리 가슴에 와닿는 것입니다. 우리의 눈앞에 전개되는 사건입니다. 우리가 접하는 역사 그대로입니다. 그런데 그 핵심이 예수 그리스도십니다. 그리스도는 신비다, 그리스도는 비밀이다 — 어쩌면 우리는 평생토록 이것에 대하여 배우고 깨달아나가는 것입니다.

재판정에서 검사와 변호사 사이에 격렬한 공방이 벌어졌습니다. 증인이 하나 있는데, 이 증인을 놓고 치열하게 말싸움을 하고 있는 것입니다. 문제는 이 증인이 5분 동안에 문제의 그 사건이 있었다고 하는 데 있었습니다. 결국은 5분이냐 아니냐 하는 게 이슈로 떠올랐고, 변호사는 증인을 이렇게 유도했습니다. "내가 이제 당신에게 5분이라는 시간을 줄 터이니 '시작' 하고부터 정확히 5분 후에 신호를 해주시기 바랍니다. 5분이었다고 하는 당신의 느낌이 얼마나 정확한지 알아보아야 되겠소." 그런데 보십시오. 증인은 정확히 5분이 지난 다음에 신호를 하는 것이었습니다. "어떻게 시계도 안보고 그렇듯 정확하게 알 수 있습니까?" 하고 변호사가 물었더니 증인은 씽긋 웃으면서 대답합니다. "당신 등 뒤에 시계가 있거든요." 여러분, 시계를 보고 '5분' 을 얘기하는 것과 시계를 못보고 '5분' 을 얘기하는 것은 전혀 다른 것입니다. 시계를 보고 5분이라고 하는 것은 조금도 이상할 것이 없습니다. 아주 자연스러운 일입니다. 그와 같습니다. 하나님의 세계라는 것은 그대로가 자연스럽고 그대로가 사실일 뿐 이상할 것 하나도 없습니다. 그러나 사람의 세계에서 볼 때는 그 세계가 모든것이 신비롭습니다. 특별히 하나님께서 우리에게 말씀하실 때 그 말씀이 신비롭고, 우리가 하나님의 말씀을 듣고 조금씩조금씩 깨달아나갈 때 그것은 마치 비밀을 가렸던 베일이 벗겨지는 것처럼 신비로운 것입니다. 이것을 계시라고 합니다. 오늘의 성경은 우리에게 매우 중요한 말씀을 합니다. 그리스도는 하나님의 비밀이라고.

사도 바울은 골로새서 1장 13절 이하, 빌립보서 2장 1절 이하, 고린도전서 15장 1절 이하에서 소위 '바울의 기독론' 을 말씀하고 있습니다. 그 가운데 골로새서 1장 15절을 보면 그리스도를 가리켜 "그는 보이지 아니하시는 하나님의 형상이요"라고 말씀합니다. '형상'이라고 하는 말의 헬라원어가 '에이콘'입니다. 이 말에서 유래한 것이 '아이콘(icon)'입니다. 요새는 러시아 여행을 자유로 할 수 있습니다. 그래서 모스크바라든가 성 페테르부르그라든가 하는 역사적인 도시를 방문하게 됩니다. 그런 곳에 가보면 희랍 정교의 교회를 보고 놀라게 됩니다. 희랍 정교의 교회는 내부가 온통 그림으로 가득 장식되어 있습니다. 예수님께 관한 그림이며 성자들에 관한 그림들이 있는데 이런 것을 '아이콘'이라고 합니다. '그림'이라는 말도 되고 '화상(畵像)'이라는 말도 됩니다. 화상이 아이콘입니다. 여기서 조금 교회사적인 말씀을 드리지요. 중세기에 아주 심하게 싸운 흔적이 있습니다. 종교 간의 싸움이었습니다. 오늘까지도 갈등이 계속되는 문제입니다. 가톨릭교회에서는 성상(聖像)을 위합니다. 성상이란 돌이나 석고로 만든 조상(彫像)입니다. 조각상입니다. 그리스도께 대해서건 하나님께 대해서건 아무튼 성상을 만들었습니다. 그러나 희랍 정교에서는 성상을 인정치 않습니다. 성상은 우상이다, 하고 부정합니다. 그리고 화상을 숭상합니다. 그림으로 한 것은 옳다, 해서 거룩한 형상에 대한 그림을 그려놓았는데, 그것이 '아이콘'입니다. 그런데 우리 신교에서는 둘 다 부정합니다. 성상이든 화상이든 다 잘못된 것이다, 하고 부정하는 것입니다. 그러니까 성상을 인정하는 쪽은 가톨릭이고 화상을 숭상하는 쪽은 희랍 동방교, 희랍 정교입니다. 그 둘 다 안된다, 어떤 상이든지 상을 숭상할 수는 없다, 하는 쪽이 신교입니다.

그런데 오늘의 말씀을 보면 그리스도는 하나님의 아이콘이라고 말씀합니다. 무슨 말씀입니까. 그림으로, 석상으로 만든 것이 아니라 예수 그리스도 자신, 그의 역사성, 그의 말씀, 그의 행위, 예수 그리스도 그 자체를 하나님의 화상으로 받아들인다는 말씀입니다. 하나님께서 그리스도를 통하여 자신을 우리에게 보여주셨고, 우리는 그리스도를 통해서 하나님을 압니다. 하나님을 만나게 됩니다. 그래서 '그리스도는 하나님의 아이콘'이라고 정의하게 되는 것입니다. 우리 인간은 오직 그리스도를 통해서 하나님을 만납니다. 그래서 종교학적으로는 기독교란 예수 그리스도를 유일한 하나님의 계시자로 믿는 유일신 종교다, 라고 정의하는 것입니다. 예수 그리스도가 유일한 하나님의 아이콘이다, 예수를 통해서만 하나님을 안다 — 이렇게 믿는 것이 기독교의 생명력이요 중심이요 특징입니다.

그런데 문제는 깨달음이 있어야 된다는 것입니다. 오늘도 깨달음을 강조합니다. "하나님의 비밀인 그리스도를 깨닫게 하려 함이라 (2절)" 합니다. '깨달음'이라는 헬라어 '에피크노시스'는 보통 귀로 듣는 지식이 아닙니다. 논리적 지식이 아닙니다. 이것은 체험적 지식입니다. 인격과 인격의 만남에서 이루어지는 신비로운 지식을 가리킵니다. 깨달음 — 아주 중요합니다. 깨닫지 못하면 아무 소용 없습니다. 언젠가 우리 고3학생이 몹시 피곤한 몰골로 지나가다가 길에서 나를 만나더니 "목사님, 잠깐만 저를 좀 만나주세요" 하기에 "그러지" 하고 사무실에 내려가서 잠깐 만났습니다. 얼굴을 보니 아주 지쳤습니다. 그런데 이 학생이 처음부터 마지막까지 무엇을 말했는지 아십니까? "우리 부모님은 나를 사랑하지 않습니다"라는 것이었습니다. 내가 그 부모를 압니다. 자식에게 정성을 다하는 부모입니다. 그럼에도 불구하고 이 아들은 사랑한 일이 없다는 것입니다. 먹여주는 것도, 심지어는 공부하라는 것도, 열심히 공부 못하겠거든

나가 죽으라고 하는 말도, 하나에서 열까지가 전부 나를 사랑하지 않는 데서 비롯되는 것이라고 말하는 것입니다. 그리고 눈물까지 흘립니다. 공부하라는 것도 좋습니다. 장래를 위해서라 하는 것도 좋습니다. 그러나 중요한 것은 믿음을 잃어버린 것입니다. 믿음의 줄이 끊어지고보니 아버지도 보기 싫고 어머니도 보기 싫고, 심지어는 어머니가 아무개야, 하고 부르는 소리만 나도 몸이 자지러진다고 합니다. 정신병자가 안된 것이 용하지요. 왜 이 모양이 됐습니까. 분명히 사랑은 합니다. 그러나 사랑의 방법이 잘못됐습니다. 믿음이 없습니다. 믿지도 않았고, 믿음을 주지도 못했습니다. 아이는 아이대로 지금 죽을 지경입니다. 왜 이 모양이 됐습니까. 부모의 사랑을 믿을 수가 없습니다. 기막힌 얘기가 아닙니까.

모름지기 우리는 하나님을 깨달아야 됩니다. 깨달아나가야 됩니다. 하나님께서 우리 인간으로 깨닫게 하시기 위하여 예수께서 오셨습니다. 오시는 것이 기적이요 신비입니다. 그리고 말씀하셨습니다. 가르치셨습니다. 병고치셨습니다. 많은 이적을 행하셨습니다. 그 이적이 바로 신비가 아닙니까. 제가 예수님께서 행하신 모든 이적을 성경에 나타난대로 연구해서 한 권의 책을 엮었습니다. 그런데 그 책명을 뭐라고 할까, 생각하다가 나름대로 이렇게 지었습니다. 「이적으로 계시된 말씀」이라고요. 문둥병환자가 깨끗해졌다고 할 때는 그 사건 자체가 중요한 것이 아닙니다. 그 사건 속에서 주님께서는 말씀을 하시는 것입니다. '이적'이라 할 때 우리는 그냥 환자가 나았다는 그것만 생각합니다마는 하나님의 세계에서 되어졌다고 할 때 이제 보십시오. 병이 든 것부터가 이적입니다. 하나님께서 병들게 하셔서 병든 것입니다. 내버려두셔서 병든 것이 아닙니다. 하나님께서 병들게 하시고, 그 다음에 또 고쳐주시고—병들고 낫고 하는 사건 속에서 하나님께서는 당신의 사랑을 계시하시는 것입니다. 이것을 잊지 말아야 합니다. 오늘도 합격하고 낙방하고, 성공하고 실패하고, 병들고 건강하고, 죽을 지경이 되고 살고…이 많은 사건, 이 극단적인 사건들을 이적이라고 하는 것입니다. 순탄한 가운데, 평안한 가운데 깨달았으면 얼마나 좋겠습니까. 깨달음이 있으면 얼마나 좋겠습니까. 그러나 그런 정도 가지고 깨닫지 못합니다. 그래서 하나님의 비상조치, 비상처방이 있고, 그것이 이적입니다. 이적을 통해서 가까이 오시고, 말씀을 하십니다. 깨닫도록, 느끼도록, 알도록, 감격하도록 강하게 역사하여주십니다. 이적이 있을 때면 많은 병자들이 와서 예수를 믿더라, 하고 성경은 말씀합니다. 표적을 통하지 않고는 하나님을 믿지 않았다는 얘기입니다. 참으로 귀한 얘기 아닙니까. 오늘도 그렇습니다. 이 몽매무지한 인간들이 아주 강한 사건을 통해서 주님을 만나게 된다는 것을 부인할 수 없습니다. 이적인 것입니다.

    예수 그리스도를 통해서 하나님을 아는 것이 우리 일생의 과제입니다. 조용히 생각하면 모든 사건에서 우리는 하나님을 배우고 깨닫게 되는 줄 압니다. 옛 중국의 한 소년이 어느날 옥(玉)을 하나 만났습니다. 옥구슬을 보았을 때 참으로 신비로웠습니다. 그래서 옥을 좀 알아야 되겠다해서 옥에 권위있는 스승을 찾아가 가르침을 청합니다. "그러지"하고 스승은 옥구슬 하나를 손에 딱 들려주고 "꼭 쥐어라. 꼭 쥐고 내 이야기를 들어라" 합니다. 그러고는 철학에 대해서, 우주의 이치에 대해서, 정직과 근면에 대해서 계속 이야기를 합니다. 한 달 동안을 매일같이 아침에 가면 옥을 손에 딱 들려주고 애기만 하는 것이었습니다. '옥에 대해서는 언제나 가르쳐주실라나?' 소년은 궁금했습니다. 지루하기도 했습니다. 그러나 '언젠가는 가르쳐주시겠지' 하고 옥을 손에 쥔 채 매일같이 종일토록 그 많은 교훈을 들었습니다. 그러던 어느날 스승이 또 옥을 줍니다. 손에 딱 쥐더니 소년은 말합니다. "선생님, 오늘 주신 구슬은 옥이 아닙니다." 스승은 껄껄 웃으면서 "이제야 네가 옥이 무엇인지를 알게 됐구나" 하고 말합니다. 여러분, 내 손에 있습니다. 내 생활 속에 있습니다. 매일매일같이 우리는 기적 속에 삽니다. 그러나 깨달음이 없습니다. 우리는 꼭 극단적인 자극을 통해서만 깨닫는다는 데 인간된 유감이 있는 것입니다.

오늘본문은 말씀합니다. 예수 그리스도는 하나님의 아이콘(화상)이라고. 우리는 예수 그리스도를 통해서, 특별히 그 핵심인 십자가를 통해서 하나님을 봅니다. 칼 바르트는 십자가 속에 더블 이미지(double image)가 있다고 말합니다. 십자가를 가만히 명상하십시오. 우리 마음으로 뚫어지게 쳐다보십시오. 거기서 우리는 두 가지를 발견하게 됩니다. 하나는 내가 얼마나 큰 죄인인가,라는 것입니다. 십자가보혈을 흘리시지 않고는 구속할 수 없는 엄청난 죄인이라는 것입니다. 이를 설명하기 위하여 칼 바르트는 '아르키메디안 메소드(Archimedean method)'라고 하는 상징적 용어를 씁니다. 아르키메데스의 원리 있지요? 가령 내가 목욕을 하려고 욕조에 물을 가득 받았다고 합시다. 거기에 내 몸이 들어가면 물이 좌악 넘쳐나갑니다. 그리고 내 몸은 둥실 뜨듯 가벼워집니다. 부력(浮力)을 받기 때문입니다. 내 몸의 물 속에 있는 부분과 같은 체적의 물이 넘쳐나갔고, 넘쳐나간 그 물의 무게 만큼 내 몸이 부력을 받는 것입니다. 고대 그리스의 물리학자 아르키메데스가 이러한 이치를 발견했기 때문에 '아르키메데스의 원리'라고 하는 것입니다. 저기 저 십자가에 예수님 돌아가셨다는 것은 내가 그만큼 죄인이라는 것을 뜻합니다. 십자가를 쳐다보면서 그 누구도 교만할 수 없습니다. 비판도 있을 수 없습니다. 할말도 없습니다. 십자가는 내가 얼마나 무서운 죄인인가를 계속 계시하고 있습니다. 동시에 십자가의 값을 지불할 만큼 내가 소중한 존재임을 계시합니다. 물건은 지불된 대가 만큼 가치가 있는 것입니다. 백만 원짜리 물건이면 아깝지 않게 백만 원을 주고 그것을 가져옵니다. 왜? 백만 원 가치가 있으니까요. 예수께서 우리를 위하여 십자가를 지셨다는 사실은 우리가 그만큼 소중한 존재라는 것을 뜻합니다.

최일선에 나가 전쟁하던 병사 하나가 부상을 당했습니다. 지뢰가 터지면서 눈 둘이 빠져나갔습니다. 의사가 수술을 하면서 말해줍니다. "수술은 하겠지만 눈알이 빠져나갔으므로 당신은 장님이 될 수밖에 없습니다." 병사는 장님 돼서 살아 뭐하겠느냐고 바락바락 소리를 지릅니다. 그러나 생명은 소중한 것이라고 달래면서 의사는 마취를 하고 수술을 했습니다. 붕대를 풀게 되었을 때 의사는 그 병사에게 말했습니다. "축하합니다. 당신은 분명히 장님이 될 수밖에 없었는데 다행스럽게도 누군가가 안구 하나를 제공해주어서 한쪽 눈은 볼 수 있게 되었어요." 이 병사, 또 소리를 지르는데 애꾸눈이로 살아서 뭐하나, 합니다. 의사가 큰소리로 꾸짖었습니다. "이봐요, 당신을 위해서 애꾸눈이된 사람이 있다는 것을 왜 생각 못해요?" 붕대를 풀었습니다. 병사의 눈에 뿌옇게 앞이 보이기 시작합니다. 이윽고 분간하고보니 앞에 서 있는 분은 어머니였고, 어머니의 눈이 하나 없었습니다. 아들에게 눈 하나를 빼준 어머니가 그 앞에 앉아 있는 것이었습니다. 순간 청년은 그 어머니 앞에 무릎을 꿇고 엎디었습니다.

여러분, 모름지기 우리는 한평생을 감사하면서 살 것입니다. 나의 나됨의 의미는 십자가를 쳐다볼 때, 그로부터 주어지는 것입니다. 십자가는 신비롭습니다. 그것은 이적 중의 이적입니다. 그 속에 능력이 있고, 지혜가 있고, 사랑이 있습니다. 우리 인간들은 흔히 폭군적 파괴적 능력을 능력이라고들 생각합니다. 십자가가 보여주는 능력은 희생적 능력입니다. 골로새서에서 분명히 말씀합니다. "십자가로 승리하셨느니라(2 : 15)"라고. "하나님의 능력이 십자가 안에서 계시되어" — 무궁무진한 비밀입니다. 그것이 지혜요 그것이 사랑입니다. 그리스도는 하나님의 화상입니다. 그리고 비밀입니다. 그리스도인들은 다시한번 주님을 생각하고 십자가를 쳐다보면서 하나님을 알고, 나를 알고, 이웃을 알고, 세상을 아는 것입니다. 그 비밀의 베일을, 그 뚜껑을 하나하나 벗겨가면서 감격하고, 감탄하고, 감사하는 것입니다. 여기에 승리의 생이 있습니다. △

화목하게 하는 직책

저가 모든 사람을 대신하여 죽으심은 산 자들로 하여금 다시는 저희 자신을 위하여 살지 않고 오직 저희를 대신하여 죽었다가 다시 사신 자를 위하여 살게 하려 함이니라 그러므로 우리가 이제부터는 아무 사람도 육체대로 알지 아니하노라 비록 우리가 그리스도도 육체대로 알았으나 이제부터는 이같이 알지 아니하노라 그런즉 누구든지 그리스도 안에 있으면 새로운 피조물이라 이전 것은 지나갔으니 보라 새것이 되었도다 모든 것이 하나님께로 났나니 저가 그리스도로 말미암아 우리를 자기와 화목하게 하시고 또 우리에게 화목하게 하는 직책을 주셨으니 이는 하나님께서 그리스도 안에 계시사 세상을 자기와 화목하게 하시며 저희의 죄를 저희에게 돌리지 아니하시고 화목하게 하는 말씀을 우리에게 부탁하셨느니라

(고린도후서 5 : 15 - 19)

화목하게 하는 직책

　제가 어렸을 적에 할아버지로부터 여러 번 들은 이야기입니다. 아주 우애 있는 형제가 있었는데 어느날 시골길을 같이 걸어가게 되었습니다. 가다가 동생이 발뿌리에 채이는 돌 하나를 주워서 보게 되었는데 그것이 노다지, 금덩이였습니다. 기뻐하는 동생을 보고 형이 "그거 나 좀 보자"해서 동생으로부터 금덩이를 받아들고 황홀해 했습니다. 그렇게 한참을 가다가 동생이 "형, 그거 나 좀 줘봐"해서 다시 보고, 형이 다시 "애, 그거 한번 더 보자"해서 또 받아들고 봅니다. 그렇게 가다가 나루를 지나게 되었습니다. 그런데 형이 갑자기 금덩이를 물 속에다 집어던지고 마는 것이었습니다. 깜짝놀란 동생이 "그거 내것인데 왜 형은 물 속에 던지는 거야?" 합니다. 형은 말했습니다. "애야, 우리 사이는 동리에 소문날 만큼 의가 좋지 않았니? 그런데 이제 금덩이 하나가 있고보니 그게 네 손에 있으면 내 마음이 불안하고 내 손에 있으면 네 마음이 편치 않고…둘 사이가 점점 나빠지는 것같구나. 그까짓 금덩이 하나 때문에 우리 형제 사이가 전같지 않아져서야 되겠니? 그래서 없애버렸다."
　잠언 17장 1절에 보면 "마른 떡 한 조각만 있고도 화목하는 것이 육선(肉饍)이 집에 가득하고 다투는 것보다 나으니라"하고 말씀합니다. 사람들이 화목이 중요한 것을 압니다. 그래서 화목을 외칩니다. 특별히 독재자들은 단결을 외칩니다. 하나가 되라고. 단결해야 산다, 하나되면 살고 흩어지면 죽는다며 단결, 화목, 일치를 열심히 외칩니다. 그러나 그것이 그렇게 쉽게 되는 것이 아닙니다. 왜 하나가 못되는 것같습니까. 왜 가정도 이웃도, 때로는 교회도 사회도 하나가 못되느냐? 하나되어야 될 줄 알면서도 문제는 그 화목이 얼마나 중요하다는 것을 모른다는 데 있습니다. 화목은 모든것에 우선입니다. 여러분, 화목을 얼마나 중요한 덕이라고 생각해보았습니까? 이것이 없이는 살아남을 수가 없습니다. 나도 너도 다 못사는 것입니다. 이것은 절대우선입니다. 이것이 아니면 다 망하는 것입니다. 죄송하지만 제가 평양에 가면 그들이 꼭 나에게 말합니다. 목사님은 공산당으로 인해서 많은 피해를 입은 사람인데도 어째서 우리 북조선 도울 마음을 가지느냐, 그것을 이해 못하겠다, 이 어려운 여건을 무릅쓰고 왜 북한을 도우려고 하는 거냐, 하는 것입니다. 제가 이렇게 대답해보았습니다. 내가 훌륭해서 당신네를 도우려 하는 것도 아니고 당신네가 뭐 대단해서 도우려 하는 것도 아니다, 우리가 화목하지 않으면 둘 다 죽기 때문이다, 어쩌면 내가 당신네를 돕는 것은 나 자신이 살기 위함이다, 그것을 잊지 말라—그랬더니 오랜만에 합리적인 이야기를 들었다고 합니다. 대체로 보면 도우기는 하되 뭐 굉장한 성자라도 된 것처럼, 뭐 굉장한 은혜를 베푸는 것처럼 착각합니다. 그것은 아니됩니다. 이렇게 대적행위를 하고 있는 동안은 우리의 심성도 저들의 마음도, 인간성도 경제도 정치도 다 망합니다. 화목이 없이는 나라도 개인도 가정도 인격도 설 수가 없습니다. 화평케 하는 일이 없이는 다 망한다는 것을 잊지 말아야 합니다.

화목하게 되지 못하는 이유의 첫째는 화목을 최우선으로, 절대조건으로 생각하지 못하는 데 있는 것입니다. 이것이 없이는 나도너도 없다, 다 무너지는 것이다—그것을 모르기 때문에 화목하지 못하는 것입니다. 화목의 문제는 저만치 뒷전으로 돌리고 화평 없이도 내가 살 수도 있고 부할 수도 있고 행복할 수도 있다고 하는 엄청난 착각 때문에 화평도 없고 나 자신의 행복도 없는 것입니다. 둘째는 화평을 너무 쉽게 생각합니다. 이것은 소중한 것이기에 이것을 얻으려면 이것을 위한 값을 지불해야 합니다. 화목을 위해서 대가를 지불해야 하는데 그것을 지불하지 않으려고 하기 때문에 화목할 수가 없는 것입니다. 또하나는 화목의 길을 모르기 때문입니다. 이것은 심판입니다. 예수님께서 감람산기슭에서 예루살렘을 내려다보시고 우시면서 하신 말씀이 이것입니다. "너도 오늘날 평화에 관한 일을 알았더면 좋을 뻔하였거니와 지금 네 눈에 숨기웠도다(눅 19 : 42)." 화평의 길이 막히는 것, 화평의 길이 보이지 않는 것 자체가 심판의 결과입니다. 화목의 길을 모르기 때문입니다. 또하나는 화목의 중재자가 필요합니다. 중보자가 있어야 합니다. 양쪽이 다 화목해야 될 줄로 알면서도 딱 버티고 있습니다. 그러므로 누군가가 중간에서 화목을 위해서 역사해주어야 됩니다. 중간에 화평케 하는 자가 있어야 되는 것입니다. 중보자가 없이는 둘이 원수된 관계에서 이제 만날 길이 없는 것입니다.

언젠가 한번 칠순넘은 노인부부가 제게 찾아와서 이혼하겠다고 하는 이야기를 들어보았습니다. 하도 기가막혀서 제가 말했습니다. "얼마 안남았는데 대충 살다 말지 이제 뭘 이혼하겠다는 거요?" 했더니 아주 명답을 합니다. 얼마 안남았으니까 제대로 살아보아야 되겠다고 하는 것입니다. 너무 지긋지긋하게 살아왔으니까 남은 시간이라도 제대로 한번 살아보고 죽어야 되겠다고. 거 말 되더라고요. 그래서 제가 이혼하세요 까짓거, 해놓고, 그런데 남편의 건강이 시원치 않아 한 한 달밖에 더 살 수 없을 것같으니 한 달 동안만 연기하는 게 어떻겠느냐, 하고 제안했더니 "까짓거, 참는 김에 한 달 더 참지요 뭐"하고 돌아갔습니다. 그런데 그 후 한 달 한 달 연기하면서 그럭저럭 끝까지 함께 삽니다. 보십시오. 어느 순간입니다. 이것을 바로 해결하지 못하는 것입니다. 제가 며칠전에 TV에서 아주 재미있는 이야기를 하나 들었습니다. 어떤 교수가 나와서 강연을 하는데 자기가 언제 한번 주부들만 모이는 모임에 가서 가정철학에 대해 강의를 했는데, 강의끝에 이렇게 말해보았다고 합니다. "여러분 가운데 만일에 죽었다가 환생을 해서 다시 태어날 수 있다면 그 때도 지금의 남편과 또 결혼하겠다고 하는 사람 손들어보십시오." 손든 사람이 딱 세 사람밖에 없더랍니다. 지금의 남편과는 다시 만나고 싶지 않다는 것이지요. 제발 이 사람 다시 안만났으면 싶은 것입니다. 그렇게들 사는 것입니다, 지금. 그래서 그 세 사람 보고 또 물어보았다고 합니다. "왜 지금의 남편과 또 살고 싶나요?" 했더니 "아이고 뭐, 사내라는 게 그 놈이 그 놈인데요 뭐!" 하더랍니다. 이러고 잘살기를 바라고 행복하기를 바라다니, 이렇게 불화하고 이렇게 미워하면서 어떻게 행복을 원합니까? 꿈에도 생각하지 마십시오. 화평이 없이는 절대로 행복은 없는 것입니다. 뭐 부하고 가난하고, 그런 건 그리 중요한 것이 아닙니다.

오늘본문에 화목케 하는 직책을 주셨다고 말씀합니다. 여기 '직책'이라는 말은 헬라어로 '디아코니아'이고 영어로 미니스트리(ministry)라고 하는 말입니다. 봉사를 말하는 것입니다. 화목케 하기 위해서는 봉사하라고 했습니다. '서비스' 하라고 했습니다. 그러면 누가 화목케 하기 위한 봉사자냐? 또 그것이 무엇을 의미하느냐? 어떻게 해야 화평을 이룰 수 있느냐?—이 세 가지에 대한 해답이 오늘본문에 있습니다. 무엇보다 중요한 것은 구원받은 자라야 된다는 것입니다. 예수께서 우리를 위하여 죽으셨다, 그것은 모든 사람이 죽은 것과 같다, 그런고로 옛 사람은 죽고 그리스도로 말미암아 살아서 이제 오직 그리스도가 생의 목표가 된 사람, 그리스도가 생의 목적이 된 사람 — 이 사람만이 화평케 할 수 있다는 것입니다. 옛사람은 완전히 죽어버리고 그리스도가 생의 목적이 된 사람, 이런 사람이 화목케 할 수 있습니다. 또 그리스도 안에서 하나님과 화평해야 됩니다. 하나님과 화목하고 나 자신과 화목하고, 오직 은혜 안에서 감사하는 사람이어야 됩니다. 결코 율법주의자가 아닙니다. 혹이라도 내가 잘났다는 생각 없고 나의 공로나 나의 의를 내세우지 않고 완전히 자기자신과의 화목을 먼저 이루고 은혜에 감사하는 사람이어야 하는 것입니다. 모든것이 은혜요, 모든것이 하나님의 축복이요, 오직 은혜로 내가 있다고 생각하는 바로 이런 사람만이 화평할 수 있고 또 화목케 할 수 있다, 하는 것입니다. 사도 바울은 여기서 중요한 단어를 썼습니다. 새로운 피조물이다, 보라, 옛것은 지나갔다, 했습니다. 과거 들추면 화목하지 못합니다. 어떤 경우에도 과거를 물으면 절대로 화목하지 못합니다. 싹 잊어버리고 오직 새로운 피조물 — 이건 내 의도 아니고 내 공로도 내 윤리도 내 도덕도 아닙니다. 오직 그리스도의 은혜로 된 새로운 피조물 — new creation, 하나님의 재창조된 그런 인격만이 하나될 수 있다는 것입니다. 이것을 깊이 생각해야 합니다. 오직 미래지향적이고, 오직 하나님의 은혜 중심에서 자기를 생각하는 사람입니다. 예컨대 사도 바울처럼 말입니다. 교회를 핍박하고 예수믿는 사람들을 핍박하던 바울이 다메섹 도상에서 예수를 만나 그리스도를 증거하는 사람이 됩니다. 바로 이것이 새로운 피조물됨입니다. 전혀 자기 의도 자기철학도 아닙니다.

예수 그리스도께 포로가 되어 예수 그리스도로 말미암아 완전히 새 사람 된, 마치 아우구스티누스와 같이, 한국교회사에 나오는 유명한 김익두 목사님같이 말입니다. 김익두 목사님은 유명한 불량배였지마는 예수를 믿어서 바로 그 자리에서 복음을 전합니다. 그 과거를 다 압니다. 저도 한번 만나보았습니다마는 이 김익두 목사님, 싱글벙글 웃으면서 옛날이야기 꺼내면 끝도 없습니다. 아주 유명한 깡패였습니다. 그러나 마침내는 순교자이기까지 복음을 전하는 사람이 되었습니다. 뭐, 이렇게 드라마틱 체인지(dramatic change)가 아니라 하더라도 그리스도로 말미암아 달라진 사람, 새로운 피조물이 된 사람만이 하나님과 화목하고, 하나님과 화목한 사람만이 다시 또 이웃과 화목할 수 있다, 하는 말씀입니다.

　오늘본문을 자세히 읽어보면 또다시 이런 말씀이 있습니다. "죄를 저희에게 돌리지 아니하시고"—모든 죄, 모든 책임을 상대방에게 돌리지 아니하고, 내가 책임진다는 말씀입니다. 디모데후서 4장 14절로 보면 한평생 사도 바울을 괴롭힌 사람이 있습니다. 지긋지긋하게. 알렉산더라는 사람인데 따라다니면서 바울을 괴롭혔습니다. 그러나 바울은 마지막 임종 직전에 사랑하는 믿음의 아들 디모데에게 편지를 쓰면서 "그는 나를 괴롭혔느니라" 하고 그러나 이 허물을 저희에게 돌리지 말라 합니다. 대단히 중요한 말씀입니다. 그 말에 한 구절이 더 있어야 됩니다. 허물을 저희에게 돌리지 말라는 것이 무슨 뜻입니까. 아마도 많은 부분에서 내게 잘못이 있었을 것이다—Something wrong with me라고 말씀하고 있는 것입니다. 돌에 맞아죽는 스데반이 고백하는 것을 보십시오. 하나님이여, 이 죄를 저들에게 돌리지 말아주세요—왜? 저들이 저렇게 완악해져서 이를 갈며

돌을 던지는데 내가 좀더 유순했더라면, 내가 좀더 온유했더라면 내가 더 기도 많이 했더라면 저 사람들이 저렇게 악해지지 않을 수 있었을 것이다, 함입니다. 하나님이여, 이 죄를 저들에게 돌리지 말아주세요 — 그럼 누가 책임지겠다는 것입니까? 이것이 바로 진정한 화해자의 마음입니다. 여러분, 화해하겠다고 하면서 꼭 남의 잘못이나 지적하고 과거나 들추고 조상까지 들추고…될 것같습니까? 깊이 생각해야 됩니다. 언젠가 한번 남편 때문에 속썩이는 분을 제가 상담을 해서 치유한 일이 있습니다. 하도 남편 흉을 보기에 흉보는 것도 좋지마는 기왕에 나한테 왔으니 내 처방을 따르시오, 하고는 한번 이렇게 해보라고 했습니다. 저녁늦게 남편이 들어오거든 문간에서 기도하고 웃으면서 이렇게 말하세요, 시원치 않은 아내 데리고 사느라 마음을 집에 두지 못하고 밖으로 나다니느라고 수고 많이 하셨습니다, 해보세요, 라고. 당신이 밖으로 나도는 것은 적어도 이유가 바로 내게 있는 것이에요, 그런고로 나는 지금 당신을 탓하지 않소, 내 잘못을 내가 회개하고 있는 거요 — 이렇게 말하라고. 결국 이 처방으로 그 가정이 화목하게 되었습니다.

여러분, 이것을 알아야 합니다. 죄를 남에게 돌리는 것은 절대로 안됩니다. 남이야 뭐라고 하든 어떻게 평하든 간에 적어도 중심에서부터 그 책임은 내게 있는 것입니다. 우리의 잘못입니다. 바로 나 자신에게 있다고 하는 것을 인정할 때 그만이 화평케 할 수 있습니다. 하나될 수 있는 것입니다. 모든 책임을 내 책임까지 남에게 돌리면서 비판하고…이 끝없는 비판 속에는 절대로 하나됨은 있을 수 없습니다. 여러분, 자식을 놓고 말할 때도 아이들 공부 못하는 것도 그저 별거겠느냐, 부전자전이다, 내가 옛날에 공부하기 되게 싫었다, 그랬더니 그 마음이 어디로 갔겠느냐, 너희들 공부 싫어하는 것도 알고보면 내 잘못이니라 — 이래보십시오. 그러면 "아니에요. 제가 잘못했어요" 합니다. 야 이놈아, 이 좋은 여건에서 왜 공부 못하냐, 한다면 자식이 속으로는 나가면서 한마디 합니다. '부전자전이니까.' 잘못을 내가 질 때, 남의 책임까지 내가 걸머질 때 비로소 화목의 역사는 이루어지는 것입니다. 이게 바로 십자가의 역사가 아니겠습니까. 제가 한때 노사문제가 아주 복잡해졌을 때 이런 기구를 하나 만들어보았습니다. '노사문제 기독교 임의조정위원회' — 제가 이사장을 하고 많은 학자들, 노동자들, 노동문제전문가들을 모아서 이 문제를 해결하려고 애써보았습니다. 그런데 회의를 많이 거쳐서 이것을 만들고 사실 많은 역할을 하고 여러 복잡한 문제들을 해결할 때 중요한 역할을 했지마는 이것은 끝까지 No news, No letter — 기독교운동이기 때문에 절대로 신문에 나지 않도록 했습니다. 해결하는 데 3대 원칙이 있습니다. 첫째가 무엇이냐하면 true fact — 진짜를 알려야 합니다. 사실이 무엇이냐 — 거품 가지고 이야기해서는 안됩니다. 뭐 그냥 소문, 비난…그건 안됩니다. 여론이 문제가 아닙니다. 사실이 무엇이냐, 사실이 어디까지냐, 우리가 받는 월급이 도대체 어떤 수준이냐, 회사는 어디까지 와 있느냐 — 사실을 사실대로 인정하는 것, 그것이 중요한 것입니다. 그것이 진리이니까. 두 번째는, 이대로 가면 어떻게 되느냐 — 그 결국을 미리 알려야 됩니다. 어떤 회사 보니 데모하다가 파업하다가 하는데, 그래도 회사가 괜찮겠지 하고 몇 번 파업하다보니까 망해버렸습니다. 부도나버린 것입니다. 그들도 직장 잃어버렸지요. 마지막에 한다는 얘기가 "이럴 줄 몰랐다"라는 것입니다. 바로 그것입니다. 이렇게 되면 장차 어떻게 되느냐, 회사는 어떻게 되고, 나라는 어떻게 되고, 노동자 자신들은 어떻게 되느냐―그 결국을 미리 알아야지요. 그걸 알리자는 것이었습니다. 세 번째는, 이제 이것을 위해서는 믿음이 회복되어야 됩니다. 믿어야 될 것 아닙니까. 회사가 하는 말 안믿습니다. 노동자들이 하는 말도 안믿습니다. 그런고로 중간중간에 조정자가 필요합니다. 요새말로 조율자가 필요합니다. 그런데 조정자는 양쪽이 다 믿는 사람이어야 합니다. 내가 노동자를 안믿어도 이 분의 말은 믿을 수 있고, 사용자를 안믿어도, 회사측은 안믿어도 이 분의 말은 믿을 수 있다―이렇게 양쪽이 다 전적으로 믿는 그 중간, 믿음의 존재가 필요한 것입니다. 그래서 신의가 구축될 때 비로소 문제의 해결이 있다, 하는 결론에 도달합니다. 바로 이것입니다. 이것은 원리입니다. 깊은 철학입니다.

그런고로 우리는 생각해야 됩니다. 누가 중간존재자가 될 수 있겠습니까. 지금 북한과 남한 사이에도 서로 안믿습니다. 믿으려고 하지도 않습니다. 제가 늘 감사하게 생각하는 것이 있습니다. 제가 북한에 가서 사람들을 만나면 그들이 저보고 "유일하게 우리가 믿을 수 있는 분입니다" 합니다. 그런 말을 들을 때 감격하기도 하지마는 제발 그것이 사실이기를 바랍니다. 남한정부도 저를 믿어주고 북한정부도 믿어주고…양쪽에서 다 믿어준다는 그것 때문에 저는 늘 감격하고 '원 세상에, 이렇게 고마울 데가 있나' 합니다. 모름지기 믿어야 됩니다. 에베소서에 보면 십자가로 담을 허시고 예수 그리스도 안에서 화목하게 하셨다는 말씀이 있습니다(엡 2 : 16). 우리는 예수를 믿고 하나님은 예수를 믿고, 그래서 담을 허시고 하나되게 했다―이 중간, 막힌 담을 허는 소위 중간, 중보자에 대한 믿음을 가져야 된다는 말입니다. 그리고 그가 책임져주시고, 그가 하는 말을 전적으로 믿고 순종할 때 하나될 수 있는 것입니다. 어떤 부부가 결혼을 하고 몇년 살다가 아이를 낳았는데 그 아이가 아주 예뻤습니다. 그러다 그 아이가 죽었습니다. 그리고 서로서로 마음상해 있다가 한 일 년만에 부부는 헤어지게 됩니다. 그럴 때 살림을 나누게 됩니다. 남편의 옷은 이쪽으로, 아내의 옷은 이쪽으로…남편 것 아내 것 다 나누는데 옷장 맨밑바닥에 어린아이 옷 하나가 있었습니다. 죽은 아이가 돌 때 입은 색동옷 하나, 너무 아까워서 버리지 않고 둔 게 있는데 이것을 놓고 아내는 내것이라 하고, 남편은 남편대로 내것이라고 하면서 주거니받거니 이야기하는 가운데서 서로의 마음에 그 아이가 재롱을 부릴 때, 돌사진 찍을 때가 생각났습니다. 이윽고 두 사람은 그 아이 때문에, 그 옷 하나 때문에 다시 옛날을 생각하면서 서로 마주하여 울고 하나되고, 결국은 다시 시작하자고 해서 행복한 가정을 이루었다고 합니다. 여러분, 화평이라는 것이 어떤 때는 간단한 말 한마디로 될 수도 있습니다. 그래서 잠언 15장 1절에 유순한 대답은 분노를 쉬게 한다는 말씀이 있습니다. 아주 부드럽고 겸손한 말 한마디로 인해서 완악한 마음이 눈녹듯이 녹아지고 하나될 수 있습니다. 희생하는 자 그 하나 때문에 엄청난 대적행위가 무너질 수 있습니다. 구원받은 은혜에 충만한 얼굴, 그 얼굴로 인해서 하나가 되고, 감사와 은혜로 충만한 가슴이 하나를 만듭니다. 하나님과 화평한 자유의식이 하나를 만듭니다. 그리스도의 마음, 그리스도의 사랑 안에서 희생할 때 하나될 수 있는 것입니다. 예수님께서 이렇게 결론지으십니다. 화평케 하는 자는 복이 있나니 그가 하나님의 아들이라 일컬음을 받을 것이라고. 화평케 하는 자는 영어로 peace maker

입니다. 헬라어로 '에이레노포이오스'라는 이 말은 '화평을 행하는 (peace-doing) 자'라는 뜻입니다. peace maker입니다. 나로 인하여 화평케 될 때 거기에 하나님의 역사가 이루어지고 하나님나라가 이루어지고 거기서 하나님의 자녀됨이 확증되는 것입니다. △

노아의 아들들

　방주에서 나온 노아의 아들들은 셈과 함과 야벳이며 함은 가나안의 아비라 노아의 이 세 아들로 좇아 백성이 온 땅에 퍼지니라 노아가 농업을 시작하여 포도나무를 심었더니 포도주를 마시고 취하여 그 장막 안에서 벌거벗은지라 가나안의 아비 함이 그 아비의 하체를 보고 밖으로 나가서 두 형제에게 고하매 셈과 야벳이 옷을 취하여 자기들의 어깨에 메고 뒷걸음쳐 들어가서 아비의 하체에 덮었으며 그들이 얼굴을 돌이키고 그 아비의 하체를 보지 아니하였더라 노아가 술이 깨어 그 작은 아들이 자기에게 행한 일을 알고 이에 가로되 가나안은 저주를 받아 그 형제의 종들의 종이 되기를 원하노라 또 가로되 셈의 하나님 여호와를 찬송하리로다 가나안은 셈의 종이 되고 하나님이 야벳을 창대케 하사 셈의 장막에 거하게 하시고 가나안은 그의 종이 되게 하시기를 원하노라 하였더라 홍수 후에 노아가 삼백오십 년을 지내었고 향년이 구백오십 세에 죽었더라
(창세기 9 : 18 - 29)

노아의 아들들

　미국의 16대 대통령 아브라함 링컨이 대통령으로 당선되었을 때, 그 당시의 고관, 귀족들이 학벌이 전혀 없는 링컨이 대통령이 된 것으로 인해서 못마땅하게 여겼습니다. 심지어는 이 학벌 없는 대통령 밑에서 일하게 된 것을 굴욕으로, 아주 불쾌하게까지 생각했더랍니다. 이런 사람들이 많았는데, 대통령이 상원에 나아가서 대통령 취임연설을 할 때 한 상원의원이 마침내 참지 못하고 그를 비방하는 야유를 하게 되었습니다. "당신이 대통령이 되었다고 하는 것은 참으로 놀라운 일이오. 그러나 잊지 마시오. 당신의 아버지가 구두직공이라는 것을. 내가 신고 있는 이 구두도 당신 아버지가 만든 거요." 구두를 벗어 흔들어보이면서 그는 비아냥거렸습니다. 링컨 대통령은 서서 눈물을 흘리고 있었습니다. "감사합니다"하고 그는 울먹이면서 입을 열었습니다. "그동안 하도 바빠서 저는 아버지를 한참 잊고 있었습니다. 기억나게 해주셔서 감사합니다. 우리 아버지의 솜씨는 참으로 완벽하였습니다. 정직하고 깨끗하고 훌륭한 분이었습니다. 구두를 썩 잘 만드는 성실한 분이었습니다. 나도 아버지의 어깨너머로 구두집는 법을 배웠습니다. 당신의 구두가 해어지거든 내게 가지고 오십시오. 내가 정성껏 수선해드리겠습니다. 아버지만한 솜씨는 못되지만…" 그리고 침묵이 흘렀습니다. 대통령은 말을 이었습니다. "나는 훌륭한 아버지를 둔 것에 대하여 자랑스럽게 생각합니다. 오늘도 나는 아버지를 자랑하고 있습니다."
　여러분, 효도라는 것이 무엇입니까. 오늘본문에 보면 약속 있는 첫계명에 대한 확실한 증거가 있습니다. 하나님께서 우리에게 복을 주십니다. 복주시기 위하여 모든 계명을 주셨지마는 특별히 약속이 있는 계명이라고 하는 거기에 주를 달았습니다. 그것은 바로 '우리 자신들이 복받기 위해서'입니다. 이것은 구원의 문제가 아닙니다. 우리가 복받게 하기 위해서 우리에게 주어진 계명이 있습니다. 살인하지 말라, 도적질하지 말라, 간음하지 말라…이렇게 되어 있지마는 이 약속이 있는 계명 중의 첫째가 '부모를 공경하라'입니다. 축복의 약속이 바로 여기에 걸려 있다는 말씀입니다. 약속이 있는 첫계명의 계명됨을 확증해주는 말씀이 오늘본문에 있는 내용입니다. 뚜렷한 증거입니다. 노아에게 세 아들이 있었습니다. 이제 노아로부터 축복과 저주가 주어집니다. 그 근거는 그들의 효성에 있었습니다. 효성에 근거한 것이었습니다. 깊이 생각해야 합니다. 오늘본문에 나타난 이 이야기는 여러분이 잘 아시는 말씀입니다. 그런데, 우리는 별생각없이 수긍하며 읽고 지나갑니다마는 특별히 서양사람들은 이 본문에 관심이 많습니다. 그리고 전통적으로 내려오는, 어쩌면 잘못된 옛해석이 있습니다. 무엇인고하니 함은 흑인종의 조상이요, 셈은 황인종의 조상이며, 야벳은 백인의 조상이라고 해석하는 것입니다. 이것은 소위 결정적 해석이라는 것입니다. 잘못된 해석입니다. 이렇게 해석해놓고 이것을 교리화해서 백인들이 흑인을 노예로 팔고 사며 흑인을 학대하는 것은 당연하다, 흑인이 백인의 집에 노예생활 하는 것은 성서적이다, 라고 자기네의 흑인노예 학대하는 것을 합리화했습니다. 신학적으로 그렇게 합리화하면서 많은 죄를 범하게 되었다는 것입니다. 저는 참 놀랐습니다. 책에서는 이런 것을 읽었습니다마는 설마했었습니다.

제가 60년대초 미국에 유학갔을 때입니다. 주일날이면 쉬면서 조그마한 라디오를 틀어놓고 각 교회에서 예배하는 것을 늘 들었습니다. 텔레비전은 아직 가질 수가 없어서 라디오로만 들었는데, 한번은 어느 교회 목사님이 설교하는 것을 듣자하니 바로 흑인은 백인의 집에서 노예생활 하는 것이 마땅하고 성서적이라고 하는 것이었습니다. 노예는, 흑인은 저주받은 백성이기 때문에 노예생활 하는 것이 마땅하다—이러면서 꽝꽝 큰소리를 치는 것입니다. 나는 하도 어이가 없어서 내 귀를 의심했습니다. 세상에 이럴 수가 있나! 바로 이래서 수백 년 동안 저들은 흑인을 노예로 삼았고, 팔고 사고 했던 것입니다. 흑인노예제도의 근거가 여기에 있었다는 것입니다. 물론, 잘못된 해석입니다. 자, 이제 한번 생각해봅시다. 오늘본문에 나타난 말씀의 주제는 뭐냐하면 자녀들의 행위, 곧 그 효행이 복의 근거가 된다는 것입니다. 효행에 따라서 축복과 저주가 달리 주어진다는 것입니다. 노아의 자식이라고 하는 것 때문에 자동적으로 복이 주어지는 것이 아닙니다. 부모에게 어떻게 행동했느냐에 따라서 세 아들에 대하여 달리 복과 저주가 주어집니다. 효도가 복의 뿌리입니다. 불효가 저주의 근거가 되었다는 얘기입니다. 대단히 중요한 말씀입니다. 여러분, 여러분 주변에, 우리가 아는 사람들 가운데서 큰 것은 아니지만 그래도 존경받고 성공했다는 사람들을 한번 훑어보십시오. 한번 생각해보십시오. 하나같이 효자입니다. 나타나지 아니한 깊은 효도가 그 바탕에 있음을 알 수 있습니다.

저는 효도를 생각할 때마다 늘 기억나는 사람이 있습니다. 김구 선생입니다. 그가 상해 임시정부 주석으로 있을 때였습니다. 임시정부에 무슨 돈이 있겠습니까. 생활비를 제대로 집에 가져오지를 못했습니다. 그래서 굶기도 하고 많은 고생을 하는 처지였습니다. 어느날 김구 주석이 집에 들어와보니 어머니가 배추시래기국을 끓였습니다. 선생이 맛있게 먹으면서 어머니에게 "어머니, 이 시래기가 어디서 난 것입니까?"하고 물었습니다. 어머니가 대답합니다. "내가 시장에 나가서 배추장사들이 털고 내버리는 것을 주워왔다." 김구선생은 너무도 죄송하고해서 "어머니, 우리가 비록 망명 중에 있다 하지마는 명색 일국의 임시정부 주석의 어머니가 시장에 나가서 버려진 배추잎사귀를 주우러 다니셔서야 되겠습니까. 체면이…"하고 말하는데 어머니가 그 당장에 노기띤 얼굴로 불호령을 내립니다. "일어섯! 종아리 걷어!" 어머니는 기어이 그 늙은 주석의 종아리를 때리는 것이었습니다. 어머니 매를 맞으면서 김구선생이 울었습니다. 어머니가 쳐다보고 한마디 합니다. "이놈아, 울긴 왜 울어?" 김구선생이 대답합니다. "작년에 맞을 때보다도 어머니의 회초리에 힘이 덜합니다. 그래서 웁니다." 이 얼마나 기가막힌 얘기입니까. 아파서 우는 것도 아니요, 부끄러워서 우는 것도 아닙니다. 어머니의 팔에 작년 다르고 올해 다르게 힘이 점점 약해지는 것을 보고 울었습니다. 여러분, 한번 상상해보십시오. 요새 이런 일이 있었다면 어떨 것 같습니까? 어머니 보고 노망이라고, 고려장 하려고들었을 것입니다. 김구선생, 참으로 훌륭한 효자였습니다. 그렇지 않습니까?

 제가 실례가 될까봐 이름은 대지 않겠습니다마는 우리나라의 어느 재벌은 어머니에게 얼마나 효자인지 저녁마다 돌아올 때면 돈가방을 가지고 어머니 방에 들어가 "오늘 번 것입니다, 어머니. 받으세요"하고 어머니 앞에 놓습니다. 어머니는 "그래? 거기 놔둬" 합니다. 어머니, 돈 좀 만져보세요, 제가 어렵게 모은 것입니다—그렇게 보고하고 어머니방에 두었다가 아침에 가져가곤 했습니다. 한평생 그렇게 했습니다. 어머니를 기쁘게 해드리기 위해서입니다. 너무도 가난하게 살아왔던 어머니였기 때문입니다. 그런가하면 백 세가 가까운 어머니를 아침저녁으로 찾아가서 돌보는 아들이 있는데, 6·25 전쟁 때 이 아들은 어머니를 돌볼 기회가 없었습니다. 너무 바빠서요. 그래 자기의 부하를 하나 보내면서 "네가 내 어머니를 모셔라" 했고, 그 부하가 자기 어머니를 모셨습니다. 그리고 또 중요한 것은 이것입니다. 이 분은 전쟁 중에 자기의 어머니를 업고서 한강을 건너갔던 그 부하를 평생토록 자기 상관처럼 모십니다. "나 대신 어머니를 공양한 분"이라고 하면서요. 그 부하를 깍듯이 떠받들면서 한 가족처럼 지내는 것을 봅니다. 여러분, 복의 근거가 효에 있다는 것을 잊지 마십시오. 불효하고 복받을 생각 하지 마십시오. 성경이 말씀합니다. 효도해야 장수하리라고 합니다. 효도해야 형통하리라고 합니다. 효도를 뒷전에 두고 나는 잘되겠다고, 자식 잘 키우겠다고요? 꿈도 꾸지 마십시오. 어림도 없는 일입니다. 효가 내 행복의 근거요, 내가 축복받는 그것의 뿌리가 된다는 것을 잊어서는 안됩니다.

오늘본문은 특별히 또다른 진리를 여기서 말씀합니다. 그것은 '효가 무엇이냐' 하는 것입니다. '어떻게 하는 것이 효인가' — 자, 우리는 편리하게 해드리려고도 합니다. 편안하게 해드리려고도 합니다. 효도관광도 보내드립니다. 어떤 사람은 골방에다 모셔놓고 삼시 세끼 식사 잘 대접합니다. 이게 효도입니까. 어떻게 하는 것이 효도입니까. 요새와서는 또 고인의 묘지를 요란하게 장식합니다. 벌초를 잘하고, 비석을 세우고, 일년에 몇차례없이 '민족 대이동'을 하면서 성묘나 한다고 이게 효도가 되는 것입니까. 무엇이 효도입니까. 우리는 뭔가 지금 큰 착각을 하고 있습니다. 크게 잘못 생각하고 있습니다. 효도가 무엇입니까. 저는 이렇게 하는 분을 보았습니다. 어머니 돌아가신 다음에 그 어머니 이름으로 좋은 일 하겠다고해서 어머니의 이름으로 장학자금도 세우고, 구제도 하고, 또 특별헌금도 하고 하는 것을 봅니다. 왜요? 이것이 효도의 길이니까. 자, 이제 오늘 본문에 보면 효의 지름길은 명예와 이름을 높이는 것이다, 하는 것입니다. 명예와 이름을 높이는 것이다—제가 인천에서 목회할 때 경험한, 너무나 재미있는 얘기가 있습니다. 제가 시무하는 교회가 아닌 다른 교회의 장로님인데 작은 마을이니까 서로 알고 지내는 처지였습니다. 그 장로님은 길에서 나를 만나기만 하면 꼭 붙들고 "차 한잔 하십시다" "점심 하십시다"하는 것이었습니다. 미안할 지경이었습니다. 노인이 그러는 걸 삼십대 초반인 제가 어떻게 하겠습니까. 끌려들어가서 대접을 받으면서도 늘 미안했습니다. 가만히 보니 그분은 돈을 잘 쓰고 다녀요. 그래서 "장로님, 수입도 없을 텐데 무슨 돈이 있어서 이렇게 늘 남을 대접하고 하십니까?"하고 물었더니 "아, 그거요? 나 돈 많습니다. 아들 셋이 있거든요. 내 그놈들한테 가서 돈을 달라고 하지요." "뭐라고 하시는데요?" "야 이놈들아, 돈 좀 내놔라. 내가 돈을 잘써야 너희들이 효자가 되느니라. 내가 구질구질하게 다녀서야 네놈들 체면이 서겠냐? 친구들을 만나도 그저 언제나 내가 점심을 내고, 내가 차값을 내고, 이러고 다녀야 너희들이 칭찬을 받고, 또 너희들이 이렇게 효자가 되어야 복을 받을 것 아니냐. 나도 다 너희를 효자 만드느라 이 고생 하는 거다. 돈 내라." 아, 이렇게 말하니 자식들이 돈 안드리겠습니까. 그래서 "내 주머니에 돈 없을 날이 없다" 합니다. 참 좋은 얘기입니다. 생각을 해보십시오. 밥이나 안굶기고 있다고 효자가 아닙니다. 효는 먹이는 것이 아니라니까요. 그가 자유롭게, 쓰고 싶은 돈 쓰면서, 주고 싶은 사람에게 주면서, 선한 일 하면서 살도록 만들어드려야 합니다. 그 이름을 높여드려야 합니다. 그게 효도입니다.

　오늘본문에 보면 대단히 중요한 말씀이 있습니다. 노아가 나이 많아서 치매증상이 있었던 것같습니다. 본문을 보면 과식하고 과음했더라는 말입니다. 여기 지금 의학적인 설명이 따릅니다. 사실은 심리학적으로도 중요합니다. 어렸을 때는 어머니만 옆에 있으면 됩니다. 그 다음에는 친구가 있어야 되고, 그 다음에는 이성(異性)이 있어야 되고, 한 20대가 되면 교제가 중요하고, 30대가 되면 탐구와 성취감을 따라갑니다. 그러나 40대부터는 사업욕이 생기고, 50대에는 명예를 탐한다고 합니다. 60이 넘으면 먹는 것 좋아합니다. 별 낙이 없거든요. 그저 먹는 것이 제일 좋습니다. 그것만 기다리는 것입니다. 잘 잡수셔야 됩니다. 그런데 문제가 있습니다. 나이가 들면 모든 감각이 둔해져서 입맛도 잘 모릅니다. 그래서 노인들이 만든 음식은 짭니다. 입맛을 볼 수 없으니 자꾸 소금을 집어넣어서 그렇습니다. 본인은 입맛을 잘 안다고 하지만 그게 될 수가 없습니다. 혀의 감각이 지금 둔해졌기 때문에 그렇거든요. 그뿐만이 아닙니다. 위장의 감각도 둔해집니다. 그래서 식사를 할 때 내가 얼마나 먹었는지를 모릅니다. 얼마나 배부른지 감각이 없습니다. 그래 자꾸만 집어넣으니까 과식이 되지요. 저도 식사할 때 그걸 느낍니다. 도대체 내가 얼마나 먹는지, 암만 먹어도 배가 안불러요. 먹고나서 일어서면 그때에야 배가 부릅니다. 그때는 힘이 듭니다. 먹을 때 배부른 줄 모르고, 일어서서 힘들거든 나이먹은 줄 아십시오. 이렇게 감각이 둔해지거든요. 이러니까 과식하는 것입니다.
 그런데 오늘 노아도 나이가 꽤 많았지요. 몇백 세니까요. 그런데 과식을 하고 과음을 했습니다. 술먹으니까 취했지요. 그래가지고 옷을 홀랑 벗고 드러누워 대낮에 치부를 드러내게 되었다, 하는 것입니다. 여기까지는 있었던 사건이고 자연스러운 얘기입니다. 이 사건 앞에서 아들 셋이 어떻게 반응을 했느냐, 그것이 문제입니다. 이제 보십시오. 작은 아들 함은 우연히 지나가다가 아버지가 벌거벗고 있는 것을 보고, 그 다음에는 신이 나서 형제들한테 달려나가 "아버지가 저렇게 벌거벗고 있다"라고 떠들었습니다. 소문을 냈습니다. 그런데 전설적으로 해석하는 해석이 하나 있습니다. 함이 평소에 술을 많이 마셨다고 합니다. 그래서 아버지로부터 그가 술을 먹고 주정할 때마다 "이놈아, 술도 음식인데 과음을 해가지고 이렇게 망신스럽게 하느냐? 술조심 해라"하는 책망을 늘 들었습니다. 그러던 차에 아버지가 취한 것을 보니까 신이 난 것입니다. 아버지도 마찬가지다— 이래서 소문을 낸 것입니다. 그런가하면 이 사람은 꽤나 유쾌하게 여겨서 아버지의 '부끄러운 것'까지 소문을 냈습니다. 그런데 셈과 야벳은 함의 말을 듣자마자 옷을 벗어서 어깨에 메고 뒷걸음질쳐서 들어갑니다. 아버지의 그런 모습을 보지 않으려고 했습니다. 일부러 보지 않으려고 애썼습니다. 그 다음에 아버지의 부끄러운 것을 덮었습니다. 보지 않으려고 했다는 것과 덮어드렸다는 것이 얼마나 의미심장 합니까. 허물과 부끄러움을 덮어드렸습니다. 이것이 효입니다. 아버지 어머니에게도 허물이 있습니다. 그래도 덮어드립니다. 그것은 기억하지 않으려고 합니다. 그 나쁜 과거, 잘못된 일들은 다 잊어버리고, 생각지 않으려고 합니다. 좋은 점만, 훌륭한 점만 생각합니다. 아버지가 부끄럽게 여기는 것은 나도 덮어서 기억치 않습니다. 아버지가 말씀하고 싶지 않아하는 것, 보이고 싶지 않아하는 것들은 나도 보지 않습니다. 그것이 효도입니다.

깊이 생각해보십시오: 노아는 위대한 하나님의 종입니다. 모든 사람이 죄로 인하여 망해서 홍수로 진멸될 수밖에 없는 때에 유독히 노아 한 사람만이 의인입니다. 그는 하나님의 음성을 들었습니다. 하나님의 명령을 받고 120년 동안 산꼭대기에다 방주를 만든 사람입니다. 위대한 믿음의 사람입니다. 방주를 만들 때 당연히 그 아들들도 거들었을 줄 압니다. 홍수가 나고 노아의 여덟 식구가 방주에 들어갔을 때 어떠했겠습니까. 창수가 나서 온세상이 다 물에 잠겼을 때 이 방주 속에서 여덟 식구가 표류합니다. 방주를 타고 표류할 때 그들은 얼마나 굉장하게 느꼈을 것입니까. 얼마나 아버지가 우러러 보였겠습니까. 하나님의 얼굴처럼 뵈었을 것입니다. 그 거룩한 얼굴을 높이높이 추앙했을 것입니다. 홍수가 끝난 다음에 약속의 무지개가 뻗치고, 거기에 앉아서 제사를 드리고 있을 때 하나님께 영광을 돌리고 감사할 뿐만 아니라 그 아버지가 얼마나 훌륭하게 보였겠습니까. 또 그 자손된 것을 얼마나 자랑스럽게 여겼겠습니까. 이제 세월이 흘렀습니다. 아버지가 나이많아서 그래, 술 좀 취했다고해서 이제 비방을 해야 되겠습니까. 그렇게 높이 존경하던 마음은 어디로 가고 '노망한 노인'으로 이렇게 밀어붙일 수 있는 것이냐고요. 치매일 수도 있고, 노망일 수도 있고, 망령일 수도 있습니다. 실수일 수도 있습니다. 그러나 그는 위대한 아버지입니다. 아주 위대한 아버지였습니다. 어떻게 그렇듯 비방할 수 있습니까. 셈과 야벳은 그 모든 부끄러움을 덮어드리고, 보지 않으려고 했습니다. 존경과 명예를

드리고, 훌륭한 아버지로 기억하고, 자랑스런 아버지로만 생각하고, 그 인간적인 허물에 대해서는 충분히 이해하려고들었습니다. 이것이 효도입니다.

여러분, 부모님을 어떻게 생각하십니까? 참 고생 많이 한 분들입니다. 나를 위해서, 또 이 어려운 세대에 나라와 경제를 세우기 위해서 얼마나 수고했습니까. 부족함도 많고 허물도 많습니다. 그러나 그건 기억치도 말고, 생각지도 말고, 훌륭함 그것만 높이해드릴 때 이것이 효도인 것입니다. 여러분은 지금 2부예배에 나옵니다마는 몇달 전 1부예배 때에 제가 옛날에 졸업하고 학위를 받았던 풀러신학교에서 상패를 가지고 왔습니다. 내가 그곳 졸업생으로서 교회일을 한다고해서, 이 소망교회를 보아서 소위 상을 주겠다는 것이었습니다. 'The man of the year' — '올해의 자랑스러운 분'으로 선정되었으니 상을 주겠다고 하기에 제가 그런 건 뭐하러 하느냐, 하고 상 받으러 안가겠다고 했더니 그 학장이 직접 상패를 가지고 온 것입니다. 그래 저는 그렇다면 좋다, 어디까지나 그건 소망교회 목사이기 때문에 주는 것이니 소망교회 교인들에게 영광을 돌리는 것이 아니겠느냐, 해서 받았습니다. 제가 그 상패를 지금 내 방에 걸어놓았는데, 거기 씌어 있는 문면의 끝말을 가끔 읽어봅니다. 도대체 영광돌리고 수상자를 높이 칭찬한다는 것이 뭐냐? 바로 이런 것입니다. 거기 이렇게 씌어 있습니다. "We are honored that you lived among us." 당신이 우리 가운데 있었다고 하는 사실을 우리는 영광스럽게 생각합니다, 당신이 우리와 함께 있다는 것을 영광스럽게 생각합니다 — 이것이 바로 영광을 돌리는 것입니다.

여러분, 부모에게 효도한다고요? 효도는 이렇습니다. 당신이 우리와 함께 있는 것을 우리는 자랑스럽게 생각합니다, 당신이 우리와 함께 있어서 우리는 행복합니다―이래야 효도입니다. 제가 장모님을 모시고 있었을 때입니다. 집에 들어갈 때마다 장모님이 나오셔서 "지금 들어오냐?" 하시는데, 저는 꼭 말했습니다. "제가 들어올 때에 어머니가 여기 안계시면 집에 들어올 재미가 없습니다. 어머니가 여기 계셔서 우리는 행복합니다." 특별하게 해드리는 것은 없지만 이것이 효도라는 말씀입니다. 얼마나얼마나 기뻐하시는지 모릅니다. 늙은 부모, 망녕든 부모가 있다고 부끄럽게 여기지 마십시오. 우리는 그 이름을 높일 줄 알아야 합니다. 당신이 있어서 우리는 행복합니다―그 이름을 높일 때. 효가 확실해질 때 하나님께서 여러분과 여러분의 가정에 복을 더하실 것입니다. △